国家社科基金一般项目
《农村集体经济组织法人的基本构造与
制度表达研究》（17BFX109）

中国法学会部级法学研究课题
《土壤污染侵权责任研究》
（CLS（2017）D70）

山东省高校"青创科技计划"乡村振兴
法治保障创新团队（2019RWB017）
阶段性研究成果

管洪彦 周玉辉 ◎著

侵权责任法
理论与实务研究

QINQUAN
ZERENFA
LILUN YU SHIWU
YANJIU

中国政法大学出版社

2020·北京

图书在版编目（CIP）数据

侵权责任法理论与实务研究/管洪彦，周玉辉著. —北京：中国政法大学出版社，2020.4

ISBN 978-7-5620-9293-3

Ⅰ.①侵…　Ⅱ.①管…②周…　Ⅲ.①侵权行为－民法－研究－中国　Ⅳ.①D923.04

中国版本图书馆CIP数据核字（2019）第262861号

出版者　　中国政法大学出版社

地　址　　北京市海淀区西土城路 25 号

邮　箱　　fadapress@163.com

网　址　　http://www.cuplpress.com（网络实名：中国政法大学出版社）

电　话　　010-58908435（第一编辑部）58908334（邮购部）

承　印　　固安华明印业有限公司

开　本　　880mm×1230mm　1/32

印　张　　12

字　数　　280 千字

版　次　　2020 年 4 月第 1 版

印　次　　2020 年 4 月第 1 次印刷

定　价　　49.00 元

作者简介

　　管洪彦，男，山东政法学院民商法学院教授、法学博士。主要研究方向为民事权利原理、农地法律制度。主持国家社科基金一般项目、中国法学会部级法学研究课题、山东省社科规划重点研究项目等10余项，参与国家社科重大项目、国家社科重点项目等省部级以上项目10余项。在《法律科学》《法学论坛》《农业经济问题》《改革》等期刊发表学术论文30余篇。

　　周玉辉，男，山东政法学院民商法学院讲师、法学博士。主要研究方向：侵权责任法、民事权利的多元救济。主持中国法学会部级法学研究课题、山东省法学会省级法学研究课题等多项，参加国家社科基金课题等省部级以上课题多项。在《当代法学》《法学杂志》《政法论丛》等期刊发表学术论文10余篇。

前　言

　　侵权责任法因其衡平行为自由维护与民事权益保护之间的紧张关系，而成为一个颇具独特魅力的民法分支。权益保障和自由保护的二元价值目标，实际上是从加害人和受害人两个角度来考察侵权责任法的价值目标。侵权责任法的历史就是以调整这两种对立的基本个人利益为轴心而展开的。这使得侵权责任法肩负两大核心任务：一是确定侵权责任的成立，即侵权责任因何而成立；二是确定侵权责任的承担，即侵权责任在侵权人与被侵权人之间以及数个侵权人之间应作何种分担。此外，风险社会理念的引入和大规模侵权的频发，使得侵权责任法与保险法、社会保险法在损失分担上形成多元竞合关系。在损失分担多元救济并举的时代，侵权责任法应采取何种立法理念、立法模式，成为我国立法机关和民法学界在民法典编纂过程中应予重点思考的重大课题。

　　侵权责任法作为民事权益的保护法，具有鲜明的判例法特点。我国《侵权责任法》每个具体侵权条文背后，都积累了巨量的法院裁判。由案件事实去寻找、解释侵权责任法条文，并由侵权责任法条文去认定案件事实，形成了侵权责任法适用的逻辑循环。这个逻辑循环，不仅具象和丰富了侵权责任法条文的内涵和类型，而且弥补了侵权责任法的漏洞和提升了再续立法的品质。

　　本书以《侵权责任法理论与实务研究》为题，选取侵权责任法保护的民事权益范围、全面的侵权责任一般条款、侵权行为的概念界定、侵权责任的抗辩事由与诉讼时效、预防型侵权责任、侵权损害赔偿责任、精神打击法律救济、机动车交通事故责任、工伤保险补偿与人身意外伤害保险赔偿的关系等九个问题进行专题研究。本书采取解释论与立法论并立的研究基调，主要是考虑我国当前以《侵权责任法》为蓝本编纂《民法典·侵权责任编》的重大立法现实。本书对《侵权责任法》相关条文进行解释论作业的同时，明晰其立法缺陷，在借鉴国外不同立法例以及总结我国司法裁判经验的基础上，提出明确的立法完善或司法适用建议。

利用本书出版之际，我们感恩给予多年悉心培养的师长、温馨陪伴的家人感恩我们的工作单位山东政法学院民商法学院的领导和同事们，感谢学界和实务界先达给予的提点和教诲，更要感谢中国政法大学出版社给予的宝贵出版机会以及编辑老师的精心审校，消除了诸多错讹，使得作品增色颇多。

本书为合著作品，由山东政法学院民商法学院管洪彦教授和周玉辉博士共同撰写。其中，管洪彦教授完成第一章、第六章第二节与第三节、第七至九章；周玉辉博士完成第二章至第五章以及第六章第一节。尽管我们研习侵权责任法多年，但书中可能仍有错漏甚至荒谬之处，敬请本书读者不吝赐教（联系邮箱：minfayanxishe@163.com），在此我们表示诚挚感谢。

管洪彦　周玉辉
2020 年 2 月于济南

目/录
ONTENTS

第一章

侵权责任法保护的民事权益范围

本章导言

侵权行为对民事权益的侵害是构成任何一个具体侵权责任的共同必要要件，也是认定具体侵权责任的首要要件。对侵权责任法保护的民事权益进行研究已经成为国内外侵权法学界的热点所在。英美法系国家的侵权责任类型是以各种具体民事权益类型来界定的，侵权责任法保护的民事权益是英美侵权法中不可忽略的内容。但是，普通法缺乏关于受保护权利和利益的明确清单。[1]加之法官造法的司法传统导致司法过程中对各种民事权益的甄别和判断成为英美法系司法裁判中永恒的主题。大陆法系国家则一般由侵权责任法的一般条款对侵权责任法保护的民事权益加以明确或概括，主要有"抽象概括式""递进列举式"两大模式。近期，欧洲地区对侵权责任法保护的民事权益的研究和实践又有了新发展。《欧洲侵权法基本原则》第2：102条、《奥地利损害赔偿法学者建议稿草案》第1293条以动态

---

〔1〕 ［德］格哈特·瓦格纳："当代侵权法比较研究"，高圣平、熊丙万译，载《法学家》2010年第2期。

系统论为理论基础，对侵权责任法保护的民事权益范围均作了明确规定。《侵权责任法》立法过程中对该问题的研究存在不足，《侵权责任法草案》（第三次审议稿）才对侵权责任法保护的民事权益范围作了明确的列举性规定。

为了弥补立法理论储备不足的遗憾，在《侵权责任法》颁布后，学界对该问题展开了新的研究高潮。立法理论储备的不足，加之研究视角的局限，共同造成了目前对侵权责任法保护的民事权益范围的研究非但没有解决问题，反而促增了更多争议和疑惑的局面。

本书以侵权责任法保护的民事权益范围的表达模式为主线展开研究，期待通过本课题对侵权责任法保护的民事权益发展的历史规律的研究，预见其发展趋势，为立法提供借鉴；通过对国外立法规定的比较研究，借鉴国外先进立法经验为我国所用。更为理想的结果是通过对现行立法规定的优点、弊端的综合分析，扬长避短，改进立法；通过灵活运用各种法律解释方法，准确阐明现行立法规定的精准含义，指导司法实践；通过对司法实践中相关疑难案例的实证研究，探究立法缺失，从司法上提出针对性弥补措施。

第一节　侵权责任法保护的民事权益范围的内涵与功能

一、侵权责任法保护的民事权益范围的内涵

侵权责任法保护的民事权益范围，其解决的是哪些权益可以获得侵权责任法的保护这个核心问题。在大陆法系民法理论中，民事责任根据其保护对象的不同，一般分为两大类，即违约责任和侵权责任。违约责任和侵权责任在保护对象、归责原

则、构成要件、举证责任、救济范围、诉讼时效等方面有所不同。但是，笔者认为二者最根本的区别在于保护对象的不同，正是因为保护对象的不同而决定了其他方面的不同。具体言之，违约责任主要保护合同债权，其保护的对象是相对性权利；侵权责任主要保护绝对性权利和利益，如人格权、身份权、物权、知识产权、占有利益等。侵权责任法保护的民事权益范围具有以下特点：

（一）侵权责任法保护的民事权益的私权性

侵权责任法虽然具有一定的强制性，但是侵权责任法在本质上属于权益救济法，属于私法的范畴，其旨在对私法中的各种权益损害提供救济。我国台湾地区的通说认为，民法侵权行为之规定，唯以私权之保护为目的，公权不包括于《民法》第184条的所谓权利之内，从而公权之侵害不构成侵权行为。"无论国家机关的公权力，还是公民或者行政相对人基于公法享有的权利，都不属于侵权之'权'的范畴。"[1]因此，公法中的权利不能依据侵权责任法给予救济，除非宪法上的权益已经在私法上予以了具体化，例如宪法保护的公民的人身自由权、人格尊严权，而这些权利在民法中已经被具体化为各种民事权益，其当然可以获得侵权责任法的保护和救济。但是，对于那些纯粹的公法上的权益，如受教育权、劳动权等则难以直接获得侵权责任法的保护和救济。

（二）侵权责任法保护的民事权益的绝对性

民事权利根据民事主体行使对象的不同，可以分为绝对权和相对权，前者的权利主体可以针对除自己以外的所有人行使，

---

〔1〕　王成："侵权之'权'的认定与民事主体利益的规范途径——兼论《侵权责任法》的一般条款"，载《清华法学》2011年第2期。

后者仅仅得在特定的当事人之间行使。侵权责任法主要旨在保护绝对性的权益，如人格权、身份权、物权、知识产权、占有等。侵权法的保护应当以绝对权为核心，将作为相对权的债权排除在外。[1]这主要是因为侵权责任法不仅担负着保护民事权益的职能，还担负着保护行为自由的功能。"侵权行为法的主要任务在于如何构建法益保护与行为自由之间的矛盾关系。"[2]而上述权益作为绝对性的民事权益，都是由法律明确规定的、具有典型公示性的民事权益，其有效地避免了民事主体在行为选择前进行甄别与判断的过程，这就为在更大程度上保护民事主体的行为自由提供了可能。但是这种绝对性是原则上的，特殊情况下可以对债权这种相对权给予保护和救济。

（三）侵权责任法保护的民事权益的法定性

民事权利乃民事主体享受一定利益和法律之力的结合，其显然必须具有合法性，没有法律所明确确定的"民事权利"，不能称为民事权利。一项民事权利欲获得法律的保障，必须经过国家的认可，这是近代国家对民事权利保障的基本态度。"人类在社会生活中，为追求幸福，谋求向上发展，在确认自己人格的尊严的同时，在身份与财产关系上，以垄断地享受种种利益为必要。因此，国家——作为人类为社会共同生活的向上发展而组织起来的团体的当然归结——对个人，是必须保障这种社会利益的垄断性享受的，对此，近代国家不单是以一般的——不得侵害他人的利益享受—认定义务的方法，而且还进一步地采取了将特定的人的垄断性利益享受承认为该人的权利

---

[1] 陈鑫："侵权法的法益保护"，载《华东政法大学学报》2010年第3期。

[2] [德] 马克西米利安·福克斯：《侵权行为法》，齐晓琨译，法律出版社2006年版，第4页。

的态度。这就是私权。"〔1〕法律上的利益，并不是社会生活中利益的全部。"法律利益是利益的一种形式，是从利益体系中剥离出来的、以法定形式存在的利益，也即通常所说的合法利益或权益。法律利益的主要特征在于，它是经由国家特定机关选择和确认的，体现国家意志的，以法律权利为内容的，具有特殊强制力的一种利益。"〔2〕可见，作为侵权责任法保护对象的民事权益也必须为合法的民事权益，若对非法的"民事权益"进行保护，侵权责任法无疑将沦为恶法。法定性的特征有利于避免民事权利的泛化现象。"在近年来的民事诉讼中，陆续出现了诸如亲吻权、初夜权、小便权、良好心情权、祭奠权、悼念权、安宁权、同居权、容貌权、养狗权、相思权、视觉卫生权、眺望权等名词。学者们称此现象为'权利泛化'。"〔3〕司法实践中有些当事人提出了所谓"亲吻权""接受综合素质教育权""哺乳权""生育权""同居权""贞操权""配偶权"等权利。有学者对此种现象作了非常精辟的论述："不是没有人为这种'权利意识空前提高'而拍手叫好的，但我觉得这里头泡沫太多，盲目的成分太大，是虚火上升。尤其令我杞人忧天的是侵权行为法因此处于一种尴尬境地：法固然是一种行为规范，但近代以来的法律制度并不是将社会成员基于日常道德意识而形成的要求直白地确定为规则，而是将社会成员的要求上升并确立为权利和义务，再以此对可能解决的纠纷做出对应的设计。因此，任何一个社会成员，当他利用法律制度时，实际上是要将自己的主张去迎合法律的定义。换言之，人的行为只有在符合法律规定的要件时，才能产生当事人预期的效果。而法律也只保护

---

〔1〕 ［日］我妻荣：《新订民法总则》，于敏译，中国法制出版社2008年版，第30页。
〔2〕 周旺生："论法律利益"，载《法律科学》2004年第2期。
〔3〕 唐先锋："试析国内'权利泛化'现象"，载《人大研究》2004年第7期。

那些被确认的权利。"[1]笔者认为，上述论述以非常生动活泼的语言揭明了相当深刻的法理，既有对法律信仰和法律秩序的考虑，又暗含着理性的法律政策考量：如果对这些没有法律明确规定的"权益"都给予救济，必然会大大限缩民事主体行为自由的空间，妨碍民事主体行为自由的行使。可见，侵权责任法保护的民事权益具有法定性应是一般法理。

（四）侵权责任法保护的民事权益范围的包容性

相对于合同法而言，侵权责任法保护的民事权益范围具有较大的包容性，不仅包括各种具体的民事权利，而且包括为法律所容许的民事利益（或称法益）。这就为法官解释侵权责任法保护的民事权益范围留下了空间，弥补法律滞后性带来的弊端。但是，需要注意的是，侵权责任法对权利和利益给以不同的保护程度，一般来说，其对民事利益的保护程度较低，一般情况下只有以故意违反公序良俗的方式加以侵害的，方可以给予保护。这主要是由于"绝对权以外的权利及尚未达到权利密度的受到法律保护的利益，其存在方式较为隐秘，不具有公示性，因此不能期待人们对其给予绝对权同样程度的尊重，否则将导致赔偿责任漫无边际，人类合理的自由空间受到不当限制。"[2]

（五）侵权责任法保护的民事权益范围的发展性

发展性，也有学者称之为开放性。[3]即侵权责任法保护的民事权益范围不是一成不变的，随着社会经济的发展，侵权责任法保护的民事权益范围变得越来越丰富。在德国，法院就通

---

〔1〕 姚辉："权利不能承受之轻"，载陈慧谷等编：《缘法而行——华政1985届学子学术文存》，法律出版社2005年版，第382页。

〔2〕 程啸：《侵权行为法总论》，中国人民大学出版社2007年版，第176页。

〔3〕 王利明："论我国《侵权责任法》保护范围的特色"，载《中国人民大学学报》2010年第4期。

过判例法发展了一系列的民事权益，如信用权、营业权、一般人格权等；在美国，隐私权地位得以确立等；在法国，健康权的内涵不断地扩展等；这些均体现了侵权责任法保护的民事权益范围具有发展性。这种发展性主要是通过司法来实现的。"社会的生活是随着社会的发展而不断变化的，经济生活中客观现实地存在着形形色色的有一定的物质生活条件决定着的利益事实，为立法当时的'权利'概念所无法周延的各类利益也层出不穷。那些被法律渊源加以类型化并一一得到列举确认的利益事实得以上升为法律上的权利，因此能到保护；而立法当时未及预见或受社会历史及经济条件限制不能转化的利益，就难免被法律所遗漏。为此就需要通过法律解释扩大权利概念，使现实生活中应受法律保护的社会利益仍可被纳入民法所调整和照顾的范围。这项工作主要借助于判例和学说来完成。"[1]

二、侵权责任法保护的民事权益范围的功能

（一）保护民事主体民事权益的需要

民事主体享有广泛的民事权益，但是对哪些民事权益可以获得侵权法的保障的认定往往是模糊的。对侵权责任法保护的民事权益范围的内涵和外延进行界定，有利于方便民事主体实现民事权益以及对自己的民事权益进行救济。

（二）保障民事主体行为自由的需要

在侵权责任法中，保护民事主体的民事权益和维护行为自由是一对矛盾，是不可忽略的客观存在。正如有学者所指出的：受害人一方的权益（主要是绝对权性质的民事权利和利益，下同）与可能的加害人一方的行为自由（包括实施行为的自由与

---

[1]　姚辉："权利不能承受之轻"，载陈慧谷等编：《缘法而行——华政1985届学子学术文存》，法律出版社2005年版，第383页。

表达自由等）之间的矛盾，是侵权责任法所调整的一对基本矛盾。这一矛盾上升到法律层面，在宏观上，表现为不特定的将来的受害人权益保护与不特定的潜在加害人行为自由维护之间的冲突；在微观上，则表现为个案中的特定受害人权益保护与特定加害人行为自由维护之间的冲突。[1]这就需要我们探求二者之间的平衡机制，除了利用归责原则、构成要件、因果关系、过错认定、抗辩理由等机制进行平衡外，还有一个基础性的机制，那就是对侵权责任法保护的民事权益范围的界定。侵权责任法保护的民事权益范围的广泛也就意味着行为自由空间的限缩，保护对象范围的狭窄也就意味着行为自由空间的扩大。

（三）方便法院司法裁判的需要

法院在面对原告提起的诉讼请求时，一个必不可少的步骤是审查原告是否具有提起诉讼的权利基础，这在给付之诉与确认之诉中表现得最为突出。法院应该根据法律明确规定的权益范围作出裁判，原告如果没有法定的权益作为基础就难以获得法院的支持。

第二节　侵权责任法保护范围的表达模式

明确侵权法保护的民事权益范围以及这些权益受到何种程度的保护是侵权法的核心任务之一。面对纷繁复杂且处于不断变动中的民事权益类型，侵权法选择以保护绝对性民事权益为主要职责，但是绝对性民事权益的复杂性和内在层次性决定了侵权法在立法过程中需要选择一定的理性表达方式方可实现理想的调整目标。从比较法和司法适用的角度，对侵权法保护的

---

〔1〕　张新宝："侵权责任法立法的利益衡量"，载《中国法学》2009 年第4 期。

民事权益的外在表达模式以及其中蕴含的内在机理需要进行深层思考和理性分析，进而得出最优的表达结果，具有重要的理论和实践意义。从历史的维度和比较法的视角分析，侵权法保护的民事权益范围之表达模式主要有以下类型。

一、侵权法保护的民事权益范围的传统表达模式

国外对侵权法保护的民事权益范围的立法表达采取了不同的立法模式。英美法系国家，主要以对各种具体民事权益的类型保护来设计侵权责任的类型，如侵犯土地的侵权责任，侵犯人身的侵权责任，侵害动产的侵权责任，侵害名誉、隐私的侵权责任，侵害经济利益的侵权责任等，然后又通过过失侵权这一单独的侵权类型规则加以抽象概括。从大陆法系国家的先行立法以及发展趋势观察，它们对侵权法保护的民事权益的表达模式主要表现为抽象概括模式、递进列举模式和动态系统论模式。

（一）抽象概括模式

《法国民法典》采用了抽象的一般条款的模式，但对于侵权法保护的民事权益范围没有明确界定，这就给了法官非常广泛的解释空间。《法国民法典》第1382条规定：人的任何行为给他人造成损害时，因其过错致该行为发生损害之人应当赔偿损害。第1383条规定：任何人不仅因其行为造成的损害负赔偿责任，而且还因其懈怠或疏忽大意造成的损害负赔偿责任。这是两个极具包容性的条款，它没有对侵权法保护的民事权益范围加以限定，实际上允许法院对保护对象进行较大空间的解释，既能够保证法典的稳定性，又能够能动地促进法律的发展。在法国，侵权法保护的民事权益是非常广泛的，既包括对人身权益的保护，也包括对财产权益的保护，只要违法侵害他人的人身并造成损害的，行为人均应对该损害承担责任。因此，在法国民法中对侵权法的保护范围并不需要扩展，而是需要一定程度的限制。"在法国，侵权法所保护的财产范围是极其广泛的，'财产'这一词语实际是指一个人所有的全部财产，即具有经济价值的一切权利，包括不动产和动产的所有权、金钱以及契约性权利和机会等。这就是法国法中的广义财产理论。"[1]法国法也注重对利益的保护，但是同时也强调这种利益应该是合法利益。"在法国，最高法院民事庭所确立的原则是，当该损害是对法定利益的损害时，则此种损害可以予以赔偿；而当该损害不是对法定保护利益的损害时，则不能对此种损害予以赔偿。此种原则的确立是为了拒绝原告所提出的违反法律（loi）、违反公共秩序（order public）或者违反善良风俗（bonne moeurs）的损害赔偿要求。"[2]法国法对侵权责任法的保护对象之所以能够做如此宽泛而富有弹性的解释，其核心在于《法国民法典》的抽象的一般条款的立法模式，这个条款所保护的权利和利益范围几乎是全方位的，对各种民事权利、合法的民事利益均给予保护。法国的这一立法模式也被《意大利民法典》所借鉴，《意大利民法典》第 2043 条规定：因任何故意或过失给他人造成不法损害的，行为实施者应当承担损害赔偿的责任。《智利民法典》也承袭了这一立法模式，该法典第 2314 条规定：实施侵权行为或准侵权行为导致他人损害的人，负赔偿责任，且不排除法律对该侵权行为科处的刑罚。《埃塞俄比亚民法典》同样采用了这种模式，该法典 2028 条规定：任何因过错给他人造成损害的人，得赔偿损害。总之，侵权法保护的民事权益的表达模式中抽象概括模式的典型特征主要有：立法上对侵权法保护的民事权益的概念不进行详细的列举，而仅做出抽象性的概括；司法过程中对侵权法保护的民事

---

[1] 张民安：《现代法国侵权责任制度研究》，法律出版社 2007 年版，第 52 页。
[2] 张民安：《现代法国侵权责任制度研究》，法律出版社 2007 年版，第 66 页。

权益进行了高度宽泛且富有弹性的解释。侵权法保护的民事权益的表达模式所具有的高度概括性和抽象性，借助于司法的能动性反而保障了侵权法的开放性和发展性。

（二）递进列举模式

为了克服《法国民法典》过于抽象概括的立法模式所带来的司法裁判自由权过大，以致影响到行为自由的弊端，《德国民法典》采取了"递进列举"的模式，分别规定了对民事权利的保护和民事利益的保护。该法第823条规定：故意或有过失地不法侵害他人的生命、身体、健康、自由、所有权或其他权利的人，负有向该他人赔偿因此而发生的损害的义务。违反以保护他人为目的的法律的人，负有同样的义务。依照法律的内容，无过错也可能违反法律的，仅在有过错的情况下，才发生赔偿义务。该条实际上包含两个责任构成：一是第1款中与法益相关联的责任构成，即以侵害一定法益为连接点的责任构成；二是第2款中与行为相关联的责任构成，即以违背一定的法律上规定的行为要求为连结点的责任构成。此基本模式通过第826条得以完备；同时由判例法得以补充；一方面表现为营业权和一般人格权，另一方面表现为交易安全义务。[1] 特别是该条中所谓的"其他权利"，有其特定内涵。"只有绝对权利才属于这里的'其他权利'，即那些相对于任何人都发生效力的权利。所有的支配权都属于'其他权利'，包括限制物权（质物权、役权）、先占权（第958条第2款规定的狩猎权、捕鱼权）和无形财产权（专利权、著作权、商标权和外观设计权）以及特殊人格权（姓名权、肖像权、著作人格权）。"[2] 此外，"其他权利"

---

〔1〕　杜景林、卢谌：《德国民法典评注：总则·债法·物权》，法律出版社2011年版，第457页。

〔2〕　Karl-Heinz Gursky, *Schuldrecht Besonderer Teil*, S. 215。

的内涵也通过司法进行拓展，但是这种创造不是随意的，截至目前，司法只创造了两种权利即一般人格权和已设立且运作的营业权，这两种权利被认为属于"其他权利"。

《德国民法典》第826条规定：以违反善良风俗的方式，故意地对他人施加损害的人，负有向该他人赔偿损害的义务。作为责任法上的第三个小一般条款，其旨在对背俗并且故意之致害情形提供保护。不要求侵害第823条、第824条所保护的法益，但在此之外，应当满足更加严格的条件。由于背俗行为始终为不法，故原则上不需要对其不法性作出特别的检查。在本规范中，一方面，在受保护之法益上不存在限制，如亦包括财产和理想法益；另一方面，在责任成立之行为方式上不存在限制，如不限于侵害一定的义务。但在故意要件和必须背俗的条件下，上述之不受限制的情形已经不复存在，故使得本规范未能够最终发展为大的一般条款，并且最后发展为侵权法的兜底构成。[1]总之，根据德国法的递进列举模式，其民法典采三个层次的立法表达模式对民事法益进行保护。第一途径是赋予利益以权利的外衣加以保护，第二途径是通过专门的法律条文加以保护，第三途径则主要通过对故意违背善良风俗的行为方式的否定而加以保护。权利化的利益的保护门槛就是一般侵权行为的构成要件；未经权利化的利益则或者援引专门的保护性条款进行保护，或者当损害其方式违背了社会良知时，方可获得保护。由此可见，德国法将民事主体的权益分为不同的层次，并给予不同的保护。[2]

---

〔1〕 杜景林、卢谌：《德国民法典评注：总则·债法·物权》，法律出版社2011年版，第458页。

〔2〕 王成："侵权之'权'的认定与民事主体利益的规范途径——兼论《侵权责任法》的一般条款"，载《清华法学》2011年第2期。

尤为值得称道的是，德国的递进列举模式事实上对侵权法保护的民事权益进行了类型化的划分，既保障了受害人权益，又实现了维护行为自由的目的，还有利于法官裁判案件。因此，该模式可以说是优于之前的法国的抽象概括模式。我国台湾地区"民法典"继承了德国的模式，第184条第1款规定：因故意或者过失侵害他人权利者，负损害赔偿责任。故意以有悖于善良风俗之方法，加害于他人者，亦同。第2款规定：违反保护他人之法律，致生损害于他人，负赔偿责任。但能证明其行为无过失者，不在此限。这一规定实际上也包括了类似于《德国民法典》的三个侵权责任类型，即故意或过失不法侵害他人之权利的、故意以违背善良风俗的方法加害于他人的、违反保护他人之法律的，分别对民事权利和民事利益加以保护。这种立法模式的特点在于主要通过列举的模式对侵权责任法的保护对象加以界定，主要有民事权益和一定范围内的民事利益。这种模式的缺点在于范围过于狭窄，在现实生活中往往需要借助于法律解释进行范围扩张。在司法实践中，德国对生命、身体、健康、自由、财产所有权、亲权、营业权、一般人格权、占有利益等均给予保护。

二、侵权法保护的民事权益范围的新型表达模式

关于侵权法保护的民事权益的立法表达在近期有所发展，特别是在欧洲大陆地区以及受其影响的地区，开始明确地把侵权法保护的民事权益加以明确列举化，尤其值得关注的是，《欧洲侵权法原则（PETL）》从动态系统论出发，通过列举各种确定法益保护范围的要素，为实践中界定保护范围提供了可供参考的要素，为司法适用制定了一个弹性的框架，此举值得借鉴。[1]

---

〔1〕　朱岩：《侵权责任法通论（总论）》，法律出版社2011年版，第126页。

（一）动态系统论概要

动态系统论是从二战期间一直到战后阶段，由奥地利的 Walter Wilburg 提倡的理论。简单地说，其基本构想是"特定在一定的法律领域发挥作用的诸'要素'，通过'与要素的数量和强度相对应的协动作用'来说明、正当化法律规范或者法律效果"。Walter Wilburg 提出这种理论，是为了缓和当时概念法学与自由法学的对立。要打破概念法学的僵硬性，回应实际生活的需要，而又不像自由法学那样，听凭基于衡平的自由决定，该怎么办呢？为了回答这个问题，Walter Wilburg 试图从诸要素的协动作用出发来构建评价的框架，由此为回应实际生活必要的可能性打开大门；同时又确保了一定的原则性。[1]Walter Wilburg 提倡的动态系统论的基本构想是这样的：就一定的法律领域，特定可能会发挥作用的作用力，通过这些作用力的动态协动作用说明各个法律规范、法律效果及其变迁，并将其正当化。[2]日本的山本敬三教授通过对动态系统论的细致考察，认为该理论的特色和意义在于"对待法律评价问题，不是预先确定评价的内容，而是试图给评价的方法提供一个框架。"[3]作为评价方法问题的上位理论，动态系统论本身超越了解释论和立法论的层次，若将现行实定法的拘束力作为要素纳入动态系统

---

〔1〕 ［日］山本敬三："民法中的动态系统论——有关法律评价及方法的绪论性考察"，解亘译，载梁慧星主编：《民商法论丛》（第23卷），金桥文化出版（香港）有限公司2002年版，第177页。

〔2〕 ［日］山本敬三："民法中的动态系统论——有关法律评价及方法的绪论性考察"，解亘译，载梁慧星主编：《民商法论丛》（第23卷），金桥文化出版（香港）有限公司2002年版，第181页。

〔3〕 ［日］山本敬三："民法中的动态系统论——有关法律评价及方法的绪论性考察"，解亘译，载梁慧星主编：《民商法论丛》（第23卷），金桥文化出版（香港）有限公司2002年版，第181页。

中，则是解释论；若排除，则是立法论。因而，立法者可以采用动态系统的规范形式，以规则的形式为法官提供评价框架，而将实际的评价留给法官。目前，动态系统论的思想在欧洲侵权法统一化的进程中受到重视，在损害赔偿法的许多领域，如在认定是否归责以及法律后果时、在确定损害与法律保护的法益时，动态系统论都有发挥作用的空间。[1]可见，动态系统论对立法过程中规范设计的正当性论证和对司法过程中妥当性裁判的作出均具有积极指引意义。因此，动态系统论对立法过程中的侵权法保护的民事权益的相关规范的正当性论证能够起到导向作用，同时也能够为裁判者提供一个宏观且可供参考的评价框架。作者把《欧洲侵权法原则》对侵权法保护的民事权益的表达模式称为动态系统论模式。

（二）动态系统论指引下的新型表达模式

动态系统论指引下的关于侵权法保护的民事权益的新型立法表达模式的代表是欧洲侵权法专家小组制定的《欧洲侵权法基本原则》。该原则第2：102条对侵权法保护的民事权益作了明确规定：①受保护利益的范围取决于该利益的性质；利益价值越高，定义越精确，越显而易见，保护范围就越广泛。②生命、身体或精神上的完整性，人的尊严和人身自由享受最广泛的保护。③广泛的财产权保护，包括那些无体资产。④纯经济利益或者契约关系的保护范围可能受到更多的限制。在这种情况下，即使行为人的利益位阶必然被评价为比受害人低，但仍然应当注意到行为人与遭受危险者的特别接近关系，或者行为人知道其行为将造成损害的特别的事实。⑤保护范围也可受责

---

〔1〕〔奥〕海尔穆特·库奇奥："损害赔偿法的重新构建：欧洲经验与欧洲趋势"，朱岩译，载《法学家》2009年第3期。

任性质的影响，所以，对利益的保护在故意加害的情况下要比在其他情况下更广泛。⑥当确定保护范围时，还应考虑行为人的利益，特别是在行动的自由与权利的行使方面的利益，以及公共利益。[1]

《欧洲侵权法基本原则》第2：102条较好地贯彻了动态系统论的方法。前述的有关侵权法保护的民事权益的表达模式，无论是抽象概括模式，抑或是递进列举模式，要么通过一般条款的形式确立了一个极为宽泛和自由的民事权益范围，要么通过有限列举的方式确立了一个富有层次感的保护范围。但是两种表达模式均没有明确地表明确定侵权法保护的民事权益范围的相关因素。但是，以《欧洲侵权法基本原则》为代表的在动态系统论指引下的新型表达模式却明确地阐明了确定侵权法保护的民事权益范围的相关因素。这些相关因素既是立法者在立法过程中所考虑的因素，也是法院在作出裁判时所考虑的因素。而且，通过立法者在条文中阐明影响确定侵权法保护的民事权益范围的相关因素，能够帮助法院在裁判过程中明确对具体利益进行衡量时需要考量的因素，简言之，这种表达模式是通过立法者的规范表达，为司法者提供了一个弹性的框架。

动态系统论指引下的新型表达模式首先明确了影响侵权法保护的民事权益范围确定和保护层次的基本因素，对《欧洲侵权法基本原则》第2：102条加以分析，可概括出其基本因素有：受保护利益的价值，定义的精确性及其明确性；被告责任的性质（如故意或过失）；行为人的利益，尤其是行动自由和自由行使权利和公共利益。上述基本要素实际上是通过立法表达

---

[1] 欧洲侵权法专家小组："欧洲侵权法基本原则"，于敏译，载《环球法律评论》2006年第5期。

的形式明确了确定侵权法保护的民事权益范围和保护层次的基本考量因素，为司法适用制定了一个弹性的框架。但是，必须指出的是，利益的保护范围既取决于一个或数个既定因素，也取决于这些因素的权衡以及相互之间的关系。保护的范围依赖于诸因素的整体平衡，因此，如果对立利益占优势，即使等级高的利益也得不到保护。比如，健康受到的威胁微不足道，而行为人要保护对方的身体健康权，其财产将遭受严重损害的情形。[1]这就意味着，司法裁判过程中的动态利益衡量远比静态的立法表达要复杂得多，这就意味着静态的立法表达（即法律规范中基本因素的列举）并不能替代动态司法裁判中的利益衡量（对各种因素的具体评价和权衡）。

动态系统论指引下的新型表达模式相较于侵权法保护的民事权益的传统表达模式具有明显的优点，主要体现在：一是保护的范围较为广泛，既包括民事权利也包括民事利益；二是对民事权利和民事利益的保护要件作了区分，民事利益保护的要件明显严于民事权利的保护要件；三是动态系统论指引下的新型表达模式列举了影响法院裁判的各种因素，为法院裁判案件提供了比较详细的法律政策指引。

从国外立法来看，对侵权责任法保护对象的界定有通过一般条款的模式而采取抽象概括式的，有采取列举式的，最近的立法探索中也有采取单独列举规定的。但是无论何种模式，均要求对权利的保护，必须是法律明确规定的权利方可给予保护；对利益的保护，必须是合法的利益方可给予保护，而且对利益的保护在侵权责任构成上的要求远远高于对权利的保护要求。

---

〔1〕 欧洲侵权法小组：《欧洲侵权法原则：文本与评注》，于敏、谢鸿飞译，法律出版社2009年版，第64页。

第三节 侵权责任法保护范围之实证研究

一、"性生活权利"纠纷案与评析

（一）案件概览

案例1：张某、王某诉南京市建邺区环境卫生管理所人身损害赔偿案

[**案件事实**] 2001 年 4 月 27 日，南京市建邺区环境卫生管理所（以下简称建邺环卫所）驾驶员徐某驾驶苏 A－30726 号东风牌自卸车在雨花台区沙洲街道青石十四队土场内倒车时，将位于车后面关车门的张某撞倒，车的右后轮从张某的左腿外侧压过胯部。江苏省中医院治疗诊断为左骨盆骨折、后尿道损伤。经江苏省高级人民法院法医鉴定结论为：张某外伤致阴茎勃起功能严重障碍，构成六级伤残。2002 年 2 月 6 日，张某作为本案原告诉至南京市雨花台区人民法院，要求被告建邺环卫所赔偿医疗费、误工费等各项损失 152 700 元。张某的妻子王某认为，自己作为张某的合法妻子，丈夫因车祸致阴茎勃起功能严重障碍，无法进行正常的性生活，从而使其陷入因漫长、不完整的夫妻生活而带来的精神痛苦之中，故亦作为本案原告，要求被告赔偿精神损害抚慰金 10 000 元。被告建邺环卫所对原告张某所述的事实部分无异议，同时认为原告王某不是本案的当事人，不能作为共同原告，故请求法院依法驳回王某的诉讼请求。

[**裁判结果**] 南京市雨花台区人民法院经审理认为：被告建邺环卫所驾驶员徐某在工作期间倒车时疏于观察，将原告张某撞伤，应负本案的全部责任。原告王某与张某系合法夫妻，因被告驾驶员徐某的侵害，致王某应有的夫妻性生活权利受到侵

害。夫妻性生活权利是公民健康权的一个方面，王某在健康权受到侵害时，完全有理由要求加害人赔偿精神损失，故作为本案原告共同参加诉讼并无不妥。为了缓和及减轻原告王某因这种不健全的夫妻生活所遭受的精神痛苦，应给予适当的精神赔偿。据此，雨花台区法院于 2002 年 8 月 5 日作出一审判决：建邺环卫所赔偿张某医疗费、残疾者生活补助费、残疾赔偿金等损失共 109 207.20 元，赔偿王某精神损害抚慰金 10 000 元，于判决生效后 10 日内付清。原、被告在上诉期间内均未上诉，该判决于 2002 年 8 月 21 日生效。

案例 2：魏某诉上海某购物中心有限公司其他人身损害赔偿案

[**案件事实**] 原告魏某诉称：原告于 2001 年 5 月 14 日与张某登记结婚。2002 年 6 月，张某与被告签订协议，约定由张某租赁被告所有的某购物中心未来家电广场二楼部分租位，经营音响业务。2003 年 4 月 14 日，张某在整理音响样品时，头顶上的通风管道处突然掉下一根铁棒，正好砸在张某头部，张某因被铁棒击中而跌倒在音响上，当即脸色苍白、嘴唇发紫、下身尿出血。经鉴定，张某已丧失性功能。原告尚未满 30 岁，无疑被剥夺了其作为一个正常女人性生活的权利。现原告与张某所生女儿患有病毒性脑炎，而张某已不再有生育的能力，该损害给原告夫妇带来了极大的精神痛苦。为维护原告的合法权益，故起诉要求被告赔偿原告精神损失费人民币 30 万元。审理中，原告调整原诉请为：要求被告赔偿精神损失费人民币 10 万元，另增加要求被告赔偿女用男性生殖器具及卫生配套费用以每年 6000 元为标准，计算 20 年，共计人民币 12 万元。

[**裁判结果**] 本院经审理后于 2004 年 7 月 23 日作出一审判决：上海某购物中心有限公司应赔偿张某误工费、营养费、交

通费、残疾者生活补助费、精神损害抚慰金等共计 139 036 元（其中精神损害抚慰金为 2 万元）；驳回张某其余诉讼请求。理由是：本案系一起一般侵权赔偿纠纷，被告对本案的损害后果有无过错是其承担责任的前提条件。显然本案中被告不具有侵权的故意，需要分析的是被告是否存在过失。民法中的过失是指对注意义务的违反，而注意义务的构成要件是：其一，损害结果具有可预见性；其二，损害结果具有可避免性。以通常情况下一个理性之人所具有的注意水平予以衡量，本院难以认定被告对本案的损害结果具有可预见性。本案纠纷的起因是被告所管理的建筑设施中物体坠落击中原告丈夫张某的头部，张某在跌倒过程中生殖器官受伤。根据法律规定，对张某所受到的伤害，推定被告作为管理人具有过错，本院已根据法律规定判决被告予以全面赔偿，该判决已生效。现原告诉称性生活权利受到侵害，所谓性生活权利并未受到法律的确认成为一项民事权利，只能认为原告由于其丈夫的生殖器官受伤而遭受了一定的精神痛苦。现原告主张的损害是一种间接损害，即由于丈夫受伤而产生的反射性精神损害及为抚慰自己的精神痛苦而支出的替代用品的费用。本案被告因所管理的物件致人损害，被推定有过错，而在这一事故中，原告丈夫张某具体伤情的产生本身具有一定的偶然性，倘若认为被告对原告因丈夫生殖器官受伤而遭受的间接损害也应预见，未免对侵权行为人过于苛求。上海市第一中级人民法院驳回上诉，维持原判。

（二）案例评释

上述两个案件中存在着以下相同之处：都是过失导致的损害；原告均是以性生活权利为由提起精神损害赔偿请求。但是也存在着三点不同：一是提起的时间不同，前者和丈夫在同一诉讼中提出，后者在丈夫诉讼结束后另行提起新的诉讼；二是案件的性质不同，前者是一般侵权诉讼，后者是特殊侵权案件中的物件致害责任案件；三是提起诉讼时间的不同，前者和丈夫在一起案件中同时提起，后者在丈夫索赔案件结束后提起。但是这些不同的要素作为裁判结果不同的理由似乎并不充分。前一案件中，法院以"夫妻性生活权利是公民健康权的一个方面，王某在健康权受到侵害时，完全有理由要求加害人赔偿精神损失，故作为本案原告共同参加诉讼并无不妥。为了缓和及减轻原告王某因这种不健全的夫妻生活所遭受的精神痛苦，应给予适当的精神赔偿"为理由，判决被告赔偿王某精神损害抚慰金 10 000 元。而在后一案件中，法院以"根据法律规定，当公民的合法权利受到侵害时，侵权行为人应当承担相应的民事责任。而法律保护的公民的民事权利的范围是被法律确认的权利。本案魏某要求获得丈夫丧失性功能后的损害赔偿，难以在现行法律上觅得相关的权利依据，本院难以支持"为理由而驳回了原告的诉讼请求。为什么同一类型的案件却得出了两个截然相反的观点呢？作者认为，造成这种结果最主要的原因是对侵权责任法的保护对象的认识不一致。作为侵权责任法的保护对象的民事权益具有私权性、绝对性、合法性、包容性、发展性的特征，特别是民事权利的法定性在上述案件中具有至关重要的意义。那么上述案件中原告所主张的"性生活权利"在现行法中是否具有法律根据呢？显然是没有的。在前一案件中，裁判案件的法官显然已经觉察了这一点，于是采取了迂回战术，通过对"健康权"的扩大解释来达到救济当事人权益的目的。值得肯定的是，这种观点认识到了健康权的范围之日益扩大化趋势，其内涵不仅包括生理健康也包括精神健康，但是将"性生活权利"作为健康权的内容来解释有强行扩大健康权范围之嫌疑。后一案件中法官则坚持"权利法定"的要求，拒绝给原告以救济，两个判决似乎均有根据。那么应该如何取舍呢？

如果从"民事利益"的角度为原告寻求救济的根据是比较困难的。原因在于：即使原告主张的民事利益具有合法性或者具有符合公序良俗的性质，但是侵权责任法对民事利益保护的要件是相当苛刻的，需要是加害人以故意或者违背善良风俗的加害行为造成的损害方可给予救济。在上述案件中原告所主张的"性生活权利"显然不是我国法律明确规定的民事权利，将它解释为配偶权的内容倒是具有合理性。基于法律规定的同居义务，我国学者提出了"间接侵害婚姻关系"的概念，并在起草的法律建议稿中得以体现，将其侵害的客体的性质界定为"性利益"。"侵害配偶一方造成健康权损害，使之丧失性功能的，对方配偶可以向侵权行为人就配偶之间的性利益的损害，请求精神损害赔偿。"[1]杨立新教授主持起草的《中华人民共和国侵权责任法草案专家建议稿》第51条规定："侵害配偶一方身体健康，造成性功能严重损害的，他方配偶可以就配偶间性利益的损害，请求赔偿精神损害抚慰金。"其在立法理由中提出："法律明确规定夫妻之间的同居义务，这种法定义务也就是赋予了配偶在婚姻关系存续期间可以生儿育女以及享受与配偶进行性生活而带来的兴趣，生理上的欲求及满足也成为婚姻关系的重要内容，而性生活的不和谐常常成为夫妻之间离婚的一个重要理由。因此，侵害配偶一方造成健康权损害，使之丧失性功能的，虽然没有直接侵害婚姻关系的故意，但客观上这种对配偶一方健康权的损害造成了配偶另一方性利益的损失，而且这种损失对于配偶之间的婚姻关系的稳定也造成了相当大的

---

[1] 王利明主编：《中国民法典学者建议稿及立法理由 总则编》，法律出版社2005年版，第23页。

影响，因此，对于这种性利益的损害，法律上有必要对之进行救济，赋予配偶一方的损害赔偿请求权。"[1]

二、"受教育权"纠纷案与评析

(一) 案件概览

[案件事实] 孙某是某校 2005 届复读班学生，张某系孙某的班主任。孙某在 2005 年高考成绩已达到当年高招本科第二批录取分数线，但在二本第一批录取时未被录取。2005 年 7 月 30 日上午，张某上网查询其学生录取情况，误把志愿栏当成录取栏，认为孙某已被河南财经学院录取，便将此信息在学校黑板上予以公布，同时对孙某提交的补报本科二批的志愿卡未转交县招办上传，致使孙某失去了再次选择本科二批院校接受教育的机会。2005 年 8 月 5 日，在某校同意承担学费差价的前提下，孙某报考了郑州大学西亚斯国际学院，2005 年 8 月 10 日被录取，为此孙某交付了学费 9950 元、住宿费 1500 元（本科经贸部二批院学费每学年为 3700 元）。后因学费差价承担比例问题，三方未达成一致，纠纷成讼。孙某诉请某校、张某共同赔偿其学费差价 25 000 元、住宿费差价 4000 元、交通费、取证复印费等其他经济损失 500 元及精神损害抚慰金 20 000 元。争议焦点：孙某的公民受教育权是否属于侵权责任法的保护范围？

[法院裁判] 一审法院经审理认为，孙某有自由选择高等院校接受教育的权利。作为校方或教师，在协助学生报考志愿时，应当尊重学生的自由择校权并正确履行协助义务，不正确履行义务，因过错侵犯受教育者的合法权益，造成损失、损害的，应当依法承担民事责任，张某基于本人的错误认识而未将孙某

---

[1]　杨立新主编：《中华人民共和国侵权责任法草案建议稿及说明》，法律出版社 2007 年版，第 154 页。

的补报志愿卡转交县招办上传，主观上具有一定的过失，客观上侵犯了孙某的自由择校权，并由此造成孙某学费、住宿费等负担加重。因张某履行的是职务行为，故某校应当对因张某的过失行为给他人造成的损害承担民事赔偿责任。孙某诉求的学费差价损失25 000元和住宿费差价损失4000元，均在合理损失范畴之内，可以作为损失数额的确定依据；交通费及打印费、复印费用损失441.5元亦属因此案所造成的直接经济损失，某校应予赔偿。但孙某诉求的赔偿精神损害抚慰金20 000元缺乏事实和法律依据。首先，张某的行为属过失行为，其主观上并没有非法剥夺孙某的自由择校权的故意；其次，在客观方面，自由择校为一种选择权，行使了此项权利也不必然产生被录取的结果，况且现在孙某仍在本科院校就读；再次，校方承担了学费、住宿费的差价损失，减轻了孙某就学的经济压力，其精神亦在一定程度上得到慰藉，故其精神损害的后果尚未达到严重的程度；最后，孙某所诉的受教育权中的自由择校权遭到侵害，也不属于最高人民法院《关于确定民事侵权精神损害赔偿责任若干问题的解释》所界定的精神损害的赔偿范围。故对孙某的此项诉讼请求，不予支持。

（二）案例评释

在本案中，法院以学校侵犯学生的受教育权，即所谓"自由选择高等院校接受教育的权利"为由，判决学校应承担相应的侵权责任。但是，所谓公民的受教育权，是指公民获得学习机会、接受文化知识的权利，其性质是公法上的社会受益权，其对象是国家，即国家负有为公民提供受教育机会和受教育条件的义务。受教育权在性质上不具有私法性，因而不是民事权利，也不属于侵权责任法的保护对象。作为本案判决由学校向受教育者承担侵权责任的基础，应为由于有关的侵权行为所造成的受教育者的人身损害和财产损失。一方面，学校及其教师的侵权行为造成了孙某学费、住宿费等财产损失，属于纯粹经济损失，应予赔偿。另一方面，学校及其教师就上述侵权行为有无造成孙某的人身损害而应予以精神损害赔偿，必须按照《中华人民共和国侵权责任法》（以下简称《侵权责任法》）第22条而为判断。该条规定："侵害他人人身权益，造成他人严重精神损害的，被侵权人可以请求精神损害赔偿。"由于本案中的损害并不具有直接的人格权利属性，因而应不产生精神损害赔偿。在本案中，首先，法院判决学校应对孙某所受到的纯粹经济损失承担侵权责任，是正确的；但是，学校承担侵权责任的基础，并非是对孙某的受教育权的侵害，而是对其造成的纯粹经济损失。其次，法院判决学校不应对孙某的精神损害承担精神损害赔偿责任，也不是由于其精神损害尚未达到严重的程度，而是由于孙某遭受的损害不具有人格权利属性，因而根本不产生精神损害赔偿的问题。最后值得一提的是，本案判决侵权人承担因本案诉讼而产生的交通费及打印费、复印费用损失等直接经济损失，已经超出了司法实践中一般认为的损害赔偿的对象仅为侵权行为所造成的损失的范围。将当事人提起诉讼而产生的费用纳入损害赔偿的范围的观点，具有一定的示范意义。

三、"祭祀权"纠纷案与评析

（一）案件概览

[**案件事实**] 被告王某与两原告之女李甲系夫妻关系。2001年元月4日李甲因病去世，次日在本市火化。李甲火化后，其骨灰由被告王某保管。原告曾多次询问被告李甲骨灰是否安葬、安葬何处，但被告至今未明确告知两原告，致使两原告无法祭奠女儿。2005年底，两原告以其女儿李甲骨灰去向不明，无法祭祀为由，要求被告王某安葬李甲骨灰，双方发生纠纷，两原

告起诉至法院，请求法院判决被告及时安葬李甲骨灰，并支付两原告精神损害抚慰金 20 000 元。争议焦点：死者的父母是否享有对死者的祭祀权？祭祀权是一种独立的民事权利吗？

［法院裁判］ 一审法院经审理认为：根据我国传统的伦理观念和长期形成的民间风俗习惯，祭奠既是生者对死者的悼念，也是对生者精神上的一种安慰。两原告作为李甲的父母，与被告应共同享有对李甲平等的祭祀权，被告在行使自己权利和自由的时候，不得损害原告的合法权益。被告应将李甲骨灰存放地方或安葬地点告知李甲父母。被告未履行告知义务，致使原告无法祭奠，侵犯了原告的合法祭祀权，有悖于社会善良风俗，在主观上具有过错，应承担过错责任；且被告因其行为造成原告无法对女儿进行祭奠，精神上受到伤害，对原告应予以赔偿，并将李甲骨灰安葬后立即告知两原告。综上，原告关于被告及时安葬其子女骨灰的诉讼请求，理由正当，于法有据，应予以支持。关于被告应支付精神损害抚慰金 2 万元的诉讼请求，理由正当，但数额偏高，本院予以部分支持。被告关于对李甲骨灰去向予以保密是依原告所请的辩解，无证据支持，不予采信。依照《民法通则》第 5 条、最高人民法院《关于确定民事侵权精神损害赔偿责任若干问题的解释》第 1 条、第 9 条、第 10 条的规定，判决如下：一、被告王某于本判决生效后 30 日内在合法之墓地将李甲骨灰予以安葬并告知原告李某、谭某。二、被告王某于本判决生效后 10 日内赔偿原告李某、谭某精神损害抚慰金 4000 元。三、驳回两原告李某、谭某的其他诉讼请求。一审宣判后，王某不服，提起上诉。二审法院判决驳回上诉，维持原判。

（二）案例评释

在本案中，法院确立了一种称为"祭祀权"的民事权利。但是，就所谓祭祀权的性质，未予言明。许多人主张，祭祀权是一种身份权，属于自然人亲属权的一种具体形式。笔者认为，祭祀实际上系一种特定的人格法益，虽然一般发生在具有亲属关系的场合，但不限于此，其实质应为自然人表达其对逝去的亲朋好友的哀思的人格法益，因而属于一般人格权的保护范围。参考德国民法上对一般人格权的保护方法，系采取"积极确定违法性"的方法。所谓积极确定违法性，是指某一行为损害了他人的框架性权利这一事实本身，并不能自动地指示出该损害行为的违法性，而是必须以积极的方法来确定侵害行为是否具有"违法性"。就对一般人格权的侵害而言，单纯的损害事实并不自动指示出加害行为的违法性，针对个案的具体情况，通过利益衡量来确定该行为是否构成侵害一般人格权的侵权行为。在本案中，被告无视原告作为死者父母的事实，在死者逝去多年后，仍拒绝向其父母告知死讯，致使原告无法祭祀其逝去的女儿，不仅主观上具有过错，而且客观上有悖于善良风俗，因而构成侵权行为，应承担过错责任。关于司法实践中的"祭祀权"纠纷，另举二例。在"于甲诉于乙等4人祭奠方式纠纷案"[1]中，法院认为，祭奠是民事主体对死者表示悼念、敬意的一种情感活动，原告要求在合葬墓碑上刻其生母胡某姓名，符合我国的道德伦理、传统风俗，亦在情理之中，应予支持。于此，法院本诸善良风俗，判令被告在合葬墓碑上刻原告之生母姓名，保护了原告祭祀其生母的一般人格权。在"崔甲诉崔乙侵犯祭奠权案"[2]中，法院认为，在崔某、李某去世后，与其共同生活的崔乙没有法定义务通知崔甲，其不通知的行为并未侵犯崔甲的祭奠权；崔甲在

---

〔1〕 一审：河南省新野市牧野区人民法院（2004）牧民初字第346号民事判决。案载最高人民法院中国应用法学研究所编：《人民法院案例选2005年第2辑》（总第52辑），人民法院出版社2006年版，第96页以下。

〔2〕 一审：北京市丰台区人民法院（2007）丰民初字第08923号民事判决。案载最高人民法院中国应用法学研究所编：《人民法院案例选2009年第1辑》（总第67辑），人民法院出版社2009年版，第120页以下。

崔某、李某生前未对其二人进行探望和关心，这与遗体告别相比更有意义；祭奠死者、寄托哀思，除遗体告别之外，也可以选择其他方式，因此，驳回崔甲的诉讼请求。于此，法院系以利益衡量的方法，否认原告主张的所谓"祭奠权"。

四、"亲吻权"纠纷案与评析

（一）案件概览

[**案件事实**] 原告陶某诉称：2001 年 6 月 1 日晚 22 时许，被告吴某酒后驾驶胡某所有的奥拓车（川 L25366），在广汉市雒城镇滨西路证券公司处将其撞伤。事发后，吴某既未对现场进行保护，也未对其进行施救。经群众报案，其才被 120 急救车送至广汉市人民医院抢救。医生诊断"车祸造成上唇裂伤、全身多处软组织挫伤、牙折、脑震荡"。2001 年 6 月 14 日，广汉市公安局交警队（以下简称交警队）作出责任认定：吴某负本次事故的全部责任，陶某不负责任。后经华西鉴定中心鉴定：原告已构成十级伤残。被告吴某违反了《中华人民共和国道路交通管理条例》第 26 条第 6 款，《道路交通事故处理办法》（以下简称《处理办法》）第 7 条的规定，具有严重过错，使其身心受到损害：脑被撞伤，导致经常短暂失忆，思维判断出错；两颗门牙折断，破坏了身体的完整性，损害了撕咬食物的功能；牙齿折断，松动及上唇裂伤，影响了其容貌；上唇裂伤和门牙折断，使其不能感受与爱人亲吻的醉人甜蜜，不能感受与女儿亲吻的天伦亲情。被告吴某的行为侵害了原告的身体权、健康权、亲吻权、财产权。根据《民法通则》、《处理办法》、最高人民法院《关于确定民事侵权精神损害赔偿责任若干问题的解释》（以下简称《精神损害赔偿解释》）的相关规定，请求法院判令被告吴某赔礼道歉，并赔偿损失。

[**法院裁判**] 原告主张亲吻权是自然人享有的与爱人亲吻时产生的一种性的愉悦，并由此而获得的一种美好的精神感受的

权利，属人格权中细化的一种独立的权利。但是，一切权利必有法律依据，任何一种人格权，不论是一般人格权还是具体人格权，都源于法律的确认，即权利法定。纵观我国现有的法律、行政法规，均无亲吻权之规定，故亲吻权的提出于法无据。被告认为"亲吻"是人体组织某种功能，法律上对身体权和健康权的保护已将其涵盖的抗辩，本院也不予支持。身体权是指公民维护其身体完整并支配其肢体、器官和其他身体组织的具体人格权；健康权系指公民以其机体生理机能正常运行和功能完善发挥，以其维持人体生命活动的利益为内容的人格权。身体权和健康权均属物质性人格权。从医学上来看，健康既包括生理健康，也包括心理健康，但作为健康权客体的健康，仅指生理健康。如将心理健康置于健康概念中，将会导致健康权的泛化，与其他人格权或人格利益混淆。原告嘴唇裂伤，亲吻不能或变成一种痛苦的心理体验，属于情感上的利益损失，当属精神性人格利益。但利益不等于权利，利益并非都能得到司法救济。被告不是以故意违反公序良俗的方式加以侵害，纯因过失而偶致原告唇裂，故本院对原告不能亲吻的利益损失赔偿精神损害抚慰金10 000元的请求不予支持。

（二）案例评释

我国司法实践中禁止当事人自己随意创造"民事权益"，当事人以法律上没有明确规定的权利为基础向法院提起的诉讼是难以得到法律的肯认的。"陶某诉吴某道路交通事故人身损害赔偿纠纷案"中，原告以"亲吻权"受到侵害为由要求损害赔偿而被法院驳回了诉讼请求是一例证。在本案中，法院对健康权的解释明显采取了狭义的解释，认为作为健康权客体的健康，仅指生理健康。如将心理健康置于健康概念中，将会导致健康权的泛化，与其他人格权或人格利益混淆。原告嘴唇裂伤，亲吻不能或变成一种痛苦的心理体验，属于情感上的利益损失，当属精神性人格利益。而且在该案中法院实际上严格区分了权利和利益的保护和救济的层次性，即权利保护的程度较高，而利益的保护程度则较低，在对利益进行保护时，要求被告须是以故意违反善良风俗的方式加以侵害的方可获得赔偿。

五、"纯粹经济损失"纠纷案与评析[1]

（一）案件概览

[**案件事实**] 2005 年 7 月 15 日 9 时许，××建筑公司在其所承包的重庆市黔江区"金三角"河堤段工程的施工过程中，不慎损坏埋藏在该地段的××供电公司的 10kV 电力电缆，致使输电线路中断，造成××医院停电 26 小时，影响其正常经营。事故发生后，××建筑公司于当日向××供电公司支付维修材料费 10 000 元。该供电公司于次日上午将受损线路修复，同日 12 时左右恢复供电。2005 年 6 月 28 日至 7 月 27 日期间，××医院的日均经营收入为 6 万余元，其中 7 月 15 日的经营收入为 13 246.17 元。

[**法院裁判**] 一审法院认为：××建筑公司在施工过程中损坏电力设施，导致停电事故发生，影响××医院的正常运行而造成其可得收入的减少，其行为符合侵权行为的构成要件。同时，《中华人民共和国电力法》（以下简称《电力法》）第 60 条第 3 款规定："因用户或者第三人的过错给电力企业或者其他用户造成损害的，该用户或者第三人应当依法承担赔偿责任。"故××建筑公司理应承担民事赔偿责任。至于该公司提出的公用工程应当免责的辩解理由于法无据，不予采信。××供电公司在其供电设施遭

---

〔1〕 黔江区永安建筑有限责任公司与被上诉人黔江区民族医院、黔江区供电有限责任公司财产损害赔偿纠纷上诉案，重庆市第四中级人民法院（2006）渝四中法民一终字第 9 号民事判决书。

受损坏后积极履行抢修义务，其行为并无过错，不应承担民事责任。××医院的损失额以其提供的收支日报表为参照，结合本案实际情况，酌情认定为25 000元。依照《中华人民共和国民法通则》第106条第2款、第117条第3款的规定，判决如下：一、被告××建筑公司赔偿原告××医院经济损失25 000元，限于本判决生效后10日内履行；二、驳回原告××医院的其他诉讼请求。案件受理费2630元、其他诉讼费1060元，合计3690元，由原告××医院负担1000元，被告××建筑公司负担2690元。

二审法院认为：××供电公司与××医院之间存在供用电合同关系，供电公司没有对涉案电缆线实施侵权行为，也没有与××建筑公司共同实施侵权行为，故××医院基于侵权之诉向××供电公司请求赔偿不当，××供电公司在本案中不对××医院负赔偿责任。用户因电缆被挖断而遭受损失，从侵权行为法的基本理论来讲，加害人对电缆线的切断，损害了供电部门的物权，是"第一次损害"；而电缆线的毁损致用户因供电不能而遭受的损失，系"后续损害"，该后续损害是否应当得到赔偿，须依据侵权行为法的基本构成要件，结合该用户的损失应否属于民法所应当保护的法益范围等要素进行综合评定。从因果关系要件上看，用户遭致的损害与加害人的加害行为之间存有相当因果关系，用户可以基于侵权行为法的规定向加害人请求损害赔偿，即电力用户对此享有诉权。但侵权行为法不能对一切的权益作同样的保护，必须有所区别，即对"人"的保护最为优先；"所有权"的保护次之；"财富"（经济上利益）又次之，仅在严格的要件下，始受保护。但该种情形下的"后续损害赔偿"，一般仅限于人身权、所有权，即除经济损失系因用户的人身或所有权遭受侵害而发生者外，原则上不予赔偿。纯粹经济上损失系指被害人直接遭受财产上不利益，而非因人身或物被侵害而发生。除加害人系故意以悖于善良风俗之方法致使用户受损害的特殊情形外，不在赔偿之列。在电缆线毁损而导致电力供应中断时，用户所遭受的多属纯粹经济上损失，以不能营业之损失最为常见。同时，纯粹经济上损失又可具体化为包括债权、营业权在内的损失，用户多因不能营业而受有经济损失。营业经营权被侵害得请求损害赔偿，须以所受侵害与企业经营之间具有内在关联、不易分离的关系为要件。因停电而遭受不利益的，不限于企业，亦包括家庭用户等消费者。供电关系非属企业特有，故挖断电缆，导致电力中断，不能认为是对企业营业权的侵害。企业因此受有经济上的损失，亦不能以企业营业权受侵害为理由，请求损害赔偿。纯粹经济上损失应否赔偿，一般从以下几个方面进行考量：①电力企业是法定的供应者，因过失不能提供电力时，无须对消费者所受的经济上损失负赔偿责任。②电力中断，事所常有。事故发生后，在人身或物品未遭受损害的情况下，虽对人们的生活造成不便，有时产生经济上损失，但电力供应短期即告回复，纵有经济损失，亦属轻微，一般人大多认为对此应负容忍义务。有人自备供电设施，以防意外；有人投保，避免损失；等等。③被害人对于此等意外事故，若皆得请求经济上的损失赔偿，则其请求权将漫无边际，加重了加害人的赔偿义务，有违公平正义，也不利于整个社会经济的发展。综上所述，除经济损失系因用户的人身或所有权遭受侵害而发生外，原则上不予赔偿。对《电力法》第60条第3款的适用，应当基于上述适当限制加害人赔偿责任的政策考量，对"损害"作限缩解释，为因"人身或所有权遭受侵害而发生的损害"。本案××医院要求赔付停电期间的营业损失，性质属于纯粹经济上损失，故其诉讼请求本院很难支持。

（二）案例评释

本案是一个典型的纯粹经济损失案件，属于王泽鉴先生经常所举例示范的电缆案件（cable case）。本案也是国内运用纯粹经济损失理论阐述判决理由的最为充分的经典案例。我们认为，本案的二审判决符合纯粹经济损失的相关法理，值得肯定。正如前文所述，由于纯粹经济损失是不与受害人的财产、人身或者绝对权利的受损相联系而发生的损失，它不涉及对特定当事人特定权利的侵害。各国对纯粹经济损失均采取了比较谨慎的态度，一般采取的是对纯粹经济损失应采取"不赔偿为原则，赔偿为例外"的规则。即便给予赔偿也在主观方面、因果关系方面具有比较严格的要求。在我国大陆地区的司法实践中已经出现多起有关纯粹经济损失的案件，但法院的观点不一。2001年的"太原市外企公司诉山西日报社"案是较早的案例。原告太原市外企服务公司（以下简称服务公司）定于2000年5月25日在太原举行"华夏之夜"大型演唱会，为扩大影响，公司邀请了当红歌星毛某出席。同年5月17日，《山西晚报》引用成都媒体关于毛某在日本突患急性阑尾炎并取消了原定于5月17参加在四川仁寿举行的枇杷节开幕式和5月8日在福建演出的消息，刊文称"毛某八成不来太原，一睹毛某风采的愿望恐怕也要泡汤了"。但5月25日，毛某如约出现在"华夏之夜"演出现场。事隔3个月后，服务公司一纸诉状将《山西晚报》所属的"山西日报社"推上被告席，称由于被告刊发的不实消息，致使演唱会退票款达89万元，因此要求被告赔偿其退票费等损失共计145万元。2001年初，太原市中级人民法院作出一审判决，认定被告山西日报社《山西晚报》登载的《毛某八成不来太原》一文，构成了对原告外企公司合法权益的侵犯，判令赔偿太原市外企公司退票损失78万元及增加的广告费经济损失8万多元，合计87万元。

山西晚报社不服一审判决，提出上诉。对于该案，学术界及司法界普遍认为被告没有侵犯原告合法权益，不应承担侵权赔偿责任。[1]《王甲诉三信律师所财产损害赔偿纠纷案》也是一个比较经典的有关纯粹经济损失的案件，这是一个由于律师过错导致遗嘱无效的案件。被告三信律师所在履行与王乙签订的《非诉讼委托代理协议》时，未尽代理人应尽的职责，给委托人及遗嘱受益人造成损失，应当承担赔偿责任，但赔偿范围仅限于原告王甲因遗嘱无效而被减少的继承份额。北京市朝阳区人民法院于2004年5月判决：被告三信律师所于判决生效后7日内赔偿原告王甲经济损失114 318.45元。二审法院维持了一审法院的判决。上述两个均是对纯粹经济损失给予赔偿的案件。[2]

六、"其他人格利益"纠纷案与评析

（一）案件概览

[**案件事实**] 原告陈某系天津解放前已故曲艺演员吉某（艺名荷花女）之母。吉某自幼随父学艺，15岁起在天津登台演出，有一定名声。1944年，吉某19岁时病故。被告魏某于1985年着手创作以吉某为原型，表现旧社会艺人苦难生活的小说。在创作期间，魏某曾先后3次找到原告陈某，并给吉某之弟写信了解有关吉某的生平以及从艺情况，且索要了吉某的照片，但未将写小说一事告诉原告及其家人。被告魏某写完小说《荷花女》后，投稿于《今晚报》。该报于1987年4月18日至6月12日在副刊上连载该小说，每日刊登1篇，共计56篇，约11万字。当小说在

---

〔1〕 载《北京青年报》2002年4月16日，转引自黄长明、王颖琼："太原市外企公司诉'山西日报社'案之法理分析兼论一般条款于民事责任之意义"，载《广西政法管理干部学院学报》2003年第6期。

〔2〕 北京市第二中级人民法院："王保富诉三信律师所财产损害赔偿纠纷案"，载《中华人民共和国最高人民法院公报》2005年第10期。

《今晚报》刊登不久，原告陈某及其亲属即以小说内容及插图有损吉某名誉为由，先后两次前往《今晚报》社要求停载。《今晚报》社以报纸要对读者负责为由予以拒绝。被告魏某所著《荷花女》一书使用了吉某的真实姓名和艺名，称陈某为陈氏。书中描写了吉某从 17 岁到 19 岁病逝的两年间，先后同许某等 3 人恋爱，并 3 次接收对方聘礼，其中于某已婚，吉某却愿意做于某的妾。小说还描写了吉某先后到当时天津帮会头头、大恶霸袁某和刘某家唱堂会并被袁、刘侮辱。小说最后影射吉某系患性病打错针致死。同时，小说还描写了陈某同意女儿做于某的妾，接收了于家的聘礼。上述内容确属魏某虚构。原告陈某在《荷花女》发表后，精神受到刺激致病，造成医疗费等实际损失 404.58 元。

[**法院裁判**] 天津市中级人民法院认为：《中华人民共和国民法通则》规定公民享有名誉权。公民死亡后名誉权仍应受法律保护。原告陈某系已故吉某之母，在其女儿及本人名誉权受到侵害的情况下，有权提起诉讼，请求法律保护。被告魏某所著《荷花女》体裁虽为小说，但作者使用了吉某和陈某的真实姓名，其中虚构了有损吉某和陈某名誉的一些情况，其行为侵害了吉某和陈某的名誉权，应承担民事责任。被告《今晚报》社对使用真实姓名的小说《荷花女》未作认真审查即予登载，致使损害吉某和陈某名誉的不良影响扩散，也应承担相应的民事责任。

（二）案例评释

本案是讨论死者人格利益保护的经典案件，引起了中国大陆和我国台湾地区学者的广泛关注。本案中，天津市中级人民法院认为：《中华人民共和国民法通则》规定公民享有名誉权。公民死亡后名誉权仍应受法律保护。但是事实上本案的裁判非无争议，而且存在法理逻辑上的难以自洽性。如我国台湾地区的学者王泽鉴先生指出：一方面，这不成立对死亡者的名誉权的侵害。人之权利始于出生，终于死亡，从而人于死亡时即丧失作为权利义务之主体，包括名誉权在内之人格权与人身攸关，原则上具有专属性，纵经承认或已起诉，仍不得让与或继承（参照台湾地区"民法"第 195 条第 2 项），故包括身体、健康、名誉、自由、信用、隐私、贞操等权利在内的人格应于死亡时消灭。另一方面，对死亡者亲属之其他人格权的侵害：所谓其他人格法益，系指一般人格权中未经明定为特别人格权（人格利益）的部分，此一概括部分将随着人格自觉、社会进步、侵害的增加而扩大其保护范畴，故人格权之侵害，不限于他人之身体、健康、名誉、自由、信用、隐私、贞操，以吾国风尚，对于死者向极崇敬，若对已死之人妄加侮辱诽谤，非独不能起死者于地下而辩白，亦使其遗族为之难堪，甚有痛楚愤怨之感，故而我国台湾地区"刑法"第 312 条特规定侮辱诽谤死者罪，藉以保护遗族对其先人之孝思追念，并进而激励善良风俗，自应将遗族对于故人敬爱追慕之情，视同人格上利益加以保护，始符宪法保障人性尊严之本旨。[1] 目前中国大陆的多数学者主张对于死者人格精神利益保护采"近亲属利益说"，《精神损害赔偿解释》也是持此种立场。对死者人格精神利益的保护实际上保护的是死者近亲属的人格权，换言之，通过保护死者近亲属的人格权而使死者免受侵害。

七、典型案例实证研究的结论

（一）可供救济的民事权益范围在不断扩大，既包括民事权利，也包括一部分民事利益

作为侵权法保护客体的"民事权益"，包括"民事权利"

---

[1] 王泽鉴在华东政法大学讲学第三场讲义：《荷花女案在法学方法上的研究——死者人格权的保护》。

和尚不构成民事权利的"合法利益"。从《侵权责任法》第2条第2款所列举的18种民事权利可知，此"民事权利"以"绝对权"为限。民事权利之外的"合法利益"，包括人身利益和财产利益。根据《民法通则》《民法总则》实行以来的裁判实践，受保护的人身利益包括死者名誉、死者肖像、家庭生活安宁等；受保护的财产利益包括财产的占有、可得利益（纯经济损失）、网络虚拟财产、占有等。我国法院也裁判过对合法的经济利益给予救济的案件。在"莒县酒厂诉文登酿酒厂不正当竞争纠纷案"中，法院认为，被告文登酿酒厂违背诚信原则，以仿制瓶贴装潢及压价手段竞争，属不正当竞争行为，因此应停止侵害，赔偿损失。本案中，瓶贴装潢虽未形成权利，但原告的瓶贴装潢代表了原告的白酒信誉，并能给原告带来一定的经济利益，因此应受到侵权责任法的保护。

（二）司法实践中一般仅对私法上的权益进行救济，公法上的权益一般不通过侵权责任法进行保护

如我国司法实践中出现过原告以"接受综合素质教育的权利"为理由请求侵权救济，而被法院以"没有法律根据，是对《未成年人保护法》的片面理解"为理由驳回的案件。从最高人民法院对"齐玉苓"案的曲折态度中也可见一斑。《最高人民法院关于以侵犯姓名权的手段侵犯宪法保护的公民受教育的基本权利是否应承担民事责任的批复》（2001年6月28日最高人民法院审判委员会第1183次会议通过）指出：行为人以侵犯姓名权的手段，侵犯了齐玉苓依据宪法规定所享有的受教育的基本权利，并造成了具体的损害后果，应承担相应的民事责任。2008年12月8日，最高人民法院审判委员会第1457次会议通过《最高人民法院关于废止2007年底以前发布的有关司法解释（第七批）的决定》（法释〔2008〕15号）中规定停止适用该批

复。但是也有学者认为：侵权责任法保护的法益的"转介"条款也可能来源于公法规范或宪法规范，比如说属于绝对权的基本权利；还有可能来自于一般道德观念，如依据公序良俗，对尚无法律明文规定的，但可以具体化的、具有排他性的利益进行选择性保护。侵权法所保护的法益并非仅仅局限于狭隘的"民事"权益范畴内。并对最高人民法院废除了《最高人民法院关于以侵犯姓名权的手段侵犯宪法保护的公民受教育的基本权利是否应承担民事责任的批复》（法释〔2001〕25号）深感遗憾。[1]

（三）司法实践中对民事权利和民事利益的保护程度是不同的

一方面，我国司法实践中对某些利益给予侵权责任法救济；另一方面，又对权利和利益的救济要求和标准进行了区分，即民事权利受到更为强烈、更为周延的保护，对民事权利的保护要件一般较为宽松；民事利益的保护受到较低的保护，保护要件一般较为苛刻。这主要是因为侵权责任法承担着综合协调权益保护和行为自由关系的任务，如果允许当事人创造出各种各样的民事权益，就可能会使人们动辄得咎，行为自由受到严重的束缚，对民事权利和民事利益进行区别保护是符合侵权责任法协调权益保护和行为自由之间关系的根本宗旨的。在我国法院的不少判例中均反映了这一观点，甚至有些地方的法院已经通过规范性文件的形式对此作出了规定。《上海市高级人民法院侵权纠纷办案要件指南》第5条规定对权利和利益在保护过程中的区别作了精彩分析。该条规定："请求方只能就现行法律保护的权益受到侵害行使侵权赔偿等请求权。现行侵权法调整之权益，包含权利与法益二方面内容。民法系采列举的方式设定

---

〔1〕 陈鑫："侵权法的法益保护"，载《华东政法大学学报》2010年第3期。

权利，而法律设定的诸多利益均未固化为权利，但因法律专门设有保护之规定，其成为法律所保护之利益。故侵权法体系所规范的对象，以权利为原则，以法益为例外。区分权利与法益之关系，对于进行侵权法的法律解释活动意义重大：侵害权利之行为，无论行为人存在故意或过失，均有救济途径；但对于财产利益的损失，侵权行为法并不是一概保护的，原则上仅在行为人故意之场合方予以保护。"这说明，虽然我国《侵权责任法》第 2 条没有像《欧洲侵权法原则》第 2：102 条中那样对民事权利和民事利益的保护作出清晰的区分，但是司法实践中已经接受了该种观念。

（四）我国法院多倾向于在现有法律规范确认的权利范围内对司法实践中出现新型利益或者新型诉求给予救济

我国在司法实践中并不提倡当事人随意创设超出民事权利类型框架之外的"权利类型"，在很多情况下对于这些"权利"是拒绝给予司法救济的。例如司法实践中，法院就曾拒绝对"亲吻权""祭祀权"等给予救济的案例。例如在前面的"性生活权利"纠纷中，法院倾向于把"性生活权利"解释为健康权的内容，即通过对健康权的扩张解释来实现对"性生活权利"的保护。这种做法既实现了对民事权利的救济，又体现了对现行法律确认的权利类型的尊重，还可以避免权利泛化的诘难，不失为裁判方法的进步。

（五）我国部分法院在借鉴比较法的经验以及制度改革创新方面力度明显，步伐超前

在"性生活权利"纠纷案中，法院对健康权进行扩张解释，这是德国法院的一般做法。在上述"纯粹经济损失"纠纷中法院充分借鉴国外经验，特别是我国台湾地区民法学者的学说对有关法理进行了精辟的分析。特别指出，侵权行为法不能对一

切的权益作同样的保护，必须有所区别，即对"人"的保护最为优先；"所有权"的保护次之；"财富"（经济上利益）又次之，仅在严格的要件下，始受保护。但该种情形下的"后续损害赔偿"，一般仅限于人身权、所有权，即除经济损失系因用户的人身或所有权遭受侵害而发生者外，原则上不予赔偿。纯粹经济上损失系指被害人直接遭受财产上不利益，而非因人身或物被侵害而发生。除加害人系故意以悖于善良风俗之方法致用户受损害的特殊情形外，不在赔偿之列。并且对纯粹的经济上损失应否赔偿的考量因素进行了充分的分析和论证。法院的裁判说理充分体现了法官对侵权责任法中权益保护和行为自由这一对基本矛盾的协调机制的深刻理解，更反映了我国司法实践中法官勇于借鉴比较法经验的魄力和改革的勇气。

第四节　我国现行立法表达模式的检讨与弥补

一、现行立法的表达模式

《民法通则》《侵权责任法》以及相关司法解释都对侵权法保护的民事权益进行了立法表达，但是采取了不同的表达模式。《民法通则》第1条、第5条中两次出现"民事权益"的概念，作为一般条款的第106条使用了"财产""人身"二词，这实际上明确规定了"他人财产、人身"是我国侵权法的保护对象。"财产""人身"的外延比较广泛，包括了各种绝对权以及绝对权之外的各种利益，即财产和人身利益。虽然我国《民法通则》没有详细列举侵权法所保护的具体权益范围，但也没有像法国法那样单纯地从损害的角度界定侵权法的保护对象，这在一定程度上避免了法国侵权法的过度抽象性。可以说，《民法通则》

实际上确立了以一般条款确定侵权法保护范围的模式。[1]"我国《民法通则》第 106 条第 2 款规定'侵害国家的、集体的财产，侵害他人财产、人身的'，既不说'财产权'，也不说'人身权'，实际上涵盖了法律没有规定为权利的财产利益和人身利益，这就使法院裁判实践比较灵活，侵害合法利益也可以成立侵权责任。"[2]"一般认为，根据《民法通则》，侵权法之'权'，既包括法律明确规定的权利，也包括利益。但是，究竟哪些权利、利益属于侵权之'权'的范围，对不同权利及利益如何保护，第 5 条及第 106 条第 2 款无法给出明确的答案。"[3]《精神损害赔偿解释》第 1 条第 2 款中的"隐私或者其他人格利益"具有非同寻常的意义，实际上明确地规定了利益可以作为侵权责任法的保护对象。《侵权责任法》第 2 条的规定的民事权益，既包括民事权利，也包括一定范围（经过法律甄选合法的）的民事利益。[4]该条规定实际上具有开拓性意义：首先，它明确了侵权责任法的保护对象不但包括民事权利，而且包含民事利益，这是我国在《侵权责任法》中以基本法律的形式对侵权责任法的保护对象作出的明确规定。"本法第 2 条用'民事权益'概念来概括侵权法的保护客体，不仅民事权利受侵害可以

---

〔1〕　王利明："侵权法一般条款的保护范围"，载《法学家》2009 年第 3 期。

〔2〕　梁慧星："侵权责任法的立法成就与不足"，载《中国法律》2012 年第 4 期。

〔3〕　王成："侵权之'权'的认定与民事主体利益的规范途径——兼论《侵权责任法》的一般条款"，载《清华法学》2011 年第 2 期。

〔4〕　如梁慧星先生认为：作为侵权法保护客体的"民事权益"，包括"民事权利"和尚不构成民事权利的"合法利益"。从本条第 2 款所列举的 18 种民事权利可知，此"民事权利"以"绝对权"为限。民事权利之外的"合法利益"，包括人身利益和财产利益。根据《民法通则》实行以来的裁判实践，受保护的人身利益包括死者名誉、死者肖像、家庭生活安宁等；受保护的财产利益包括财产的占有、可得利益（纯经济损失）、网络虚拟财产等。梁慧星："中国侵权责任法解说"，载《北方法学》2011 年第 1 期。

追究侵权责任，不构成民事权利的民事利益受侵害也可以追究侵权责任。将权利之外的合法利益纳入了侵权法保护的范围，这是本法的一大创造。"[1]其次，它对《侵权责任法》所保护的权益的范围进行了不完全列举，既做到了方便司法，又实现了侵权责任法保护的权益范围的开放性。

但是需要注意的是，虽然《侵权责任法》保护的权益的范围具有广泛性、开放性，但是作为侵权责任法保护对象的民事利益需要受到更多的限制。一方面，受到侵权责任法保护的民事利益应该是合法的民事利益。在现代社会中，侵权责任法的保护范围呈扩张趋势，但并非所有的权利或利益都应当受到侵权责任法的保护。"应当看到，在法律上，合法利益的概念已经对利益作出了限制，即要求利益必须具有合法性，也就是说，并不是所有的利益都具有合法性，只有在符合法律保护目的和规范要求的前提下，才能够对特定的利益给予保护"。另一方面，侵权责任法对合法利益的保护仍然需要适当的限制。这是因为"如果对合法利益保护范围过宽，将会对社会交往中的行为人的行为自由作出过度的限制，不利于保障人们基本的行为自由和正常的交往，因此对合法利益保护的范围应当给予必要的限制，从而保障人们的行为自由和安全。"[2]这种限制主要应当体现在两个方面：一是主观要件上的限制，即对合法利益的

---

〔1〕 梁慧星："侵权责任法的立法成就与不足"，载《中国法律》2012 年第4 期。

〔2〕 王利明："侵权法一般条款的保护范围"，载《法学家》2009 年第 3 期。林承铎先生认为：第 2 条最后的落脚点在"人身、财产权益"，也就是说，不仅各种民事权利，而且权利以外的利益，均在受保护之列。既然权利以外的利益受侵权法保护，那么债权以及其他权利自然也不应例外。林承铎："中德侵权责任法一般条款比较"，载《社会科学》2012 年第 3 期。王成先生指出：现行法上，侵权之"权"，不仅包括权利，还包括合法利益。王成："侵权之'权'的认定与民事主体利益的规范途径——兼论《侵权责任法》的一般条款"，载《清华法学》2011 年第 2 期。

侵害必须是基于故意且违背善良风俗，单纯的过失不应当获得补救。因为合法利益与法律已经类型化的权利不同，法定权利类型化本身可以起到一种公示的效果，人们在实施某种行为时，应当可以合理预见到其行为会损害他人的利益，所以即使基于过失造成对他人权利的损害，也仍然要承担责任。但是，对于尚没有成为权利的利益，常常是在发生纠纷以后，由法官在事后进行判断的，因此，如果对这种侵害合法利益的行为没有限制，那么人们就不知道其实施某种行为是否会侵害他人的合法利益，这就必然会妨碍人们的行为自由。所以，只有在故意侵害合法利益的情况下才应当承担责任。二是有必要在类型化的侵权行为中对侵害合法利益的责任构成要件予以明确。尽管在法律上对于因果关系的产生很难做出明确界定，但对于各种侵害合法权益的特殊行为的构成要件以及免责条件予以规定，仍然是必要的，这将会使人们明确在何种情况下应承担责任，在何种情况下无须负责。因为将利益上升为权利，将会导致一系列的连锁反应，尤其是会增加社会一般人的义务负担。[1] 一般认为，侵权责任法保护的可能获得救济的利益范围主要包括：占有利益、死者的人格利益、纯粹经济损失等其他合法利益。

二、《侵权责任法》中表达模式的检讨

（一）未为法院裁判提供可资参考的弹性框架

相较于以前立法，侵权责任法所采纳的民事权益的表达模式具有一定优越性，但是《侵权责任法》第2条的表达模式过于单一化和平面化，没有结合民事权益的层次性特点对侵权责任法所保护的民事权益的救济给出一个立体化的、分阶层的、可供参考的弹性框架。这不同于动态系统论指引下的侵权责任

---

〔1〕 王利明："侵权法一般条款的保护范围"，载《法学家》2009年第3期。

法保护的民事权益的新型表达模式。该新型表达模式明确地阐明了确定侵权法保护的民事权益范围的相关因素，对影响司法裁判的有关要素的明确立法表达能够帮助法院在裁判过程中对各种具体利益进行更为清晰和有尺度的衡量。

（二）未区分权利和利益区别保护的表达模式

《侵权责任法》第 2 条对侵权责任法保护的民事权益采取的列举加概括的表达模式体现了侵权责任法的开放性，能够保证侵权责任法面对社会变迁的适应力，但是没有体现权利和利益的不同，没有体现出侵权法保护的民事权益的内部层次结构。事实上，民法上保护的各种不同的利益（权利和法益的内容）是呈现出位阶性的，明确利益位阶的规则，辨析确定利益位阶的考量因素，无论对于立法、司法还是学理，均有相当重要的意义。[1]因此立法特别要对民事权利和利益救济的构成要件作出不同表达。侵权责任法对权利的保护和利益的保护具有不同的保护程度，一般来说，对民事利益的保护程度较低，一般情况下只有以故意违反公序良俗的方式加以侵害的，方可以给予保护。这主要是由于"绝对权以外的权利及尚未达到权利密度的受到法律保护的利益，其存在方式较为隐秘，不具有公示性，因此不能期待人们对其给予与绝对权同样程度的尊重，否则将导致赔偿责任的范围漫无边际，人类合理的自由空间受到不当限制。"[2]

（三）未明确表达典型争议问题

比如说对时下存有较大争议的纯粹经济损失的救济问题，现行《侵权责任法》采纳的过于单一的平面化列举模式就没有

---

〔1〕 王利明："民法上的利益位阶及其考量"，载《法学家》2014 年第 1 期。

〔2〕 程啸：《侵权行为法总论》，中国人民大学出版社 2008 年版，第 176 页。

做出回答，更没有提出任何的司法指引。正如有学者所指出的："如果说在其它国家的法律制度中就纯粹经济损失责任问题有着广泛的争议，且事实上也是欧洲侵权法中最有争议的问题之一，那么，非常令人惊讶的是，《侵权责任法》并未明确规定应对纯粹经济利益保护至何种程度，也没有更具体说明第 2 条中的民事权益是否宽泛到可以涵盖纯粹经济利益。"[1]这不能不说是目前的立法表达模式的缺憾。

（四）立法技术的缺憾

"现行的规范性法律文件中普遍存在着语言表述上的问题，这些问题较明显地体现为语言的冲突、语言逻辑的错误、语言内部结构的不规范和语体风格的误区。"[2]侵权责任法的相关表述似乎也没有完全摆脱上述问题。如：列举的民事权利并不周延，一些重要的具体权利，如身体权、人身自由权、配偶权等没有加以列举；所列举权利并非是同一层次权利，有具体权利，亦有权利类型；列举的某些权利难以得到侵权法的保护；所保护的民事利益只列举到人身、财产利益的程度，对其所称的"民事权益"中的"人格利益"没有进行列举规定，司法实践中难以掌握；具体列举 18 种权利，过于繁琐，不符合立法形式的美的要求等。

三、我国现行立法表达模式缺陷的弥补

（一）宏观指导思想

应该注意协调法益保护和行为自由之间的平衡。"侵权责

---

〔1〕 ［奥］肯·奥利芬特："欧洲'画布'上的中国侵权责任法"，张玉东、王圣礼译，载金福海主编：《侵权法的比较与发展》，北京大学出版社 2013 年版，第 95 页。

〔2〕 刘红婴："立法技术中的几种语言表述问题"，载《语言文字应用》2002 年第 3 期。

任法立法中的一般利益衡量，需要权衡权益保护与行为自由维护的价值，对受害人的民事权益与加害人的行为自由予以平衡保护。"[1] "侵权责任法的基本价值是协调行为自由与法益保护之间的张力关系。对任何损害都提供救济，将直接导致侵权责任法成为保险法，归责基础成为具文，人的行为自由将遭受过度的限制。"[2] 因此，侵权责任法的制度设计应该注意协调权益保护和行为自由之间的张力关系。侵权责任法保护的民事权益范围的立法表达模式承担着协调权益保护和行为自由这两个价值目标关系的重要任务，故对侵权责任法的民事权益范围的立法表达模式必须以协调法益保护和行为自由之间的平衡为宏观指导思想，既不能过于强调法益保护而限制了人们的行为自由，又不可因为强调行为自由而降低了对法益保护的水平。

（二）基本表达模式

我国侵权责任法对民事权益范围的立法表达应积极借鉴动态系统论指引下的新型表达模式的优点。如上文所述，针对侵权责任法所保护的民事权益范围的立法表达模式，无论是以法国民法为代表所采纳的抽象概括模式，还是以德国民法为代表所采纳的递进列举模式均存在一定的弊端，动态系统论指引下的新型表达模式克服了两种模式的缺憾。新型表达模式明确地阐明了确定侵权法保护的民事权益范围的相关因素，能够帮助法院在裁判过程中明确对具体利益进行衡量时需要考量的因素，为司法者提供了一个弹性的框架。它明确了影响侵权法保护的民事权益范围确定和保护层次的基本因素，相较于侵权法保护的民事权益的传统表达模式具有明显的优点，主要体现在：

---

〔1〕 张新宝："侵权责任法立法的利益衡量"，载《中国法学》2009 年第 4 期。

〔2〕 朱岩：《侵权责任法通论（总论）》，法律出版社 2011 年版，第 122 页。

一是保护的范围较为广泛，既包括民事权利，也包括民事利益；二是对民事权利和民事利益的保护要件作了区分，民事利益的保护要件明显严于民事权利的保护要件；三是动态系统论指引下的新型表达模式列举了影响法院裁判的各种因素，为法院裁判案件提供了比较详细的法律政策指引。

（三）具体实现路径

可以在借鉴比较法经验的基础上通过司法解释以及案例指导制度明晰《侵权责任法》保护的民事权益范围。如前文所述，《欧洲侵权法基本原则》第 2：102 条在动态系统论的指引下，对侵权责任法保护的民事权益范围进行了立法表达，该种表达模式具有先进性，对于完善我国相关立法和指引法官灵活司法而言，是在比较法上不可忽视的重要资料。笔者认为，《侵权责任法》的通过时间不足 6 年，从立法上显然不宜对其进行大幅度修改。但是在具体实现路径方面可以在借鉴比较法经验的基础上通过司法解释以及案例指导制度进一步明晰《侵权责任法》保护的民事权益范围。最高人民法院的司法解释在我国一直扮演着举足轻重的角色，为了更好地适用侵权责任法，同样可以通过司法解释对其加以完善。具有前瞻性思维的学者已经意识到这一点，针对《侵权责任法》对民事权益范围表达的不足，已经起草了比较详细且具有重要参考价值的司法解释建议稿，对现行侵权责任法保护的民事权益范围的表达模式中的缺陷进行了弥补。[1]该司法解释建议稿围绕侵权责任法保护的民事权益范围共设计了五个法律条文，分别是：侵权责任法保护的民事权利范围、宪法规定的人格、侵害身体权的责任、侵害债权

---

〔1〕　中国人民大学民商事法律科学研究中心"侵权责任法司法解释研究"课题组："中华人民共和国侵权责任法司法解释草案建议稿"，载《河北法学》2010 年第 11 期。

的责任、侵权责任法保护的民事利益范围。另外，还可以通过更加灵活和生动的模式对侵权责任法保护的民事权益范围进行表达，那就是通过精选具有代表性的案例并遴选出指导性案例，供全国参考，该种路径也可以弥补现行立法表达模式的不足。但是，相较而言，实行案例指导制度，倒不如通过司法解释的形式更能够全面地解决司法实践中的问题。

第二章

全面的侵权责任一般条款

本章导言

侵权责任的一般条款问题，自 2001 年进入中国大陆学界视域以来，[1] 在侵权法起草过程中，学者就侵权责任一般条款的名称选择、问题属性、规范功能、立法模式等问题进行了场面颇为壮观的学术论战，[2] 并以对《侵权责任法草案》（二次审议稿）第 2 条的检讨为契机，形成侵权立法之"一般条款＋类型化"的立法

---

〔1〕　张新宝："侵权行为法的一般条款"，载《法学研究》2001 年第 4 期。

〔2〕　在我国侵权法起草过程中，学者关于侵权责任一般条款的著述，主要有：杨立新："论侵权行为一般化和类型化及其我国侵权行为法立法模式选择"，载《河南省政法管理干部学院学报》2003 年第 1 期；张新宝："侵权法立法模式：全面的一般条款＋全面列举"，载《法学家》2003 年第 4 期；刘生亮："侵权行为法一般条款功能论"，载《浙江社会科学》2005 年第 4 期；田土城："侵权行为的一般条款研究"，载《河南省政法管理干部学院学报》2006 年第 2 期；刘生亮："侵权法一般条款的问题与方法"，载《南阳师范学院学报（社会科学版）》2006 年第 5 期；麻锦亮："论一般侵权的一般条款"，载《山东大学法律评论》2007 年第 0 期；周友军："论我国过错侵权的一般条款"，载《法学》2007 年第 1 期；戴谋富："论侵权行为法的一般条款及我国的立法选择：兼与杨立新、张新宝等教授商榷"，载《湖南医科大学学报（社会科学版）》2008 年第 5 期；解维克："侵权行为一般条款的规范构成评析——比较法视野中的价值判断与法的适用"，载《江苏社会科学》2008 年第 5 期。

思路，[1]其成果最终体现为 2009 年底出台的《侵权责任法》。

然而，《侵权责任法》的颁行，并未终结该问题的论争。相反，理论界和实务界对该法中究竟哪一条为侵权责任的一般条款问题，再起波澜。主要有以下观点：有学者认为《侵权责任法》第 2 条为侵权责任法的"一般条款"，其理由为"一般条款"应包括保护客体、归责事由和责任形式三项要素；[2]有学者认为《侵权责任法》第 2 条为大的侵权责任一般条款，第 6 条第 1 款为小的侵权责任一般条款，二者构成大小搭配、双重的侵权责任一般条款；[3]有学者认为《侵权责任法》第 2 条仅具宣示意义，难以称其为侵权责任一般条款，《侵权责任法》第 6 条为过错侵权责任的一般条款，可作为独立的请求权基础；[4]

---

[1] 随着侵权责任一般条款讨论的不断深入以及侵权法立法进程的推进，我国学界和立法机关形成"一般条款＋类型化"的侵权立法思路，王利明："我国侵权责任法的体系构建——以救济法为中心的思考"，载《中国法学》2008 年第 4 期；王利明："论侵权责任法中一般条款和类型化的关系"，载《法学杂志》2009 年第 3 期；王利明："侵权法一般条款的保护范围"，载《法学家》2009 年第 3 期；杨立新："论侵权责任法草案二次审议稿的侵权行为一般条款"，载《法学论坛》2009 年第 3 期；房绍坤："论侵权责任立法中的一般条款与类型化及其适用"，载《烟台大学学报（哲学社会科学版）》2009 年第 3 期。

[2] 参见梁慧星："中国侵权责任法解说"，载《北方法学》2011 年第 1 期。尽管其他学者认为《侵权责任法》第 2 条存在立法缺陷，但仍肯认其为一般条款，参见王冠玺："《侵权责任法》第二条（一般条款）的立法模式检讨——从比较法的观点出发"，载《浙江社会科学》2010 年第 8 期。

[3] 参见杨立新："中国侵权责任法大小搭配的侵权责任一般条款"，载《法学杂志》2010 年第 3 期。

[4] 王利明：《侵权责任法研究》（上卷），中国人民大学出版社 2010 年版，第 120 页；丁海俊主编：《侵权法教程》，对外经济贸易大学出版社 2010 年版，第 39 页。亦有学者虽然肯定《侵权责任法》第 6 条第 1 款为过错责任的一般条款，但其存在未区分权利与利益的立法缺陷：李承亮："侵权责任的违法性要件及其类型化——以过错侵权责任一般条款的兴起与演变为背景"，载《清华法学》2010 年第 5 期；陈现杰："《侵权责任法》一般条款中的违法性判断要件"，载《法律适用》2010 年第 7 期。

有学者指出，所谓一般条款，通说是指《侵权责任法》第 6 条；
[1]有学者认为《侵权责任法》的一般条款为第 2 条和第 6 条第
1 款，但应当采德国法的权益区分模式予以解释；[2]有学者除认
可《侵权责任法》第 6 条第 1 款为过错侵权责任的一般条款外，
还主张《侵权责任法》第 69 条构成高度危险责任的一般条款；
[3]更有学者认为，在《侵权责任法》第五至十一章中，除第十
一章"物件损害责任"外，其余各章第一个条文均为该章所规
范之侵权责任类型的一般条款。[4]

　　鉴于侵权责任一般条款的上述争议，我们认为侵权责任一般
条款的论战并未随着《侵权责任法》的颁行而画上完美的休止
符，而必将在《侵权责任法》的适用过程中引发更多的学术争议
和实务争议。而学界之所以对何为侵权责任一般条款产生如此多
的笔墨官司，主要是因为对侵权责任一般条款的概念界定、规范
范围、规范价值以及规范结构仍有含混不清之处。本书将对侵权
责任一般条款的概念界定、规范范围以及立法功能等问题展开论
述，并对《侵权责任法》中的"一般条款"问题进行评析。[5]

第一节　侵权责任一般条款的界定

一、侵权责任一般条款的内涵

　　在具体判断《侵权责任法》中有无侵权责任一般条款，以

---

　　[1]　张新宝："侵权责任一般条款的理解与适用"，载《法律适用》2012 年第
10 期。

　　[2]　王成："侵权之'权'的认定与民事主体利益的规范途径——兼论《侵权
责任法》的一般条款"，载《清华法学》2011 年第 2 期。

　　[3]　王利明："论高度危险责任一般条款的适用"，载《中国法学》2010 年第 6 期。

　　[4]　杨立新：《侵权责任法》，法律出版社 2010 年版，第 251 页。

　　[5]　至于侵权责任一般条款的规范价值和规范结构以及立法论建议，限于本书
篇幅所限，笔者将另行撰文阐述。本书主要旨在廓清侵权责任一般条款的理论问题。

及哪个条文为侵权责任的一般条款之前，我们有必要对侵权责任一般条款作出概念界定，并厘清侵权责任一般条款与侵权责任特殊条款、侵权责任一般条款与一般侵权责任之间有何关联与不同之处。

所谓一般条款，按照谢怀栻教授的观点，是指"一种抽象的原则性的规定，与那些规定具体情况的条文不同的是，法官可以把一般条款运用到各种具体案件中去，以解决他要解决的问题"[1]。在中国民法法典化、现代化之路上，张新宝教授将一般条款的概念引入侵权法的研究，率先提出了"侵权行为法的一般条款"的概念。但学者们基于对规范对象和抽象程度的不同理解，而对侵权责任一般条款的概念界定存有不同的意见：

一种意见是，侵权法一般条款就是概括所有侵权行为的一般条款。国内持此观点的学者首推张新宝教授。他指出，"侵权行为法的一般条款，是指在成文侵权行为法中居于核心地位的、作为一切侵权请求权基础的法律规范"[2]。所有的基于侵权行为的请求权都要符合这一条的要求，也就是说，侵权行为一般条款就是一个国家民法典调整的侵权行为的全部请求权基础[3]。在这个条文之外，不存在另外任何侵权行为的基础。这个条文

---

〔1〕 谢怀栻：《外国民商法精要》，法律出版社 2006 年版，第 98 页。

〔2〕 张新宝："侵权行为法的一般条款"，载《法学研究》2001 年第 4 期。

〔3〕 所谓"请求权基础，指得支持一方当事人得向他方当事人有所主张的法律规范。易言之，即得谁得向谁，依据何种法律规范主张何种权利"。王泽鉴：《民法总则》，中国政法大学出版社 2001 年版，第 28 页。由此可知，"请求权基础"指的是法律规范，通常表现为一个完全性法条，或者几个不完全性法条组成的完整法律规范。笔者认为，国内学界少数学者存有将"请求权基础"理解为"请求权的基础"，即请求权所对应的基础权利的错误倾向。受害人能否请求加害人承担侵权责任获得支持，不在于加害人侵害受害人何种权利，而在于侵权法中是否存在支持受害人请求权的法律规范。如果有相应的法律规范，则受害人就获得请求加害人承担侵权责任的依据，而无须证明加害人究竟侵害其何种权利。

"一统天下"。[1]

　　另一种意见是，侵权法一般条款，仅为概括一般侵权行为的不完全条款。例如，冯·巴尔教授认为，"在所有西欧国家的民法典中，尽管调整侵权行为的一般规则有时是由几个部分构成的，但是侵权行为都是由一个一般规则调整的。作为主要的和终极的规定，它涵盖了侵权行为的主要理论问题，以及绝大部分与侵权行为法有关的实际案件。除了一个例外以外，这些基本规则都限于对自己个人的不当行为之责任，而对自己不当行为的责任又取决于造成损害的人的过错"。[2]据此可知，冯·巴尔教授所称的"调整侵权行为的一般规则"，即侵权行为的一般条款，是指规范一般侵权行为的条款。杨立新教授亦认为，"侵权行为的一般条款实际上是关于一般侵权行为的条款，是为过错或者违法性所造成的损害承担责任的侵权行为条款，不是概括所有的侵权行为及其请求权的条款"。[3]

　　可见，上述两种意见的主要分歧在于侵权行为在责任一般条款中的适用范围，是涵盖全部侵权行为还是仅限于一般侵权行为。就一般条款的问题属性而言，其属于立法技术问题。换言之，一般条款关系到如何将一般侵权行为与特殊侵权行为妥当地安排在一部侵权法中。上述两种意见点的价值取向是一致的，即均对侵权行为进行规制以达到救济受害人之目的，不会

　　〔1〕　张新宝："侵权行为法的一般条款"（中国人民大学民商事法律科学研究中心民商法前沿讲座第21讲），载中国民商法律网，http://old.civillaw.com.cn/article/default.asp? id=8102，2019年1月6日访问。

　　〔2〕　〔德〕克雷斯蒂安·冯·巴尔：《欧洲比较侵权行为法》（上卷），张新宝译，法律出版社2001年版，第16页。冯·巴尔教授这里所称的"一个例外"是就新《荷兰民法典》第6：162条所确立的全面的侵权行为一般条款而言。

　　〔3〕　杨立新："论侵权行为一般化和类型化及我国侵权行为法立法模式选择"，载《河南省政法管理干部学院学报》2003年第1期。

对民事主体的利益作出不同安排。因此，二者不存在对错之分，仅存在哪种规范模式更符合我国特有的立法前见，更能契合我国特定的立法和司法传统以及法学教育背景。

本书认为，一般条款与一般侵权责任并不存在天然的对应关系。传统侵权法中规范过错侵权责任的有限的侵权责任一般条款并不具有天然的合理性。尤其是，"工业社会使得人类社会变成了'风险社会'或者'事故社会'，随着企业等各种危险活动成为社会共同生活中最主要的潜在加害来源，侵权法从'过错责任'一元归责过渡到以'过错责任和危险责任'为中心的二元归责体系"。[1]传统侵权法一般条款仅规范过错侵权，而对危险责任（特殊侵权）作有限、具体列举，其已显捉襟见肘之窘态。基于此，本书赞同张新宝教授之"侵权法立法模式：全面的一般条款＋全面列举"的观点，使得侵权法一般条款成为"全部侵权责任请求权基础的法律规范"。[2]而全面的一般条款与全面列举（即类型化）之间因抽象概括的程度不同在适用上构成一般法与特别法的关系。

"侵权行为的一般条款"的说法亦有值得商榷之处，因为侵权法中的一般条款作为受害人请求加害人承担侵权责任的请求权基础。而侵权行为仅为广义的侵权责任构成要件中的客观构成要件中的重要因素，仅能证明侵权行为成立，尚无法得出侵权责任成立和侵权责任承担的结论。

基于此种考虑，本书将侵权法一般条款称为"全面的侵权责任一般条款"，其中"全面的"是指此一般条款作为一切请求

---

[1] 朱岩："风险社会下的危险责任地位及其立法模式"，载《法学杂志》2009 年第 3 期。

[2] 张新宝："侵权法立法模式：全面的一般条款＋全面列举"，载《法学家》2003 年第 4 期。

承担侵权责任的法律规范，其他侵权法条款是对此一般条款的具体体现。因此，"全面的侵权责任的一般条款"，是指在侵权法中具有核心地位，并作为一切侵权请求权基础的法律规范。该法律规范的构成要件是对全部侵权事实的抽象概括，其法律后果不限于损害赔偿，亦包括停止侵害、消除危险、排除妨碍等预防型侵权责任[1]方式。此外，全面的侵权责任的一般条款具有三阶层规范结构，即侵权事实认定规范、侵权责任认定规范和侵权责任承担规范，并且三阶层规范在侵权司法裁判中具有逻辑上的层进关系。侵权事实的认定是侵权责任认定的基础，而侵权责任的认定是侵权责任承担的依据。

二、侵权责任一般条款的解释论分析

纵观整部《侵权责任法》的 92 个法律条文，笔者认为该法中具有完整规范结构、能够作为独立请求权基础规范的全面的侵权责任的一般条款，付诸阙如。《侵权责任法》第 2 条虽力陈侵权责任法的保护客体及保护范围，但"应当依照本法承担侵权责任"的条文表述，使得该条文仅具有价值宣示功能，而其规范意义丧失殆尽，基本不能作为独立的裁判依据。

《侵权责任法》第 6 条第 1 款虽然被众多学者誉为"过错责任的一般条款"，但是该条款却存在结构残缺之痼疾，自《侵权责任法草案》（四次审议稿）起，删除了"造成损害"字样，使得本款规定沦为"不完全法条"，基本丧失了其作为请求权基础规范的独立地位，因此，本款在司法实践中必须与《侵权责任法》第 16、19、22 条中的"损害"要件配合适用，方可为裁

---

[1] "预防型民事责任"是指权利相对人违反其义务，对权利人的权利已经造成损害而且还在继续侵害，或者虽然没有造成现实损害却存在造成侵害的危险时承担的一种民事责任。参见丁海俊："预防型民事责任"，载《政法论坛》2005 年第 4 期。

判过错损害赔偿责任提供请求权基础。而在满足侵权责任构成要件后，侵权人应以何种责任方式承担侵权责任，则还需要借助《侵权责任法》第15、21条等条文予以确认。所以，即使承认第6条第1款是过错侵权责任的一般条款，其也只能是形式意义上的，不具有真正的、完全的裁判功能。

而对于《侵权责任法》第69条的条文性质，学界通说认为此乃《侵权责任法》规定的高度危险责任的一般条款，[1]但亦有学者对此认识提出质疑，认为该条文仅是针对高度危险作业损害责任作出的一般性规定。笔者认为将《侵权责任法》第69条解释为高度危险责任的一般条款并不恰当，该解释混淆了一般条款与特殊条款之间的逻辑位阶关系，并且，本条文中"从事高度危险作业造成他人损害"的条文表述，表明本条的规范对象为"高度危险作业致害责任"而不包括"高度危险物致害责任"，这里存在通过解释论操作而无法逾越的"立法鸿沟"。

综上所述，笔者认为《侵权责任法》第2条第1款虽有全面的侵权责任一般条款之"形"，但无侵权责任一般条款之"实"，即该条款不能作为独立的请求权基础，亦不能践行侵权责任一般条款之行为指引与裁判指引之功能。而《侵权责任法》第6条第1款在过错责任的认定层面上，可经过解释论操作后作为过错责任的一般条款。但应当明确的是，其也只是一

---

[1] 参见王利明："论高度危险责任一般条款的适用"，载《中国法学》2010年第6期；全国人大常委会法制工作委员会民法室编：《〈中华人民共和国侵权责任法〉条文说明、立法理由及相关规定》，北京大学出版社2010年版，第286页；最高人民法院侵权责任法研究小组编著：《〈中华人民共和国侵权责任法〉条文理解与适用》，人民法院出版社2010年版，第472页；杨立新：《〈中华人民共和国侵权责任法〉精解》，知识产权出版社2010年版，第27页；高圣平主编：《〈中华人民共和国侵权责任法〉立法争点、立法例及经典案例》，北京大学出版社2010年版，第691页。

个过错侵权责任的一般条款，只不过其不同于德国的"小侵权"的过错责任一般条款，因为其责任方式包括但不限于损害赔偿。

第二节　侵权责任一般条款的规范价值

全面的侵权责任一般条款，作为全部侵权责任的请求权基础，在侵权法中居于龙头和枢纽地位。涵盖了损害赔偿侵权责任和损害预防侵权责任的全面的侵权责任的一般条款，肩负着填补受害人损失和预防损害的规范功能。学者认为，"一种法律秩序在何时、在什么条件下将已发生的损失转由他人承担，这取决于很多因素，特别是取决于在该社会中占主导地位的思维方式和传统习惯。侵权行为法和损害赔偿法是'特定文化阶段中的伦理道德观念以及社会、经济关系，在极其特殊的程度上的产物和反映'"。[1]诚如美国著名法学家霍姆斯所言："良好的政策应让损害停留在其所发生之处，除非有特别的干预理由存在。"[2]换言之，损害的发生意味着社会财富的负增长，而将损害由受害人处转嫁于他人，必将导致他人积极财产的减少，再加之救济成本，必将导致社会财富总量较之损害停留于发生之处再次减少。因此，让损害停留于其所发生之处，是良好的政策。而所谓的"特别干预理由"，是指"损害的归责理由或者归

---

〔1〕〔德〕马克西米利安·福克斯：《侵权行为法》，齐晓琨译，法律出版社2006年版，第2页。

〔2〕"Sound policy lets losses lie where they fall except where a special reason can be shown for interference." See O. W. Holmes, *The Common Law*, Little, Brown and Company 1881, p. 50.

责原则"，此乃侵权法的核心问题。[1]

学者程啸认为，归责事由是指，"依据何种理由使得何人对于损害承担责任，即确定责任的依据和理由"[2]。由此可知，侵权责任之归责事由的论断过程乃为立法者价值判断的过程。而侵权责任的一般条款则将侵权责任归责事由以法律规范的形式确定下来。侵权责任的一般条款背后蕴藏着立法者对侵权责任归责原则的价值判断。因此，全面的侵权责任一般条款的确立，需要探讨侵权责任归责事由确立的规范价值，以准确把握风险社会境遇下的侵权法在民事权益保护和行为自由保障之间的"度"。本书将分别探讨侵权法在过错责任、无过错责任以及纯粹损失分担（公平责任）等情形下的规范价值。

一、过错责任的规范价值——矫正正义

过错侵权，是指任何人基于自身主观过错（表现为故意或者过失）而侵害他人合法权益时，应当承担侵权责任。过错侵权的归责事由为过错，而不是损害。换言之，"使人负担损害赔偿的，不是因为有损害，而是因为有过失，其道理就如同化学上之原则，使蜡烛燃烧的，不是光，而是氧，一般的浅显明白"。[3]过错作为行为人的个人主观心理状态的欠缺，即在其内心中本应注意而不注意，以致在伦理上，甚至是道德上具有可非难性，所以过失亦称为"人格过失"或者"道德过失"。[4]因此，法律与道德对于过错侵权的价值评断是一致的，即均坚持

---

〔1〕 王泽鉴：《侵权行为法 基本理论 一般侵权行为》（第一册），中国政法大学出版社 2001 年版，第 13 页。

〔2〕 程啸：《侵权行为法总论》，中国人民大学出版社 2008 年版，第 102 页。

〔3〕 转引自王泽鉴：《民法学说与判例研究》（第二册），中国政法大学出版社 1998 年版，第 144~145 页。

〔4〕 程啸：《侵权行为法总论》，中国人民大学出版社 2008 年版，第 111 页。

价值非难性。

　　传统民法以过错责任为典型来构建侵权责任一般条款的立法模式，为《法国民法典》第1382条、日本《民法典》等法律所确认，并且构成了传统侵权法一般条款的典型形态。我国《侵权责任法》第6条第1款以一般条款的形式确立过错侵权责任，即行为人因过错侵害他人民事权益的，应当承担侵权责任。

　　那么，过错作为侵权责任之归责事由被纳入侵权责任一般条款彰显何种规范价值呢？过错责任原则是矫正正义的体现。

　　亚里士多德认为，"矫正性公正（正义），它生成在交往之中，或者是自愿的，或者是非自愿的。……在交往中的公正则是某种均等，而不公正是不均，不过不是按照那种几何比例，而是按照算术比例"[1]。美国学者科尔曼正确地指出：侵权法的核心体现矫正正义的概念。[2]在行为人基于非法行为而侵害他人权利或者受法律保护之利益（法益）的情形下，在受害人权益保护和加害人行为自由之利益冲突的选择上，侵权法的天平倾向于受害人权益保护上，因为虽然自由是人类法律的最基本的价值，个人自由在文明社会应当得到高度的重视，但是任何人的自由都不是无限的，不得侵害他人合法权益就是对个人行为自由的重要限制。易言之，人无所谓的从事非法行为的自由，此正为西方法谚"自由止于权利"的有力诠释。

　　因此，过错侵权责任的规范价值在于限制行为自由，救济受害人受到侵害的权益。但其终极目的仍是最大限度地维护行

────────────

　　〔1〕　〔古希腊〕亚里士多德：《尼各马科伦理学》，苗力田译，中国人民大学出版社2003年版，第99页。在此书中，苗力田先生将"justice"翻译成为"公正"，笔者采用通行说法，译为"正义"。

　　〔2〕　See Jules Coleman, "the Practice of Corrective Justice", in David G. Owen ed., *Philosophical Foundations of Tort Law*, Oxford, Clarendon Press, p. 22.

为自由，即无过错即无责任。

二、无过错责任的规范价值——分配正义

依据《侵权责任法》第 7 条的规定，无过错责任是指依照法律的特殊规定，无论行为人是否具有过错，在责任认定时，该要素通过侵害法益（构成损害或者至少具有侵害法益的现实威胁）、因果联系这两个客观要件，在符合法律规定的归责要件下，即危险活动、雇佣他人的要求下而责令行为人承担责任。[1]尽管《侵权责任法》第 7 条明确了无过错责任，但是该条款并没有回答为何不论行为有无过错，均要承担侵权责任的问题，即无过错责任的正当性何在。其仅具有价值宣示功能。

基于体系解释之方法，我国《侵权责任法》确立的无过错责任涵括危险责任和替代责任两个亚类型。其中，危险责任包括产品责任、机动车与非机动车一方的交通事故责任、环境污染责任、高度危险责任、饲养动物致害责任等；而替代责任则由雇主责任和监护人责任构成。《欧洲侵权法原则》亦将危险责任、替代责任与过错责任一道写入了侵权责任的一般条款中。[2]

较之传统过错责任，无过错责任则是建立在工业社会中各种为法律所许可的风险之上。危险责任的归责事由在于危险活动或者物品、设备所具有的危险性，即危险责任中的法益损害必须是由危险根源的显著风险所造成。[3]而替代责任的归责事

---

〔1〕 朱岩：《侵权责任法通论（总论）》，法律出版社 2011 年版，第 387 页。

〔2〕《欧洲侵权法原则》第 101 条规定，"（1）致他人损害的，法律上被归责则应负赔偿责任。（2）损害尤其可归责于下列各方：a）其过错行为造成损害者；b）从事异常危险活动造成损害者；c）其辅助人在其职责范围内造成损害者"。参见欧洲侵权法小组：《欧洲侵权法原则 文本与评注》，于敏、谢鸿飞译，法律出版社 2009 年版，第 3 页。

〔3〕 ［德］马克西米利安·福克斯：《侵权行为法》，齐晓琨译，法律出版社 2006 年版，第 260 页。

由，是责任人与侵权人之间的特殊法律关系所带来的特殊风险。

那么，无过错责任规范价值是什么呢？无过错责任的基本思想，并不是对不法行为进行制裁，而是对"不幸损害"的合理分配，乃基于分配正义的体现。[1]

分配正义是指在以金钱、荣誉及其它有价物的形式进行分配中，应当根据绩效进行分配的正义。分配正义强调"人人各得其所"。基于分配正义以绩效为根据进行分配，因此，有学者指出"分配正义是根据每个人的作用分享社会福利的权利"，[2]分配正义关注的是为社会合理地分配利益给社会上的每一分子，并合理地使其承担义务。故此，分配正义强调各取所值，按照各自的价值进行分配，分配正义按照"几何比例"的原则去实现，被后世学者形象地描述为：如果 A∶B＝C∶D，那么 A∶C＝B∶D，因而（A＋C）∶（B＋D）＝A∶B，也就是说，如果把 C 给 A，把 D 给 B，双方的相对地位就与分配前相同，这样做就是正义的。[3]分配正义的运作包括三个元素：被分配的利益或负担、接受分配的人和分配标准。[4]该分配标准决定了每个特定分配之下当事人的相对价值。

在民事权益保护和行为自由保障两大利益冲突上，侵权法的天平更多地倾向于对被害人的救济。但是，无过错责任发挥着限制侵害他人合法权益之危险行为的行为指引功能，原因在

---

〔1〕 王泽鉴：《侵权行为法　基本理论　一般侵权行为》（第一册），中国政法大学出版社 2001 年版，第 16 页。

〔2〕 ［英］韦恩·莫里森：《法理学：从古希腊到后现代》，李桂林等译，武汉大学出版社 2003 年版，第 51 页。

〔3〕 ［英］W. D. 罗斯：《亚里士多德》，王路译，商务印书馆 1997 年版，第 231 页。

〔4〕 ［加］欧内斯特·J. 温里布：《私法的理念》，徐爱国译，北京大学出版社 2007 年版，第 64 页。

于现代社会的发展需要高压电、飞机等高速运输工具以及无法准确预测风险的高科技、新能源开发和利用这些"必要的恶"，如果侵权法动辄对危险活动或者高度危险物品、设备的保有课以侵权责任，势必影响科技的进步和经济的发展，甚至影响现代社会每个成员的切身利益，因此，侵权法对危险责任的规范价值在于通过制定相对严格的归责事由并设置最高赔偿限额救济被害人的前提下，来适度限制民事主体从事危险活动或者管领具有高度危险性的物品、设备的行为自由和提高损害防范的措施。从这种意义上说，无过错责任如同过错责任，亦发挥着对风险控制者的行为指引功能。

三、纯粹的损失分担规则的规范价值

我国侵权法上纯粹的损失分担，主要体现为公平责任。所谓公平责任，是指"在当事人双方对造成的损害均为过错，但是按照法律的规定又不能适用无过错责任的情况下，由人民法院根据公平的观念，在考虑受害人的损害、双方的财产状况及其他相关情况的基础上，判令加害人对受害人的财产损失予以适当补偿"[1]。我国《侵权责任法》第24条规定确立了损失的公平分担规则，即"受害人和行为人对损害的发生都没有过错的，可以根据实际情况，由双方分担损失"。由此可知，公平责任是基于法律特殊规定（亦即对受害人的人文关怀和抽象的社会公平正义）对受害人所遭受之损失的适当分担，与责任分担无关。

对于纯粹损失的分担，公平责任是以公平观念为价值判断标准来确定双方损失分担份额的。依据公平责任分担受害人的损失，是由民法所负担的保护民事主体之合法权益的任务决定

---

〔1〕 王利明：《侵权行为法研究》（上卷），中国人民大学出版社2004年版，第274页。

的。公平责任通过考量双方当事人的经济状况等因素从而在当事人之间分配原本应当完全由受害人一体承担的损失，凸现侵权法救济被害人的基本规范功能。但是，公平责任的适用范围应当受到极大的限制，以避免其弱化过错侵权责任和危险责任的规范功能。因此，公平责任是对过错侵权责任和危险责任对受害人救济方面的漏洞填补，其归责事由是已经法律化的朴素的社会公平正义理念，与行为控制无关。

综上所述，侵权法对非法行为侵害民事权益、适法行为侵害民事权益以及纯粹的损失分担，分别设置了过错、由危险根源的显著风险所造成权益侵害以及社会公平正义的法律政策[1]考量为归责事由，并由此抽象概括了过错责任、危险责任和公平责任的法律规范。这三个法律规范在逻辑关系呈层层递进关系、在行为控制程度逐步递减、在规范适用范围上逐渐限缩。鉴于侵权责任一般条款作为侵权责任归责事由抽象概括的规范载体的特质，我国侵权法秉承过错责任、危险责任和公平责任的界定与区分，设计了与现代风险社会下妥当平衡民事权益保护和行为自由保障之冲突相适应的过错侵权责任一般条款，并辅之以其他规定来充分践行侵权责任一般条款所蕴藏的规范价值。

第三节　侵权责任一般条款的规范范围

侵权责任一般条款的规范范围，是指侵权责任一般条款是以一般侵权行为为规范对象，还是以全部侵权事实为规范对象。

---

　〔1〕　所谓法律政策是指，"形成侵权行为规则时所考虑的因素，包括法院负担、法益衡量、社会经济发展、民事责任体系的内在平衡及保险制度等"。参见王泽鉴：《侵权行为法　基本理论　一般侵权行为》（第一册），中国政法大学出版社2001年版，第56页。

依照此标准，侵权责任一般条款可分为有限的侵权责任一般条款和全面的侵权责任一般条款。

一、有限的侵权责任一般条款

有限的侵权责任一般条款，是指仅仅适用于过错侵权和损害赔偿责任的侵权责任的一般条款。大陆法系近代民法中的侵权责任一般条款均属于有限的侵权责任一般条款。

就其规范对象而言，有限的侵权责任一般条款仅规范过错侵权（或者一般侵权、为自己加害行为承担侵权责任）。但是在具体的规范设计上，法国模式和德国模式还存在不同：《法国民法典》第 1382 条、第 1383 条和第 1384 条第 1 款所确立的侵权责任一般条款涵盖了一般侵权行为和准侵权行为，但为区分权利和利益，将二者抽象概括为"损害"；而德国《民法典》第 823 条和第 826 条在区分权益类型的基础上采取了不同于法国抽象概括模式的递进列举模式，即因故意或者过失侵害五种绝对权利的侵权行为、违反保护他人之法律以及故意以违背善良风俗方式损害他人的侵权行为。1929～1930 年南京国民政府制定的《民法典》第 184 条[1]仿德国模式，规定了一般侵权责任的一般条款。由此可知，大陆法系近代民法[2]主要法典规定的侵权责任一般条款在规范对象上仅限于过错侵权责任。

就其法律效果而言，有限的侵权责任一般条款中的法律后

---

〔1〕 我国台湾地区"民法典"第 184 条沿袭了这一规定："因故意或过失，不法侵害他人之权利者，负损害赔偿责任。故意以背于善良风俗之方法，加损害于他人者亦同。违反保护他人之法律，致生损害于他人者，负赔偿责任。但能证明其行为无过失者，不在此限。"

〔2〕 所谓近代民法，指经过 17、18 世纪的发展，于 19 世纪欧洲各国编纂民法典而获得定型化的一整套民法概念、原则、制度、理论和思想体系。在范围上包括德、法、瑞、奥、日本及旧中国民法等大陆法系民法，并且包括英美法系民法。参见梁慧星：《民法学说判例与立法研究（二）》，国家行政学院出版社 1999 年版，第 81～82 页。

果最终落脚到"损害赔偿"上。传统民法侵权行为与合同、无因管理、不当得利存在法律效果之形式相同性[1]，即债的相对性，而将侵权行为作为债发生的根据之一，侵权行为在民法债编获得栖身之地。而侵害他人绝对权所引起的返还原物、妨害去除和妨害防止等非"损害赔偿"之法律后果则作为绝对权请求权而规定于物权和人格权部分。这就形成了侵权责任一般条款的"小侵权"立法模式，即侵权责任一般条款仅为损害赔偿侵权责任的请求权基础，而停止侵害、排除妨碍、消除危险等则作为绝对权请求权规定于相应的权利编中。

二、全面的侵权责任一般条款

如前文所述，全面的侵权责任一般条款是指权利人得以向责任人请求承担一切侵权责任的法律规范。全面的侵权责任一般条款为所有侵权责任提供请求权基础，其构成要件涵盖所有的侵权事实，其法律效果包括损害赔偿和其他侵权责任形式。

就规范对象来看，《埃塞俄比亚民法典》第 2027 条作为侵权责任的一般条款，不仅概括了一般侵权行为，而且概括了所有的侵权行为。而《荷兰民法典》第 6：162 条是大陆法系侵权责任一般条款 200 余年发展的集大成者，一切行为或者"准行为"是否构成侵权，其应否承担侵权责任，均须接受该条文的检验，除该条文外，《荷兰民法典》不存在任何其他侵权责任的请求权基础。就《荷兰民法典》第 6：162 条之规范结构而言，该条第 1 款对侵权损害赔偿责任的请求权基础作出了原则性界

---

〔1〕 王泽鉴先生认为，关于契约、无因管理、不当得利及侵权行为的指导原则、社会功能以及构成要件各有不同，不足以作为共同构成因素。其构成债之内在统一性的，乃其法律效果的相同性。易言之，即上述各种法律事实，在形式上均产生相同的法律效果：一方当事人得向他方当事人请求特定行为（给付）。参见王泽鉴：《债法原理》（第二册），中国政法大学出版社 2001 年版，第 3 页。

定，第2款提出检验"侵权行为"的判断标准及其基本抗辩事由，第3款则进一步细化了侵权责任认定的归责事由。

《欧洲侵权法原则》草案第1条，被学者誉为"此种规定是最符合一般条款的固有含义的，而且最充分地表现了一般条款的作用"[1]。该条文囊括了该草案一切侵权责任的请求权基础，较之《荷兰民法典》的巨大进步在于该条文分别规定了侵权损害赔偿责任和侵权损害预防责任的请求权基础，为侵权行为的规范提供了充分的事前积极防范和事后充分救济机制。因此，笔者认为《欧洲侵权法原则》草案第1条除了未原则性规定侵权责任的承担规则外，完全符合全面的侵权责任一般条款的要求，囊括了全部侵权责任请求权基础，该草案的其他规范是对该一般条款的解释、扩展，以及在构成要件、法律效果上加以具体类型化。

我国《民法通则》第106条第2款和第3款构建了关于全面的侵权责任一般条款，其适用范围概括规定过错侵权和无过错侵权等全部侵权行为，而其法律效果为高度抽象的"民事责任"。《民法通则》第134条第1款规定了10种承担民事责任的承担方式，其中属于承担侵权责任的方式的主要有8种，即停止侵害、排除妨碍、消除危险、返还财产、恢复原状、赔偿损失，以及消除影响、恢复名誉和赔礼道歉。[2]《民法总则》第

---

〔1〕 王利明："论侵权责任法中的一般条款和类型化的关系"，载《法学杂志》2009年第3期。

〔2〕 梁慧星教授主持制定的《中国民法典草案建议稿》第1626条、王利明教授《中国民法典草案建议稿》第1841条、杨立新教授主持的《中华人民共和国侵权责任法草案建议稿》第13条和全国人大法工委《中华人民共和国侵权责任法草案》（二次审议稿）第17条对损害赔偿和其他承担侵权责任的方式进行了确认。笔者认为这种具体列举缺乏统一的逻辑基准，本书将继续坚定笔者一贯的立场，将侵权责任分为补偿型侵权责任（如损害赔偿）和预防型侵权责任（如停止侵害、排除妨碍、消除危险等），并以此分类为契机构建全面的侵权责任一般条款。

179 条增加了"继续履行"与"法律规定惩罚性赔偿的，依照其规定"。在侵权责任之外，《民法通则》中不存在传统民法中的物权请求权等绝对权请求权。笔者将这种立法模式称之为侵权责任一般条款的"大侵权"模式。

但是，《民法通则》所确立的侵权责任一般条款并未对损害赔偿责任和停止侵害等预防型侵权责任的构成要件作出明确区分，出现了"大脚穿小鞋"现象，即我国《民法通则》确立的停止侵害、排除妨碍、消除危险等非损害赔偿侵权责任方式与损害赔偿一同适用过错责任原则，受害人需要证明实际损害后果的发生以及其受制于诉讼时效的限制。[1] 就我国侵权责任之"大脚穿小鞋"现象出现的原因，郑成思教授认为，"我国理论界在侵权法上的误区从历史上讲，很大程度来源于语言的障碍。就是说，在很长时间里没有分清 'infringement' 与 'tort' 的区别。在一定意义上讲，tort 的范围要稍窄些，它只覆盖了负有损害赔偿责任的侵权行为。而 infringement 的覆盖面较宽。它除了把 tort 涵盖在内之外，还涵盖了一切侵入他

---

〔1〕　关于我国多种侵权责任承担方式与侵权责任构成要件之间的"大脚穿小鞋"现象及其表现，参见丁海俊、周玉辉："论我国绝对权救济模式的立法选择"，载《政法论丛》2008 年第 3 期。郑成思教授基于知识产权领域出现的"即发侵权"问题，亦对本书所提及的"大脚穿小鞋"现象提出有力的诘问。郑教授认为，"我国《民法通则》第 106 条第 2 款，将侵害人的主观状态（进而及于'实际损害''违法与否'等等要件）与侵权的'民事责任'相关联。这几乎是我国大多数侵权法理论及教科书的基本点与出发点。据说这一段是在吸收了德国民法典 823 条、法国民法典 1382 条、意大利民法典 2043 条等'经典民法'的基础上产生的。而细看这几部外国法典的相关条文，却均是把主观要件（或再加其他要件）仅仅与'赔偿责任'相关联，绝不连及其他民事责任（诸如停止侵权、恢复原状等）。我国《民法通则》第 134 条列举的'民事责任'又远不限于'赔偿责任'。那么，我们过去的侵权法研究，是否存在误区？它对制止侵权是否有利？等等一系列问题，就值得我们认真研究了"。参见郑成思：《知识产权论》，法律出版社 2003 年版，第 291～292 页。

人权利或利益范围的行为。从字面上看，你只要进入'in'了他人的圈'fringe'，即只要有了'侵入'事实，infringement 即可确定，用英文讲，就是'establishing'你的'infringement'行为了。这绝不再以什么主观状态、实际损害等为前提，而可以立即予以制止、要求恢复原状等。至于进一步探究 infringement 之下包含的 tort，是否能构成后者，则要符合过失、实际损害等要件"。[1]笔者认为郑成思教授的观点颇有道理，其已触及问题的症结之所在。这个"症结"就是侵权责任立法究竟应采行《民法通则》确立的"大侵权"模式还是传统民法确立的"小侵权"模式？如果我国制定的侵权法继续秉承"大侵权"立法模式，则需要将《民法通则》中存在的传统侵权法的"小侵权"立法模式的遗毒肃清，在侵权责任一般条款和具体条款中明确区分损害赔偿和停止侵害、排除妨碍、消除危险等预防型侵权责任在归责原则、构成要件、法律效果以及法律适用上的不同法律规范。如果我国侵权法的制定回归传统侵权法，即将损害赔偿之外的预防型侵权责任从侵权法移入物权法、人格权法以及知识产权法中，并以物权请求权、人格权请求权、知识产权请求权等绝对权请求权的形式呈现。

基于我国《民法通则》第 106 条第 2、3 款形成的全面侵权责任一般条款的立法前见，以及我国自 1987 年以来所形成的 20 多年的司法传统，使得"全面的侵权责任一般条款 + 类型化"立法模式成为我国侵权立法的首选模式，并由《侵权责任法》（二次审议稿）第 2 条形成具有独立裁判功能的侵权责任一般条款，即"侵害民事权益，应当承担侵权责任"，但因其欠缺必要

---

[1] 郑成思：《知识产权论》，法律出版社 2003 年版，第 291~292 页。

价值宣示和基本规范结构，受到学界的普遍质疑，[1]并最终形成《侵权责任法》第 2 条的立法规定。但是，该条文却完全转化为转致条款，丧失了作为独立裁判依据的规范功能。

第四节　全面侵权责任一般条款的立法表达

纵观整部《侵权责任法》的 92 个法律条文，我们认为该法中具有完整规范结构、能够作为独立请求权基础规范的全面侵权责任一般条款，付诸阙如。《侵权责任法》第 2 条虽力陈侵权责任法的保护客体及保护范围，但"应当依照本法承担侵权责任"的条文表述，则使得本条的规范意义丧失殆尽，基本不能作为独立的裁判依据。

而《侵权责任法》第 6 条第 1 款虽然被众多学者誉为"过错责任的一般条款"，但是该条款却存在结构残缺之痼疾，自《侵权责任法草案》（四次审议稿）起，删除了"造成损害"字样，使得本款规定沦为"不完全法条"，丧失了独立请求权基础规范的地位，因此，本款在司法实践中必须与《侵权责任法》第 16、19、22 条中的"损害"要件配合适用，方可为裁判过错损害赔偿责任请求权基础。而至于满足侵权责任构成要件后，侵权人应以何种责任方式承担侵权责任，则还需要借助《侵权

---

〔1〕　有学者就本条规定是否属于侵权行为一般条款以及其存废修改问题进行诸多讨论。其中，有学者旗帜鲜明地主张废除本条规定，参见中国民商法律网：张新宝《关于〈侵权责任法草案·二次审议稿〉的若干建议》，http://www.civillaw.com.cn/article/default.asp? id=45683，2015 年 6 月 20 日访问。而另有学者在肯定本条规定的诸多优点的同时，建议对本条规定作进一步的完善，参见王利明："论侵权责任法中一般条款和类型化的关系"，载《法学杂志》2009 年第 3 期；王利明："侵权法一般条款的保护范围"，载《法学家》2009 年第 3 期；杨立新："论侵权责任法草案二次审议稿的侵权行为一般条款"，载《法学论坛》2009 年第 3 期。

责任法》第 15、21 条等条文予以确认。

而对于《侵权责任法》第 69 条的条文性质，学界通说认为此乃《侵权责任法》规定的高度危险责任的一般条款，[1]但亦有学者对此认识提出质疑，认为该条文仅是针对高度危险作业损害责任作出的一般性规定。[2]本书认为将《侵权责任法》第 69 条解释为高度危险责任的一般条款并不恰当，该解释混淆了一般条款与特殊条款之间的逻辑位阶关系，并且，本条文中"从事高度危险作业造成他人损害"的条文表述，表明本条的规范对象为"高度危险作业致害责任"而不包括"高度危险物致害责任"，这里存在通过解释论操作所无法逾越的"立法鸿沟"。

综上所述，我们认为《侵权责任法》第 2 条第 1 款虽有全面的侵权责任一般条款之"形"，但无侵权责任一般条款之"实"，即该条款不能作为独立的请求权基础，亦不能践行侵权责任一般条款之行为指引与裁判指引之功能。而《侵权责任法》第 6 条第 1 款在过错责任的认定层面上，可经过解释论操作后作为过错责任的一般条款。

最后，我们从立法论角度，提出一条具备独立的规范价值、规范功能、规范结构、且能弥补法律漏洞之全面的侵权责任一般条款，以供未来中国民法典的制定参酌及学界评判之用：

---

[1] 参见王利明："论高度危险责任一般条款的适用"，载《中国法学》2010年第 6 期；全国人大常委会法制工作委员会民法室编：《〈中华人民共和国侵权责任法〉条文说明、立法理由及相关规定》，北京大学出版社 2010 年版，第 286 页；最高人民法院侵权责任法研究小组编著：《〈中华人民共和国侵权责任法〉条文理解与适用》，人民法院出版社 2010 年版，第 472 页；杨立新：《〈中华人民共和国侵权责任法〉精解》，知识产权出版社 2010 年版，第 272 页；高圣平主编：《〈中华人民共和国侵权责任法〉立法争点、立法例及典型案例》，北京大学出版社 2010 年版，第 691 页。

[2] 参见马俊驹、余延满：《民法原论》，法律出版社 2010 年版，第 1075 页。

第×××条　【侵权事实认定规则】民事主体因违反旨在保护私人免受法益侵害为目的的法定义务或者社会公认的一般准则而为侵害他人人身或者财产之行为，应当认定侵权事实成立。

【侵权责任认定规则】受害人请求侵权人承担停止侵害、排除妨碍、消除危险等预防型责任的，不以侵权人的过错、被侵权人受有实际损害存在为要件；受害人请求侵权人承担赔偿责任的，需要证明侵权人有过错和被侵权人受有实际损害结果，但法律就赔偿责任有特殊规定的，从其规定。

【侵权责任承担规则】侵权责任的承担以侵权人责任自负为原则，但基于本法或者特别法的规定由负有特定的监督、选任，或者物件管领之义务的民事主体为他人侵权负责的除外。

第三章

侵权行为的概念界定

本章导言

学界通说曾将侵权行为划分为一般侵权行为和特殊侵权行为，其中一般侵权行为构成要件采用四要件说，即加害行为、损害后果、因果联系和过错。[1]但近年来，越来越多的学者认为我们所熟知的侵权行为的四要件说实为侵权责任的构成要件。[2]那么，我们所熟知的以违法行为、损害事实、因果关系和主观过错为基本要素的一般侵权行为的经典定义，还能准确

---

〔1〕 魏振瀛主编：《民法》，北京民族出版社2017年版，第671~680页。

〔2〕 近年来，我国许多侵权法学者在其论著中作出一般侵权责任构成要件的认定：违法行为、损害事实、因果关系和主观过错，参见杨立新：《侵权法论》，人民法院出版社2005年版，第141~203页；张新宝：《侵权责任法原理》，中国人民大学出版社2005年版，第47~73页。而王利明教授则认为，应当"在过错责任和过错推定责任中，建立由损害事实、因果关系和过错所组成的责任构成要件"。参见王利明：《侵权行为法研究》（上卷），中国人民大学出版社2004年版，第348页。但是，尚有为数不少的学者仍坚持，侵权行为的法律要件是指侵权行为的法律要件，也是侵权行为之债的要件。参见江平主编：《民法学》，中国政法大学出版社2007年版，第540页；马俊驹、余延满：《民法原论》，法律出版社2007年版，第997页。姑且不论学者所云孰对孰错，侵权行为要件与侵权责任要件在我国的混乱局面可见一斑。

反映并区分、判断现今生活中复杂多变的侵权行为吗？

而国内学者对侵权行为概念的研究投入了极少的精力，学界仅有为数不多的几篇专门研究侵权行为的学术论文，但大都仅探讨侵权行为概念的语义之争、特征及侵害对象，尚未深入地从侵权法理念、侵权法模式、侵权行为的构成要件、侵权行为与多种侵权责任方式之间的关系等角度展开论证。因此，本章探究侵权行为概念与矫正正义、社会经济形态演进等基础问题的联系，揭示侵权行为缤纷复杂的语义、词源内涵，考量侵权行为的含义，思考侵权行为的认定标准。

本章着力将侵权行为从单一损害赔偿责任方式的构成要件中析出，使其在概念和逻辑上适应停止侵害、排除妨碍、消除危险、返还财产、恢复原状、消除影响、恢复名誉及赔礼道歉等侵权责任方式，克服多种侵权责任方式与传统侵权行为概念之间的"大脚穿小鞋"现象，使更多的侵权行为类型为侵权行为的概念所涵盖，以激发侵权行为概念的价值判断和行为指引功能。

第一节　侵权行为概念界定的基础

侵权行为概念的研究，应该具有一个公认的平台和评判标准，而不应自说自话、自我封闭。[1]因此，本章在具体探讨我国侵权行为概念之前，从哲学基础、经济基础方面对侵权法的演进进行梳理，以明确我国侵权法性质、地位和使命，为侵权行为概念的研究奠定基础。

一、侵权行为概念的哲学基础

传统侵权法规范的一个重要的任务，在于确定最终由何人

---

〔1〕　参见王轶：《民法原理与民法学方法》，法律出版社 2009 年版，第 10 页。

承担损害，即损害的承担问题。如果侵权法由下面这种观念主导：灾难只降临在不幸者头上，损失被视为损失者自身的不幸或者宿命，永远停留于受害人之处。如果损失是由他人的行为所致，则上述观念及其主宰下的法律将无法令人满意。一旦世人打破只将损失视为个人之不幸的藩篱，并试图以法律规制的方式将受害人的损失移转由他人承担时，那么世人不得不面对一个棘手的问题：一人所遭受的损害基于何种理由应该由他人承担？这是侵权法上一个亘古不变的中心议题。

（一）"高空抛物案"折射出的哲学基础之争

近年来，随着人口的急剧增加，城市化步伐的加快，高层建筑拔地而起，加之少数居民道德素质不高或者疏于对自己所居建筑物的管理，高楼抛掷物伤人事件似乎有不断增加之势。再加之我国已取消福利分房，杂居一楼的居民并无其他利害关系，所以一旦出现抛掷物伤人事件，而加害人又不能确定时，受害人的索赔就成为问题。我们先看两则真实案例：

案例一：重庆"烟灰缸伤人案"[1]

2000 年 5 月 11 日凌晨，重庆市民郝某在重庆市某区学田湾正街的马路上和朋友聊天，而他们所处的位置，正在临街的仅一墙之隔而彼此相连的 65 号楼 6 号房和 67 号楼 3 号房的窗下。此时本应是夜深人静的时候，却偏偏从楼上飞下一只硕大的玻璃烟灰缸，致使郝某头部受伤。郝某共住院治疗 112 天，用去医药费 8 万余元。公安机关经过现场侦查，排除了有人故意伤

---

〔1〕 此案例参见杨立新："对建筑物抛掷物致人损害责任的几点思考"，http://www.yanglx.com/dispnews.asp? id＝282，2007 年 5 月 10 日访问；王利明："论抛掷物致人损害的责任"，载中国民商法律网，http://www.civillaw.com.cn/lw/1/? id＝29123，2007 年 5 月 10 日访问；周缘求："重庆'烟灰缸伤人'案的法理评析——加害人不明的侵权责任"，载《法学杂志》2003 年第 6 期。

害的可能性，但难以确定该烟灰缸的所有人。2001 年 3 月，郝某一纸诉状将位于出事居民楼的开发商及二层以上的 24 户居民告上法庭。渝中区法院判决认为：对于开发商，因为其不是房屋的使用人，不可能有从窗户里向外扔烟灰缸的行为，故不应承担赔偿责任；对于 22 家住户（两户房屋因无人居住，予以排除），则适用过错推定原则，将举证责任倒置，只要其不能举证排除自己有扔烟灰缸的可能性，就要承担赔偿责任。2001 年 12 月，渝中区法院判决由 22 户房屋的实际使用人共同赔偿 178233 元，各承担 8101.5 元，案件的受理费和其它诉讼费用也由 22 户被告分摊。22 户被告上诉至重庆第一中级人民法院。重庆第一中级人民法院在 2002 年 6 月维持了一审法院的判决。

案例二：山东济南"木墩致人死亡"案[1]

2001 年 6 月 20 日中午 12 时许，孟某（老太太）站在济南市林祥街 76 号二单元一楼楼道入口前与邻居说话，突然被从二单元楼上坠落的一块木墩砸中头部，当场昏倒，后被人送至齐鲁医院，经抢救无效死亡，致害木墩不翼而飞。由于找不到扔菜板的人，孟某的子女将该楼二层以上 15 户居民作为被告告上法庭。济南市市中区法院以无法确定坠落物位置及其所有人或者管理人，不能适用《民法通则》第 126 条为由，裁定驳回原告起诉。此后，济南市中级人民法院以相同理由驳回了原告的上诉，维持了原判。

上述两则案例作为案情基本相似、由不明加害人引发的高空抛物伤人案件，但两家法院却给出了两份结果截然相反的判

---

〔1〕　参见关涛："对高层建筑坠落物致害案件中集体归责问题的研究"，载王文杰主编：《侵权行为法之立法趋势》，清华大学出版社 2006 年版；刘士国："楼上落下物致人损害加害人不明的法律救济"，载《烟台大学学报（哲学社会科学版）》2006 年第 3 期。

决：重庆判决由致害行为发生地的高层建筑二层以上的 22 户房屋实际使用人共同承担损害赔偿侵权责任，系采用过错推定、集体归责；而济南法院却以"原告在起诉中缺乏明确具体的被告"而驳回原告的起诉，损害后果停留于被害人处，未发生移转。

本书认为，加害人不明的"高空抛物伤人案"业主集体归责的背后存在一个逻辑怪圈，即只要有损害，就一定有救济，就必定要有人为此损害负责。在笔者看来，这种做法未必公正。

首先，它采取一种过错推定的归责原则，推定被告为加害人，若被告无法举证免责，则必须承担侵权责任。让无辜被告承担举证责任并最终由其分担或实际独担他人的加害行为之责，确有"哭死好人，乐死贼"之嫌。这种盲目寻找"深钱袋"（deep pocket）的做法，难谓公平。其次，法律的最高价值在于保护人们的一般自由，但是在"高空抛物案"集体归责的制度构建之下，高楼住户整天惶惶不可终日，每天收集自己没有加害行为的证据，等待法院来传唤，如此一来，高楼住户又何言自由呢？因此，我们在关注受害人损害救济的同时，绝不应抹煞侵权法维护行为自由的重要任务。再次，在任何一个社会，从来都不是有损害就有救济的，承担侵权责任必须满足责任构成要件。普通民众可能一时难以理解。

诚如美国著名法学家霍姆斯所言："良好的政策应让损害停留在其所发生之处，除非有特别的干预理由存在。"[1]学者认为，所谓"良好的政策"在于避免增加损失，因为使受害人得向加害人请求损害赔偿，无论在法律规范或实际执行上，势必

---

[1] "Sound policy lets losses lie where they fall except where a special reason can be shown for interference." See O. W. Holmes, *The Common Law*, 1891, p. 50.

耗费资源或产生交易成本；所谓"特别的干预理由"是指应将损害归由加害人承担，使其负赔偿责任的事由。此乃侵权法的核心问题。[1]最后，侵权行为诉讼必须满足有明确的原告和被告的双边结构。高楼抛物致人损害，不是对象致人损害的责任，而是加害人行为致人损害的责任，由行为人承担过错责任。如果无法确定行为人，侵权法将无法提供救济。因此，侵权法不是万能的，它有自己发挥作用的特定领域。因此，侵权法也有自己无能为力之所在，加害人不明之情形即属此类。

总之，我们从加害人不明的高空抛物致人损害案的不同处理中，可以看出我国当下侵权案件的归责基础是混乱的。我们有必要以亚里士多德所倡之矫正正义（corrective justice）和分配正义（distributive justice）为视角，进一步探讨我国侵权法的哲学基础，为侵权法理论研究和立法提供标尺。

（二）侵权行为的哲学基础：矫正正义与分配正义的博弈

在上文所举的无法查明加害人的"高空抛物案"中，由某个集体承担连带责任的做法或者由受害人独立承担所遭损害的做法，折射出现代社会侵权法领域中分配正义与矫正正义的博弈，即侵权法究竟依矫正正义在原告和被告之间进行等数量的损害移转，还是依分配正义将受害人之损害作为共同的不幸由社会成员分担。这就涉及矫正正义与分配正义的博弈。

古希腊先哲亚里士多德在《尼各马科伦理学》一书第五卷基于他的平等观点，认为"正义"是指合法、平等、正直；而"不正义"是指非法、不平等或者不正直。在此基础上，亚里士多德将正义区分为一般的正义与特殊的正义，而以数学运算的方式阐述了他的特殊正义：一是分配正义，一是矫正正义。因此，

---

〔1〕　参见王泽鉴：《侵权行为》，北京大学出版社 2016 年版，第 11 页。

有学者指出，"正义以数学的术语将财产的函数界定为平等的函数。在数学上，通过平等的标记将一个人与其他人联系起来"。[1]

美国学者博登海默认为，"当一条分配正义的规范被一个社会成员违反时，矫正正义便开始发挥作用，因为在这种情况下，要求对过失做出赔偿或剥夺一方当事人的不当得利，就成为势在必然了"。[2]亚氏认为，"矫正性公正（正义），它生成在交往之中，或者是自愿的，或者是非自愿的。……在交往中的公正则是某种均等，而不公正是不均，不过不是按照那种几何比例，而是按照算术比例"。[3]这种正义与当事人的身份无关，"不论好人加害于坏人，还是坏人加害于好人，并无区别……法律则一视同仁，所注意的只是造成损害的大小，到底谁做了不公正的事，谁受到不公正的待遇，谁害了人，谁受了害，由于这类不公正是不均等的，所以裁判者就尽量让它均等"。[4]

亚氏提及的"算术比例"，是指数量的平等，即属于一方当事人的东西但不当地被另外一方当事人所占有，因此该东西必须转移到它正当的所有者那里。矫正正义包含着两种"数量的平等"：①因为一方当事人拥有了应当属于另外一方当事人的东西，行为人的所得等于受害人的所失；②假如不当行为没有发生，那么双方当事人所应该拥有的东西就提供了一个基准，依

---

〔1〕［加］欧内斯特·J.温里布：《私法的理念》，徐爱国译，北京大学出版社 2007 年版，第 64 页。

〔2〕［美］E.博登海默：《法理学：法律哲学与法律方法》，邓正来译，中国政法大学出版社 2004 年版，第 281 页。

〔3〕［古希腊］亚里士多德：《尼各马科伦理学》，苗力田译，中国人民大学出版社 2003 年版，第 99 页。在此书中，苗力田先生将"justice"翻译为"公正"，本书采用通行说法，译为"正义"。

〔4〕［古希腊］亚里士多德：《尼各马科伦理学》，苗力田译，中国人民大学出版社 2003 年版，第 100 页。

此基准，所得与所失进行比较。因此，基准作为矫正正义形式之平等的均值在起作用。当然这个平等是观念上的。平等存在于人们所拥有的属于他们的东西之中。当事人不可能拥有相同数量的财产，但是他们作为他们所有物的主人是平等的。

分配正义与矫正正义的适用范围不同。分配正义存在于个体与整体之间的关系中，是一种制度性的利益分配，当事人之间的关系是间接的，以分配计划为中介。例如股东按照其持股比例在股份公司分取红利；社会保障系统按照某一标准，对特困群体进行救济，等等。而矫正正义则存在于特定的两个个体之间，且这两个个体具有内在关联性，即通过一个人对另外一个人的伤害行为直接将当事人连接起来，受害者的所失对应着伤害者的所得。

分配正义与矫正正义之间存在不同的非正义结构，在分配正义中，非正义的获利是对公共资源的一种透支，它减少了参与分配的其他人的利益，只是这种非正义的获利间接影响其他参与分配的人，即他人所得的减少源于可分配总量的减少。相比之下，在矫正正义中，一方实施的不当行为减少了受害者的所得，这一不当行为使得加害人牺牲了受害人的利益而获利。因此，在矫正正义的语境下，"非正义，直接地隐含着一个特定的受害者"。[1]

综上，矫正正义是侵权行为的哲学基础。矫正正义的双边结构，决定了侵权个案中须有明确的原告和被告；矫正正义所持的加害人所得与受害人所失的数量平等这一观点，决定了侵权法中被告有义务将原告被损害的权益回复到侵害事实发生之

---

〔1〕　〔加〕欧内斯特·J. 温里布：《私法的理念》，徐爱国译，北京大学出版社2007年版，第74页。

前的状态；矫正正义的内在统一性，决定了侵权法所调整的两大法益——行为自由的维护和合法权益保护之间的利益衡量。

（三）矫正正义下的侵权法内在构造

1. 矫正正义与过错责任

学者认为，亚氏的矫正正义抽象掉了所有的具体内容，抽象的正义代表着抽象的平等，因而矫正正义的平等缺乏具体的内容。温里布教授将视角转向康德的权利法哲学，认为亚氏的矫正正义在康德那里变成了理性的理念，由理性的实践现实，导出了康德"自由意志"的概念。[1]康德把自由意志作为一种保障权利手段的正义，即矫正正义的基础，"法律所要解决的问题就是协调相互冲突的自由意志。他相信这种协调工作具以实施的原则便是意志自由的平等，亦即把一项普遍规则适用于每一项行动——而这能够使某个行动者的自由意志与任何其他人的自由意志和谐共存"。[2]而普遍的原则之适用却基于每个人都是理性人，且具有平等的法律地位，此即强调矫正正义的运作空间限于平等的私法主体之间。

近代侵权法对自由的限制缘于人的自然性，自由乃天赋人权，对自由的限制不应屈从于某种功利性甚至是社会利益的限制。政府是建立在以对公民自由进行限制为交换条件的基础上，政府的职责在于保护这些条件的满足，却无权在这些条件未获得满足的情形下去限制公民的自由。政府对公民自由的限制服从于自然法。自由意志论主宰的侵权法关注对人的行为的道德评价，而不是行为结果的有无，甚至是妥当与否，因此侵权法

---

〔1〕　［加］欧内斯特·J. 温里布：《私法的理念》，徐爱国译，北京大学出版社 2007 年版，译者前言第 3 页。

〔2〕　［美］罗斯科·庞德：《法理学》，邓正来译，中国政法大学出版社 2004年版，第 513～514 页。

把人的行为控制在行为范围内，只要主观上没有过错，即便是给他人造成损害结果也不承担责任。"无过错即无责任"成为近代侵权法的基本精神。美国学者科尔曼教授（Coleman）认为，自由意志论的核心思想是个体拥有其行为的因果性结果（causal upshot）。那么个体行为不幸的（untoward）因果性结果就是他们的损失（loss）。自由意志论认为将个体行为的损失转移到其他个人身上是不公平的；而国家要求任何个体承担那些并非他自己行为所产生的损失——不可归因于他或者不是他自己的行为所产生的损失是不公平的。[1]

自由意志论支配下的侵权法没有规定人应该如何去行为，而只是规定人不该怎样去行为。此乃私法领域之基本精神私法自治使然。侵权法只关心社会群体中处于侵权系争中两个体的关系，而不是个人与社会整体的关系。这就将侵权法的调整范围限定于私人范畴，其目的在于矫正因侵权行为出现而造成的利益失衡，即以矫正正义作为侵权法的主要目标。行为人与受害人在侵权法中的权利义务配置符合近代自然法思想，即把行为的界限确定为因过错而造成他人伤害，是自由意志论的具体体现，不能因过错而造成他人伤害，成为可以使人的自由意志和谐共存的一个普遍原则。正如德国著名法学家耶林所言，"使人负损害赔偿责任的，不是因为有损害，而是因为有过失，其道理就如同化学上的原则，使蜡烛燃烧的，不是光，而是氧气一般的浅显明白。"[2]对于受害人而言，在对他人行为不具备可责性的情况下，虽有损害当然由自己承担，此乃社会的基础风险，不能怨天尤人。

---

〔1〕 ［美］朱尔斯·L. 科尔曼：《原则的实践：为法律理论的实用主义方法辩护》，丁海俊译，法律出版社2006年版，第67页。

〔2〕 转引自王泽鉴：《民法学说与判例研究》（第二册），中国政法大学出版社2005年版，第125页。

由此可见，以自由意志论为基础、以过错责任为常态的侵权法，秉承了最好的政策：损害停留于原地。质言之，侵权法坚持"不幸"与"不法"的区分，惟过错（故意或过失）行为引起的损害才属于"不法"，进入侵权法的救济领域；而非因行为人过错而造成损害则为"不幸"，损害止于发生之地，由受害人承担，不属于侵权法的救济对象。因此，侵权法对所有的损害后果并不是万能的，"有损害，必有救济"，绝非侵权法的专利。受害人的"不幸"应通过社会保障机制、商业保险制度等渠道分散。

2. 矫正正义与严格责任

19 世纪以来，工业化的进程导致了大量工业事故出现，而此时的侵权法如果仍然固守过错责任，就不能充分地维护受害工人的权益。为了更好地处理工业事故的损害赔偿责任，严格责任应时而生。在侵权法发展到严格责任阶段的时代背景下，应该如何认识矫正正义在侵权法中的地位，引起学者们的诸多争议。

20 世纪 70 年代，美国学者理查德·艾泼斯坦（Richard Epstein）主张侵权法的理论基础应该是矫正正义，并提倡用矫正正义来解释侵权法的严格责任。每个人只要其权利为他人侵犯，就要给予他救济。[1]加拿大学者温里布（Weinrib）教授独辟蹊径，认为，严格责任中的替代责任和异常危险活动的责任能够理解成过错责任的扩展，而另外两种严格责任：侵扰和财产紧急避险体现了财产所有人关系中的矫正正义，因此，严格责任也适用矫正正义。[2]美国学者科尔曼教授则从矫正正义的基础

---

〔1〕 Richard Epstein, *A Theory of Strict Liability*, 2 J. Leg. Stud. 151 (1973).

〔2〕 ［加］欧内斯特·J. 温里布：《私法的理念》，徐爱国译，北京大学出版社 2007 年版，第 181~216 页。

并不局限于过错的角度证明严格责任并没有违反矫正正义。"假定一个案件中,原告与被告都不存在过错,但是被告无辜的行为的确导致了原告的损害。如果我们不确立被告的严格责任,那么原告就必须承担他的损失。在这个意义上,原告在这样的案件中倒是承担了严格责任,也就是说,原告要对自己的损失承担无过错责任"。[1]

美国学者波斯纳教授对亚里士多德的正义论及其传统提出了严厉的批评,认为亚里士多德矫正正义的观念是狭窄的、形式化的,而只有法律的经济分析才能使社会财富最大化,只有把亚里士多德矫正正义的观念作为法律经济分析理论的一个要素,使其成为财富最大化的一个手段,才能实现财富最大化这一正义状态的最终目的。[2]但是,本书认为,将侵权法的问题完全量化为经济分析,未必妥当,并且侵权法中有一些要素是难以量化的。在严格责任中,原告与被告之间的矫正正义双边运行机制并没有改变,受害人所失系加害人所致,加害人也从中获利,二者的内在统一性未曾改变。并且严格责任在侵权法中所占的比重虽然随着经济的发展而有所增加,但过错责任仍为现代侵权法的常态。因此,笔者认为,现代侵权法的私法地位没有改变,现代侵权法矫正加害人与受害人之间的损害的职能亦未改变,矫正正义仍为侵权法的哲学基础。

基于以上分析,本书认为在一部统一的私法中,性质截然不同的正义观是难以自洽的。那么,何不桥归桥,路归路,上帝的归上帝,凯撒的归凯撒?分配正义仍应继续存在于政治制

---

〔1〕 Jules Coleman, *The Morality of Strict Liability*, 18 Wm & M. L. Rev. 259 (1979).

〔2〕 〔美〕波斯纳:《法律理论的前沿》,武欣、凌斌译,中国政法大学出版社2003年版,第413页。

度、财政税收、社会保障、商业保险等制度性领域，而矫正正义则存在于侵权法、合同法等私法领域。

（四）侵权法哲学基础的选择对侵权行为概念的影响

侵权法的哲学基础是矫正正义。矫正正义的平等标准是自由意志论。这是上文得出的主要结论。这对于侵权行为概念的研究具有重要的意义：

第一，侵权行为应体现矫正正义的双边结构。侵权行为作为联结加害人与受害人的桥梁和纽带，自己侵害自己权益的行为，由于只有一方当事人而不能认定为侵权行为。

第二，自由意志论强调人基于理性对其行为的自由支配。侵权法原则上只能规定法律禁止的行为，而不能在行为自由的范围内限制行为人的自由。因此，侵权行为应坚持不法性为其本质要件，不应过多地限制人的行为自由。侵权行为侵害的对象主要是行为人知晓的权利或合法利益，即要求行为人必须负有法定注意义务。

第三，自由意志论强调行为人的意志自由，侵权行为人应具有一定的识别能力。这里的识别能力不同于法律行为的行为能力。由于侵权行为系事实行为，其法律后果非由当事人约定，而是由法律明文规定。因此，侵权行为人仅须具有基本的识别能力即可。无意识支配的行为虽然造成损害，但不能认定为侵权行为。

二、侵权行为概念研究的经济基础

王卫国教授指出，"所谓权利，说到底，就是利益的意志形式；而利益则是社会经济关系的表现。社会分工使独立的商品生产者互相对立，除了竞争和相互间利益压力所带来的强制，他们不承认任何别的权威。法律对权利的确认和保护，不仅反映了经济生活中的利益分配和利益对立的状态，而且反映了这种分化和对立在一定经济形态下的必然性，以及这种必然性对社会生产过程的十分重要的促进作用和制约作用"。[1]本书依照社会经济形态的演进过程分析侵权法在其中的变迁，重点分析当今时代的经济发展特点以及对侵权的挑战，进而探讨侵权行为概念研究在此境遇下的重要意义。

马克思曾经指出，"在古罗马，还是共和国时期，商人资本已经发展到古代世界前所未有的高度"。[2]商品经济的发达，为罗马市民社会的建立奠定了坚实的经济基础。罗马法由最初的一个很小的农村公社习惯法，逐步发展成为一个拥有广大领土和多民族的商业社会的比较完备的法律。罗马法反映了简单商品生产的需求，对商品生产中和商品交换中的一切主要法律关系，诸如买主与卖主、债权人与债务人、契约、所有权、侵权行为等作了明确的规定。其中的侵权行为在《十二表法》《尤士丁尼法典》等法律中占了很大的篇幅，私犯以及后来的准私犯制度发达，形成了诸多类型，影响了后世各国的民事立法。

在16世纪至17世纪，由于工业革命和地理大发现，在商业上发生了重大的革命，商业的突然扩大和新世界市场的形成，对旧的生产方式的衰落和资本主义生产方式的兴起，产生了重大的影响。发达的商品生产和商品交换，要求有充分自由和创造力的市场主体，并谋求法律制度上的保证，因此产生了以个人主义和自由主义为根本指针的资产阶级民法，尘封已久的罗马法在资本主义时代重新焕发了勃勃生机。

私权神圣、契约自由、过错责任成为诞生于1804年的《法

---

〔1〕 王卫国：《过错责任原则：第三次勃兴》，中国法制出版社2000年版，第10页。这里的说的"一定经济形态"就是指与自然经济相对立的商品经济。

〔2〕 ［德］马克思：《资本论》（第三卷），第371页。转引自王卫国：《过错责任原则：第三次勃兴》，中国法制出版社2000年版，第48页。

国民法典》的三大铁则。此时的法国尚处于资本主义初期，生产力不发达，各种生产、交通、通讯等技术特别落后，再加上正处于上升时期的资产阶级对行为自由的渴望，因此侵权行为多表现为个人与个人之间的单一物质损害，其它类型的侵权行为较少发生。以过错为基本标准来裁判侵权行为，几乎可以解决所有的侵权纠纷，因此《法国民法典》仅以第 1382 条至第 1386 条 5 个条文即可完全应对当时的社会生活。故此，我们不应以今日之眼光看待昔日的《法国民法典》，我们应该看到其所处特定历史阶段的经济背景。

　　然而在随后几十年里，社会情况发生巨大的变化。工业技术以前所未有的速度推动着社会生产力的提高和社会财富的积累，机器大工业已经成为这一时期的突出特征。缘起于 19 世纪中叶的第二次工业革命，将资本主义送入垄断时代。大量的失地农民涌向城市成为产业工人，各类社会组织日渐取代个人成为市场主体，基于此种情况，个人与机器、个人与组织之间的矛盾成为重要的社会问题凸现出来，与此相关的侵权行为也呈现出新的特征：①侵权行为类型出现个人与组织间的纷杂侵权形态；②损害一旦发生，受害人数众多、损害巨大；③过错标准在很多侵权纠纷中力不从心；④对个人人格尊严的侵害成为侵权行为的新动向。因此，制定于 19 世纪末的《德国民法典》不得不面对上述诸多问题。因此，《德国民法典》在侵权行为一节中扩大了受侵权法保护的权利范围，除规定对绝对权的不法侵害的狭义侵权行为外，还规定了违反保护他人法律的侵权行为、违背善良风俗的侵权行为，并规定了多种特殊侵权，以弥补过错责任之不足，危险责任开始扮演愈来愈重要的角色。

　　进入二十世纪中叶，尤其是以"新能源、新材料和计算机"为标志的第三次工业革命以来，高科技的发展和进步使得我们的社会生活呈现出空前的进步和繁荣。车辆、船舶、飞机等便利的高速交通工具已成为人们日常出行的必需品，电力工业尤其是核电等一系列新型产业获得高速发展，航天技术的进步已实现了"嫦娥奔月"的千年梦想，生物技术、基因技术不断发掘人类自身的奥秘……我们在享受高科技的惠泽时，也不得不忍受高科技所带来的痛苦与煎熬。人权的私法救济、经济侵权、家庭暴力、权力滥用、异常事故等，对侵权法提出诸多挑战。各类闻所未闻的侵权行为如雨后春笋般涌现出来，因技术滞后、过错难以证明等原因而导致加害人无以赔偿的情况数不胜数。

因此，在现今经济、科技发展水平下，我们更有必要开展侵权行为概念的研究工作，对纷繁复杂的现实侵权行为形态进行归纳整理、抽象提炼出侵权行为的概念，使其发挥一般条款的弹性作用，同时给未来的新型侵权行为的出现留下广泛的空间。以不变应万变的侵权行为概念是总结昨日之侵权、界定今日之侵权、预防明日之侵权的最佳方案。

第二节　侵权行为的基本含义

一、侵权行为的词源学分析

中文的"侵权行为"一词，系舶来品，孕育于西方法律文化。据学者考证，中文"侵权行为"一词"最早于清末编定《大清民律草案》时才开始使用"[1]。因此，我们有必要求本溯源，考证"侵权行为"一词在国外的词源意义，以探求其真义，并借以校对中文"侵权行为"一词是否周延地表达了侵权行为的本

---

〔1〕 陈涛、高在敏："中国古代侵权行为法例论要"，载《法学研究》1995 年第 2 期。

义，消除外文中译过程中真义的流失，还侵权行为以本来面目。

"侵权行为"系外来词，在语源上为拉丁文的 delictum，德文的 unerlaubte Handlungen，法文的 delft，日本从德国而译作"不法行为"。德国学者冯·巴尔教授指出，"tort 一词派生于拉丁词 torts（tortuous，twisted），在中世纪法语中的 tort 已经指违反法律了，如使用'tortous act'时指的就是违反法律的行为。这一术语带着这一含义最终——通过法国法律语言——古老的普通法法院的语言找到了通往英语法律术语的道路。"[1]

在法国，被我们译为"侵权行为"的是"delict"一词。从现代法国有关内容看，将"delict"译作"不法行为"可能更准确。从词源上讲来源于拉丁语"delictum"，原意是过错、罪过。法文称谓为"delict"，指不法致他人蒙受损害的种种行为。[2]

在德国侵权法中，人们常用"unerlaubte Handlung"（不许行为）或者"Delikt"（不法行为）来表述侵权行为，其含义是指对他人利益的不法侵害。对于构成侵权法上的行为，拉伦茨进行了分析："侵权法意义上的'行为'（Handlung），是指被认为是可由意思（vom Willen）支配并且在该意义上应'归'（zugerechmet）于该人的任何行为（Verhalten）。'行为'（Handlung）也就并不仅仅表现为感觉所能觉察的世界的一个过程，而是以一种阐释（Deutung）为前提，通过这种阐释我们将其理解为原则上应当对其行为（Verhalten）负责的主体的表现（Äußerung）。尽管这里将其视为意思载体，但它并不是仅仅有意指向由其所欲的结果，而是将由人类所支配的'作为'（Tun）归入'行为'（Handlung）。例

---

〔1〕 ［德］克雷斯蒂安·冯·巴尔：《欧洲比较侵权行为法》（上卷），张新宝译，法律出版社 2001 年版，第 7 页。

〔2〕 江平编著：《西方国家民商法概要》，法律出版社 1984 年版，第 111 页。

如，某人闲聊天时，因为一个无意识的、他自己也并未意识到的动作（Bewegung）将一个花瓶打碎，这就属于这种行为。相反，由于不可控制的条件反射、睡梦中或者在其它无意识的状态中，例如心肌梗塞等绝对强制（vis absoluta）影响下的动作（Bewegung），不是侵权法意义上的'行为'（Handlung），同样是因为这里不存在意思控制的可能性；如果没有'行为'（Handlung）作为基础，立即就不需要考虑构成要件符合性（Tatbestandmäßigkeit）、违法性（Rechtswidrigkeit）和过失（Schuld），原则上小孩和精神病人也可以在侵权法意义上'行动'（handeln）；适用《德国民法典》第827条以下确定其负责问题，属于过失问题。"[1]

英语中译作"侵权行为"的"tort"是个生僻的词汇。有人认为：一般人说话不会用到它，没进过法学院的美国人乍一听到它，也会不知所云。至于为什么要选这样一个怪词来命名，谁也不清楚。[2]也有学者指出：曾经有一个时期，"tort"一词在英语中普遍使用，作为"wrong"的一般同义语。后来，它在日常口语中逐渐消失，但是，在法律中却保存下来并取得了法律上的专门涵义。在一些现代的法律词典中，tort通常被认为是关于civil wrong（民事侵权）和injury（不法致损）的法律同语。[3]从词义来解释，"tort"是从拉丁语中"tortus"而来，意思是"扭曲"，喻意不正常的意思。作为法律专用词汇，tort应

---

〔1〕　拉伦茨/卡纳里斯（Larenz/Canaris）：《债法教科书：第2卷第2分卷，各论》（Lehrbuch des Schuldrechts，Band2，Halbband2，Besonderer Teil），1994年第13版，第361页。转引自尹志强："论民事权利在私法中的救济从侵权行为法的涵摄范围和功能角度分析"，中国政法大学2004年博士论文。

〔2〕　李亚虹：《美国侵权法》，法律出版社1999年版，第2页。

〔3〕　王家福主编：《中国民法学·民法债权》，法律出版社1991年版，第408页。

指一切不法行为。总结美国的侵权行为的特点，会看到：几乎所有日常活动都有可能变成侵权，其所涵盖的领域是非常繁杂广泛的。近代以来，美国法律有由判例向成文法发展的趋势，但侵权法则一直保持判例法形式。据说不是不想成文化，而是难于成文。因为，在开始时，英美侵权法都是以单个侵权行为出现的，如侵占、欺诈、诽谤，以及后来的威胁、殴打、挪用等，每一种侵权行为都有自己的法律规定。到1859年，美国的弗朗西斯·希利业德（Francis Hilliard）才在其著作中把单个的侵权行为放在一起，统称为"侵权行为"。[1]这说明以"侵权行为"来表述英美法中的 tort 的含义也不完全准确。

总之，无论在大陆法系还是英美法系，也不论用何种文字符号来指称侵权行为，其词源所反映的是人与人之间的关系的一种变态，是一种被扭曲了的、非正常的形态。换言之，侵权行为是不正当的、异常的、违反公序良俗或法律规范而为社会所不容的行为。这一点是为各国所公认的。因此，我们认为侵权行为的本质在于行为的不法性。

中华人民共和国成立以前的民法规定了"侵权行为"，但该表达方式并不准确。史尚宽先生曾特别指出，"侵权行为，在德民称为不许行为（unerlaubte Handlungen），法民称为犯罪及准犯罪（Dee delete etquaei-delite），日民称为不法行为，瑞债德文标题称为不许行为，法文标题称为不法行为（actes illicites）。我民法称为侵权行为，其实不独权利，即其它利益，亦为侵害之对象（民法184条1项后段）。言侵权行为者，不过举要以概其余之意耳。"[2]梅仲协先生在其《民法要义》中谈到侵权行为的

---

〔1〕 李亚虹：《美国侵权法》，法律出版社1999年版，第2页。
〔2〕 史尚宽：《债法总论》，中国政法大学出版社2000年版，第105页。

意义时认为：民法（中华人民共和国成立以前的民法）第184条至第189条各条文中，均明定"权利"二字，一若侵权行为之客体，必须为权利之受侵害，而权利受侵害时，不问财产权抑或人格权，一体得为损害赔偿之请求权也者，衡诸法理，似属不当。他以为各该条内之"权利"二字，应予删去，而第五章之标题"侵权行为"一语，亦宜改为"侵害行为"，这样才不违背立法之本旨。[1]

我们从《民法通则》第106条的第2款和第3款规定可知，被侵害对象是"财产""人身"，而不是"财产权""人身权"，二者显然不同，因为财产是财产权的标的而不是财产权本身，人身是人身权的标的而不是人身权本身。但是，该章第二节的标题却是"侵权的民事责任"，显然继承了中华人民共和国成立以前的民法"侵权行为"表述方式的思路。大陆学者中也有人指出：这一翻译只是约定俗成，并非十全十美。因为权利侵害只是"不法行为"的表象，作为"不法行为"，除侵"权"行为外还包括侵害利益行为等。[2]也有学者指出，必须对侵权行为作扩张解释：侵害的"权"不仅包括民事权利，而且包括受法律保护的利益；"行为"不仅包括加害人的行为（作为或不作为），也包括"准行为"（他人之行为、动物致人损害等）。[3]

通过以上分析可以得出这样的结论：我们不能仅从字面上理解"侵权行为"。"侵权行为"在大多数国家的含义，实质上与"不法行为"更接近。目前，在我国无论是立法部门还是司法部门，包括学理界都使用"侵权行为"一词，这种表达方式

---

〔1〕 梅仲协：《民法要义》，中国政法大学出版社1998年版，第186页。

〔2〕 黄海峰："违法性、过错与侵权责任的成立"，载梁慧星主编：《民商法论丛》（第17卷），金桥文化出版（香港）有限公司2000年版，第57页。

〔3〕 张新宝："侵权行为法的一般条款"，载《法学研究》2001年第4期。

虽然已经"约定俗成",但仍须明确的是:"侵权"不仅指侵害"权利",更不仅仅指侵害"法律规定的权利",它还包括法律应当规定而没有规定的权利,以及还没有上升为权利而应当受到法律保护的某种利益。

二、侵权行为与侵权责任的分离

法律规则的结构分为行为模式、法律后果两部分。行为模式是指法律规则规定人们可以行为、应该行为、不得行为的行为方式,它可以是课以义务的,也可以是授权的。法律后果是指归责中指示可能的法律后果或者法律反应的部分。[1]因此,侵权法始终是把交往中,人与人之间如何相互对待、由此造成的损害该由谁负责作为一个问题加以处理,其中交往中,人与人之间如何相互对待属于行为模式的规定,而在相互对待过程中产生的损害该由谁来承担则属于法律后果。但是,侵权法领域对此没有作出明确的区分,突出表现在对侵权行为与侵权责任之间的关系的把握上。

(一)侵权行为与侵权责任的混同

大陆法系国家关于侵权行为的规定,其中一个显著的特点就是侧重于构成要件的规定[2]。从我国《民法通则》的规定方式出发,我国学者往往将侵权行为定义为行为人由于过错侵害他人的财产、人身,依法应承担民事责任的行为,以及法律特别规定应对受害人承担民事责任的其它致害行为。[3]有关一般侵权行为构成要件的论述,也相应地大都包含四项内容:行为

---

〔1〕 张文显主编:《法理学》,高等教育出版社2007年版,第71页。

〔2〕 吴汉东:"试论知识产权的'物上请求权'与侵权赔偿请求权——兼论《知识产权协议》第45条规定之实质精神",载《法商研究(中南政法学院学报)》2001年第5期。

〔3〕 佟柔主编:《中国民法》,法律出版社1990年版,第557页。

的违法性、损害事实、行为与损害事实之间的因果关系、行为人的过错。[1]对侵权行为及其构成要件的这种归纳所带来的直接问题，是其与学者们对侵权责任构成要件所作的界定之间，存在诸多的混淆和重叠。如侵权责任的构成要件，也被概括为损害事实、违法行为、因果关系和主观过错等四个方面。[2]更有学者直接将侵权责任的构成要件和侵权行为的构成要件混合在一起进行论述。[3]

　　侵权行为与侵权责任混为一谈，源于两个概念之间的密切联系。依照传统民法之侵权行为经典概念，损害成为其中的必备要素，则侵权行为的发生必然在侵权行为人和受害人之间产生损害赔偿之债，侵权责任因此被规定为一种债的关系，即受害人与加害人之间以请求赔偿和给付赔偿为内容的权利义务关系[4]。侵权责任与损害赔偿之债之间直接划上了等号。诚如郑玉波教授所言，"侵权行为一已经成立，则加害人对于受害人应负损害赔偿责任，而受害人对于加害人取得损害赔偿请求权，两者之间遂发生债之关系"。[5]也有许多学者将侵权行为称为侵权损害。如此一来，侵权行为与以损害赔偿之债为内容的侵权责任发生混淆成为不可避免之事。

---

　　〔1〕　魏振瀛主编：《民法》，北京大学出版社、高等教育出版社 2000 年版，第 686~692 页；张新宝：《中国侵权行为法》，中国社会科学出版社 1998 年版，第 77 页；马俊驹、余延满：《民法原论》，法律出版社 2007 年版，第 829 页。

　　〔2〕　王利明主编：《民法》，中国人民大学出版社 2000 年版，第 547~584 页；张新宝教授在其新作中对侵权责任构成要件也作此表述，参见张新宝：《侵权责任构成要件研究》，法律出版社 2007 年版。

　　〔3〕　佟柔主编：《中国民法》，法律出版社 1990 年版，第 564~576 页。

　　〔4〕　参见佟柔主编：《中国民法》，法律出版社 1990 年版，第 564~565 页。

　　〔5〕　参见郑玉波：　《民法债编总论》，中国政法大学出版社 2004 年版，第 115 页。

（二）侵权行为与侵权责任的分离

笔者认为，侵权行为与侵权责任不同，侵权行为属于行为模式问题，而侵权责任属于法律后果问题。侵权行为是法律对行为的一种法定评价，作为行为模式，对人们的行为有着强烈的指示功能；侵权责任则是法律对侵权行为的后果安排，实现了二者在法律概念体系协调角度上的衔接，即从事不法行为应当承担的不利法律后果。二者共同构成行为规范来发挥侵权法的制度价值，但是二者并不是相对应的。侵权行为是违反法律规定的行为，但是并非一有侵权行为发生就一定承担否定性法律后果（侵权责任），因为侵权责任必须取决于归责条件的构成与免责条件的抗辩无效。尽管有些情形下，具备了法定免责事由的侵权行为无须承担侵权责任，但是并不意味着无须承担侵权责任的这种行为是法律所倡导的，该行为仍属于侵权行为。因此侵权行为与侵权责任在构成要件上是完全不同的，同时也可以对行为人与受害人之间的举证责任的分担作出较为清晰的分割，即侵权行为的构成要件当然该由受害人主张，如果受害人不能举证证明行为人的行为为侵权行为，那么侵权责任则无从谈起。而侵权责任的构成要件则应当由行为人承担，因为侵权行为成立，就意味着法律对行为人的行为作出了否定性的评价，如果行为人不能主张自己具备不承担侵权责任的法定免责事由，则难逃被归责的厄运。

具体而言，侵权行为与侵权责任具有以下区别：

第一，二者的逻辑顺序不同。侵权行为是法律事实的一种，它是侵权法律关系发生的发动机，处于侵权法的第一环节。侵权行为是侵权民事责任的前提要件，是侵权责任的构成要件之一。而侵权责任是侵权法的终了环节，侵权责任的承担就意味着侵权法律关系的消失。

第二，二者的构成要件不同。首先，侵权行为的构成要件关注的是行为的客观外在性，而不考虑行为后果和主体性因素。而侵权责任的构成要件则是指行为承担侵权责任所应具备的条件。除了要具备侵权行为这一客观条款外，还须有主体要件、损害后果、因果关系、归责原则等要件。其次，侵权行为与侵权责任的法律效果不同。并非所有的侵权行为都要承担侵权的民事责任，侵权行为与侵权责任之间并不存在必然的逻辑联系，侵权责任构成要件其中任何一项不符合，侵权责任都无法成立。比如如果侵权行为与损害后果不存在因果关系，或者说在过错责任的情况下行为人确无过错，侵权行为人也不会承担民事责任。再次，侵权行为与阻却违法事由相对应，侵权责任与免责事由相对应。例如由于存在"正当防卫"这一阻却违法事由，其行为根本不具有违法性，当然不是侵权行为。

第三，二者的主体有时不一致。原则上，侵权行为人就是侵权责任人，这是侵权责任的常态。但是法律有特别规定时，也会出现行为人与责任人不一致的情况，如《民法通则》第133条第1款规定，"无民事行为能力人、限制民事行为能力人造成他人损害的，由监护人承担民事责任。监护人尽了监护责任的，可以适当减轻他的民事责任。"《最高人民法院关于审理人身损害赔偿案件适用法律若干问题的解释》第9条第1款规定，"雇员在从事雇佣活动中致人损害的，雇主应当承担赔偿责任；雇员因故意或者重大过失致人损害的，应当与雇主承担连带赔偿责任。雇主承担连带赔偿责任的，可以向雇员追偿"。由此可知，在监护人责任和雇主责任中，监护人为被监护人的侵权行为承担责任，雇主为雇员从事雇佣活动中侵权行为承担侵权责任。这就是"准侵权行为"。各国法律中的侵权行为实际上都包括了准侵权行为，但是许多学者在给侵权行为所下定义时却都忽视了准侵权行为，其典型的表达为，"侵权行为是指行为人因……而承担民事责任（或损害赔偿责任）的行为。"这实际上把侵权行为人等同于侵权责任人，从而漏掉了准侵权行为，因而所下定义是不科学的。

第三节　侵权行为的内涵分析

概念的界定，包含内涵的界定，也包括外延的界定。逻辑学认为，概念反映客观事物的一般的、本质的特征，是对事物内涵或词语的意义所做的简要而准确的描述，是把一个概念放到另外一个更为广泛的概念里进行界定，要求语言简明、扼要、准确。从结构上讲，一个概念可以分为被定义项（definiendum）和定义项（defines）两部分。定义项就是对被定义项的概念性描述，它一般又可分为属概念（genus）和种差概念（distinctive characteristic）两部分，表现形式为：

被定义项（被定义的概念）	=	定义项 属概念+种差

图 3 - 1　定义项与被定义项

属概念是定义项的主体，种差是对属概念的局部修正。一个概念可以有不同层次的属概念，究竟选择哪些层次的属概念，要看解决实际问题的需要。种差是使被定义概念与属概念区别开来的属性，它可以是事物的性质，也可以是事物产生或形成的情况，也可以是表示事物功能、位置、形成过程，等等。[1]

笔者主张在侵权法立法阶段，首先应该按照侵权法的功能价值和体系定位，结合多种侵权责任方式、多种侵权行为的不

---

〔1〕　张艳、宗成庆、徐波："汉语术语定义的结构分析和提取"，载《中文信息学报》2003 年第 6 期。

同要求，抽象出侵权行为的内涵，使得一般侵权行为与特殊侵权行为共同拥有一个平台，实现侵权行为体系的整合。

笔者认为，侵权行为作为法律概念，其属概念为行为。侵权行为的种差概念由两个方面构成：其一是事实层面上的侵害行为，以权益侵害为表征；其二是价值层面上侵权行为的违法性，以违反法定义务为表征。

一、侵权行为的属概念：行为

如何界定侵权行为，首先要做到逻辑准确。逻辑学上下定义最基本的方法就是属加种差。所谓系属指需要被定义的种概念的上位概念，因此一般来说在一个属概念项下不止一个概念，这些下属概念被称为种概念。种差是属定义的概念在性质上的差异。就侵权行为而言，它的属概念应当是行为，如同犯罪行为、行政违法行为一样，不具有行为这一基本因素，就无法成立侵权行为。种差应是其与犯罪行为、行政违法行为、违约行为的区别，即侵权行为的特性。

从中文构词法的角度而言，"侵权行为"是典型的偏正式结构，"行为"是词组的基础，"侵权"是行为的修饰语。在此，"行为"是作为名词使用的，指某种动作、举动、行动或者行动的过程，而非是行为之后的某种后果。因此，"侵权行为"应当是"什么什么行为"是侵权行为，而非责任、债务或者过错。责任、债务和过错分别具有不同的本质和内涵，将其中任意一个等同于"行为"都是风马牛不相及的，将引起侵权行为本身的混乱。

（一）侵权行为之法律事实定位

法律事实，是指由法律规定的能够引起民事法律关系产生、变更或终止的客观现象[1]。法律事实是法律关系变动的原因，

----

〔1〕　参见郭明瑞主编:《民法》，高等教育出版社2003年版，第29页。

法律关系变动是法律事实发生而引发的结果，二者具有因果关系。侵权行为因违反法定义务而侵害他人权益，而引起法定不利后果的发生，原来的民事法律关系发生变动。因此侵权行为是一种法律事实。为了准确地研究侵权行为的属概念，笔者认为，有必要对侵权行为在法律事实中的位置进行准确界定，并总结出侵权行为在法律事实中的位阶，以揭示侵权行为在法律事实中的层层定位中所反映的内涵。

依我国台湾地区学者的认识，适法行为，是指"法律所许之构成法律事实之行为"。适法行为又分为表示行为与事实行为两种。而违法行为，是指"法律加于行为人以不利益结果之违法或有过失之行为"。违法行为可分为侵权行为、债务不履行和失权行为三种。[1]这就是说，凡严格意义上的违法行为以外者，均属于适法行为。我国台湾地区的民法理论在侵权行为之法律事实地位上采取了如下进路（如图3-2[2]所示），即以"法律事实—人之行为—违法行为—侵权行为"层层定位。侵权行为与失权、债务不履行同属于违法行为，而适法行为则包括法律行为、准法律行为和事实行为。

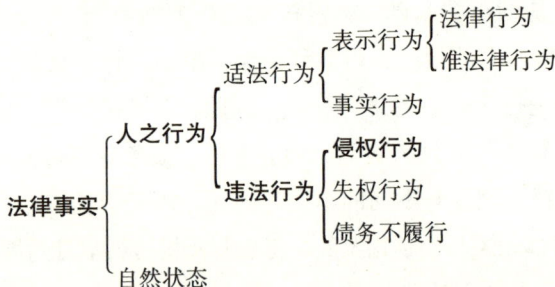

图3-2 台湾"民法"对法律事实的分类

---

〔1〕 史尚宽：《民法总论》，中国政法大学出版社2000年版，第302~304页。
〔2〕 此图摘自史尚宽先生：《民法总论》，中国政法大学出版社2000年版，第304页。

而我们大陆学者对侵权行为的法律事实定位，与我国台湾地区理论略有不同。有学者认为，"侵权行为能够在侵权人和受害人之间产生一定的民事法律后果，因此，侵权行为属于民事法律事实。民事法律事实有行为与事件之分，侵权行为属于行为，而不属于事件，因为侵权行为是基于当事人的意思发生的。民法上的行为又有民事行为和事实行为之分，侵权行为属于事实行为。因为侵权行为所引起的民事法律后果并不是当事人所预期的，并不以当事人的意思表示为要素。"[1]因此，按照大陆学者的理解，侵权行为属于事实行为。本书认为，我国《民法通则》以合法性来界定民事法律行为的做法是错误的，应该采用传统民法中的"法律行为概念"，即法律行为，"乃以欲发生私法上效果之意思表示为要素之一称法律事实也"[2]。如图 3-3 所示，侵权行为在民法中是依照"法律事实—行为—事实行为—违法行为—侵权行为"的顺序层层定位的。侵权行为的内涵在层层定位中不断地扩张，在法律事实层面获得的内涵是能够依法引起民事法律关系产生、变更和消灭的客观现象；在行为层面获得的内涵是其中包含人的意识；在事实行为层面获得的内涵是行为发生不要求行为人具有行为能力；在违法行为层面获得的内涵是行为的发生违反法律的规定；而侵权本身增加的内涵则是侵犯了他人的合法权利。侵权行为的界定，可

---

〔1〕 郭明瑞主编：《民法》，高等教育出版社 2003 年版，第 629 页。王利明教授也曾指出，"侵权行为作为一种能够引起一定民事法律后果的行为，是承担侵权民事责任的根据。法律并不考虑行为人在实施侵权行为时其主观上是否具有一定的意欲变动法律关系的意图以及该意图的内容，只要行为人的行为符合法定的构成要件，就直接规定其发生一定的法律效果。因此，侵权行为不具有意思表示要素，属于一种事实行为，而且不同于合同等法律行为"。参见王利明："侵权行为概念之研究"，载《法学家》2003 年第 3 期。

〔2〕 郑玉波：《民法总则》，中国政法大学出版社 2003 年版，第 295 页。

以表述为依照行为人的意志实施的，违反法律规定，侵犯他人合法权利的，能够依法引起民事法律关系发生，变更和消灭的客观现象。采用下位概念简化侵权行为概念的表述，可以称侵权行为是民事主体违反法定义务侵害他人权益的事实行为。

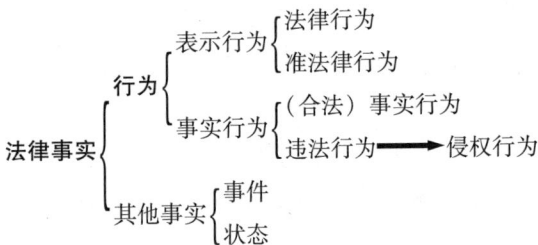

图 3 - 3　本书对法律事实的分类

在我国台湾地区民法理论中，侵权行为与事实行为被归纳入不同的分类。这一分类所体现的思想在于：侵权行为是一违法行为，其法律后果是产生民事责任而非民事义务；而事实行为是一适法行为，其行为后果是产生法定权利义务关系。[1]在图 3 - 3 中，本书认为，侵权行为属于事实行为的一种。如前文所述，民事法律关系由民事法律行为、民事法律义务和民事法律责任构成，民事法律关系分为权利义务型法律关系与权利责任型法律关系，其中权利义务型法律关系为民事法律关系的常态，而权利责任型法律关系为义务人违反民事义务时由权利义务型法律关系转化而来的民事法律关系。事实行为乃法律事实之一，事实行为可以引起权利义务行为法律关系的产生，也可以引起权利义务型法律关系向权利责任型法律关系的转化。因此，事实行为如同法律行为，在效力上有适法与违法之分。侵权行为就是产生违法效力的事实行为。侵权行为在民事法律事

---

〔1〕 董安生：《民事法律行为》，中国人民大学出版社 2002 年版，第 84 页。

实中的定位，事实行为是不可逾越的上位概念。侵权行为内涵中应该具有事实行为的法律意义。

（二）侵权行为是行为

根据图 3－3 可知，法律事实大致可分为行为与行为之外的"其他"法律事实。其中行为"乃人类有意识的身体动静"。[1] 侵权行为是一种行为。依据此概念，我们可以对侵权行为对出以下推论：①行为的实施者是人，只有人才可以成为行为的主体。这里的"人"是指民法所拟制的人，包括自然人和法人。侵权行为作为行为的一种，其行为主体必须是人。因此，有关"物件致损行为""动物致损行为"等说法都是不确切的，物件、动物不能成为侵权行为的主体。物件、动物最多只能作为人的行为效果的传递工具。②行为是人类"有意识"的行为。这是行为与事件、状态的区别。"有意识"这一要件也将行为与人的"举动"区分开来。故此，人无意识的身体动静即使满足侵权行为构件也不能成为侵权行为。例如，某人梦游时损坏他人贵重物品，就是一种无意识的"举动"，而不是侵权行为。③行为是"身体动静"。其中，"动"是指作为，而"静"是指不作为。侵权行为作为一种行为，理应包括作为和不作为。若无行为，就不能产生民事责任。在通常情况下侵权行为人都直接对受害人实施了某种积极的加害行为，但在某些情况下，不作为也是行为的一种。按照荷兰最高法院在 20 世纪初的一个判决中的看法，"侵权行为必须被理解为是对他人之权利以作为或者不作为方式之侵犯或以作为或不作为的方式违反制定法的义务、违反善良风俗、违反与社会日常生活相关的对他人人身和

---

[1]　参见郑玉波：《民法总则》，中国政法大学出版社 2003 年版，第 291 页。

财物的必要的注意。"[1]不作为侵权的情况下，承担民事责任的根据有着一定的特殊性，如19世纪德国法院认为：不作为是指行为人应当负有一种法定的作为义务而行为人未尽到此义务，不作为的法定义务包括法律上确定的作为义务、先前危险行为所产生的义务、约定义务，等等。

（三）侵权行为是事实行为

所谓事实行为，是指当事人实施的不以发生民事法律后果为目的的行为，但该行为的实施以法律规定可以在当事人之间产生民事法律关系变动的效果[2]。侵权行为不具有意思表示的要素，法律并不考虑行为人在实施侵权行为时主观上是否具有变动法律关系的意思，所以侵权行为是事实行为的一种。前文已述，法律上的行为是人有意识的身体动静，依据是否以意思表示为要素将行为区分为法律行为与事实行为，侵权行为就是事实行为的典型代表。侵权行为完全具备事实行为的特征[3]：其一，侵权行为并不以意思表示为要素，它同样是一种客观的、对外界造成实际影响的行为；其二，侵权行为一经构成即依法律规定直接发生法律后果，它与事实行为在法律控制上并无实质区别；其三，侵权行为在本质上也是一种事实构成行为，它与事实行为一样，因符合事实要件而成立，并且侵权行为的这一特点实际上更具有典型性。

将事实行为作为侵权行为的上位概念，特别是事实行为与法律行为的区别，对侵权行为的界定具有以下价值：①法律行为以意思表示为核心要素，是意思自治的工具；而事实行为则

---

〔1〕 ［德］克雷斯蒂安·冯·巴尔：《欧洲比较侵权行为法》（上卷），张新宝译，法律出版社2001年版，第36页。

〔2〕 参见郭明瑞主编：《民法》，高等教育出版社2003年版，第30页。

〔3〕 参见董安生：《民事法律行为》，中国人民大学出版社2002年版，第84页。

完全不以意思表示为其必备要素，当事人实施行为的目的并不在于追求民事法律关系的后果，因此客观法对事实行为的构成要件概括中并不考虑不同行为人的具体意图。[1]侵权行为作为一种事实行为，不以意思表示为要素，在侵权行为的构成要件中不应考量行为人的主观意图，因此，过错（包括故意与过失）不是侵权行为的构成要件，应当与侵权行为的判断标准相剥离。②法律行为作为意思自治的工具，本质上是行为人设立法律关系的法律事实，法律行为对行为人在行为能力上提出较高的要求。基于交易安全的考虑，法律为实施法律行为的人设置了准入机制，即行为能力的限制。而事实行为所发生的民事法律关系的变动由法律事先规定，故此事实行为不要求事实行为人必须达到行为能力的要求。侵权行为作为事实行为，实施侵权行为的主体并不要求必须是完全民事行为能力人，侵权行为人只要具有基本意识，就可成为侵权行为的主体。

二、侵权行为的事实要件：侵害行为

罗马法谚曰"无损害即无责任"，损害事实的有无，是认定侵权行为的逻辑起点。[2]因此，在任何国家的侵权责任法中，"损害"都是最基本的概念，损害是侵权行为所产生的结果。这是传统侵权行为之债立法模式下的考察结果。但是，在排除妨碍、消除危险等成为侵权责任的承担方式的中国侵权责任法中，"无损害即无责任"是否还是颠扑不破的真理呢？用"损害"来界定侵权行为的概念，还是否能涵盖多种侵权责任方式的各种侵权行为呢？

---

〔1〕　参见董安生：《民事法律行为》，中国人民大学出版社2002年版，第84页。

〔2〕　参见张俊浩主编：《民法学原理》（下册），中国政法大学出版社2000年版，第908页。

（一）损害与侵权行为

1. 损害的概念

"损害"（damage）一词，来源于拉丁文 Damnum，在中文中，"损"和"害"具有不同的含义：依据《说文解字》，"损，减也。"也就是说，"损"是指财产减损的行为和结果；而《说文解字》对"害"的解释为"害，伤也。"换言之，"害"具有伤害、侵害的意思。据此，"损害"的合义为包含了财产损失和人身伤害的后果。但是，包含了财产损失和人身伤害的事实都是民法，特别是侵权法中的"损害"吗？合法行为有时也会造成权利人利益的减损，如正当防卫、紧急避险等。因此，我们有必要进一步探讨"损害"在民法，特别是侵权法中的意义。

侵权法上的损害，作为法律上损害的一种，应明显区别于事实上之损害——未被纳入法律调整范围的损害。事实损害当然不属于侵权法上的损害。因为"作为一个为理性所支配的法律，它也不能要求一个行为不谨慎的人对他因其行为所产生的一切损害，即一切该他人若非因行为人的过失即无须容忍的损害承担赔偿责任。无论是从单个侵权行为人的利益出发，还是为了自身生存的愿望，侵权行为都必须将那些过于'遥远'的损害从其体系中排除出去"。[1]如为社会生活的和谐，道德、宗教等社会规范对于社会生活中频繁发生的微额不利益均予以宽恕，法律规定一般也不对其进行调整。当然，并不是所有法律上的损害都可归属于侵权法上的损害。侵权法的宗旨和制度设计决定了并非所有的法律上的损害都可纳入侵权法调整范围。而规定哪些损害属于侵权法上的损害，则是侵权法为调和"被

---

[1] 参见 [德] 克雷斯蒂安·冯·巴尔：《欧洲比较侵权行为法》（下卷），焦美华译，法律出版社 2001 年版，第 1 页。

害人权益保护”和“加害人行为自由”两项基本利益所作的价值判断。因此，侵权法中的损害概念应包含有受侵权法保护的民事权利或法益被侵害的要素。[1]

而且，损害的概念受其所处的社会条件及发展水平制约，其本身也是在发展变化的。这也是难以对损害下定义的原因之一。近代侵权法中的损害概念是近代资本主义迅速实现工业化的产物。资本主义经济是把人作为物来对待。而且在医学上也只把人作为生物来看。因此，大陆法国家总是把那些无法用金钱衡量的侵权行为后果排除在损害之外。而英美法国家则规定“非财产损害以同时造成物理损害为条件”，也只是有限制地承认了非财产损害的派生地位。随着时代的进步和社会文明程度的提高，人们越来越认识到只在财产的范围内探讨损害概念是不够的。现代侵权法中的损害概念不再局限于能进行金钱评价的人身物理损害，而更多地考虑人的多方面的利益的要求。所以在现代侵权法中，对损害的判断在于法律上是否存在对应民事权利和法益。

因此，几乎没有一个早期的欧洲国家的民法典尝试过对损害作出精确的定义。英国法上的“损害”始终就是一个需要在个案中加以具体化的概念。如果能够在一般意义上使用这一概念，它则仅仅指那些不使人遭受它已经成为义务内容的不利后果。[2]但是《奥地利民法典》第 1293 条则将损害进行过定义：“损害是指一个人在其财产、权利和人身方面遭受的一切不利后果。”1992 年新《荷兰民法典》第 6：95 条则规定，损害是指“依据法律救济义务必须予以救济的损害，包括财产损害和其它

---

　　〔1〕　杨立新等编著：《精神损害赔偿》，人民法院出版社 1999 年版，第 57 页。
　　〔2〕　参见［德］克雷斯蒂安·冯·巴尔：《欧洲比较侵权行为法》（下卷），焦美华译，法律出版社 2001 年版，第 3 页。

损害。于后者，法律对救济的权利作出专门规定。"

我国《民法通则》也并未对损害下定义。我国大陆学者从不同的角度对其进行界定。主要有以下几种观点：①损害事实是指一定的行为致使权利主体的人身权利、财产权利或者其它利益受到侵害，并造成财产利益和非财产利益减少或灭失的客观事实。[1]②损害是指受害人因他人的加害行为或者准侵权行为而遭受的人身或财产方面的不利后果（事实上的损害），该不利后果为侵权法所认可，受害人一方就该不利后果可以获得侵权法上的救济。[2]

杨立新教授主持的"侵权责任法草案"第3条分2款分别规定了损害和现实威胁，即"①受害人因行为人的加害行为以及他人的行为，或者行为人对其管领的物未尽必要注意，而遭受的人身或者财产的不利后果，为损害。②损害虽未现实发生，但已使他人人身、财产受到现实威胁的，受害人可以请求造成现实威胁的人承担相应的侵权责任。""社科院侵权法草案"第4条规定"损害是指受害人因他人的加害行为或者物的内在危险之实现而遭受的人身或财产方面的不利后果。"学者认为这一概念的确定，意义在于侵权法建议稿将损害定义为受害人因他人的加害行为或者物的内在危险之实现而遭受的人身或财产方面的不利后果。人身或财产方面的不利后果是损害的本质属性；他人的加害行为（包括加害人的自己行为、雇员等的加害行为、无行为能力、限制行为能力人造成损害的"行为"）和物之内在危险的实现是造成损害的原因，质言之，只有在这些情况下的

---

[1] 杨立新：《侵权法论》，人民法院出版社2005年版，第169页。

[2] 张新宝：《侵权责任的构成要件研究》，法律出版社2007年版，第120页。

人身或财产方面的不利后果，才是可以得到救济的损害。[1]

综上所述，笔者认为，损害作为一种事实结果，是指一个在人身、财产等方面所遭受的不利益。因此，只就损害本身，尚无法判断其原因行为的法律性质究竟是合法，还是违法。例如，紧急避险这种合法行为所引起的他人合法利益的损害，就无法获得侵权法救济。在物权法中，不动产相邻人也有"必要的容忍义务"[2]。因此，在侵权法中，能够获得救济的损害必须是侵权行为引起的。

2. 损害的性质判断

在近代法制史上，人们对于损害的本质的认识一直处于不断探索、不断深化的过程之中，产生了众多的学说，其中以利益说（差额说）、组织说（客观说）以及损害事实说为主。

利益说（差额说）。此观点认为，损害是指财产或法益所遭受的不利状态。这种观点最早由德国学者麦蒙森（Momnsen）在 1855 年提出。他认为，损害就是指被害人对该特定损害事实的利害关系，也就是说，因为某项特定损害事实的发生使其丧失了一定的利益，事实发生后的利益状态与发生前的利益状态的差额，即受害人所遭受的损害。实际上，在麦蒙森提出利益说之前，法国民法已经采纳了这一观点。《法国民法典》第 1149条规定，"对债权人的损害赔偿，除下述例外和限制外，一般应包括债权人所受现实损失与所失可得的利益。"麦蒙森的利益说提出后，其学说一直为德国学说和判例所采纳，并对大陆法损害赔偿理论产生了重大影响。该学说的主要特点在于：其一，

---

〔1〕 张新宝："《中国民法典·侵权行为法编草案建议稿》理由概说"，http://old. civillaw. com. cn/article/default. asp? id =11015，2019 年 1 月 6 日访问。

〔2〕 ［德］曼弗雷德·沃尔夫：《物权法》，吴越、李大雪译，法律出版社 2004年版，第 142 页。

将损害等同于受害人对此损害的利益关系，即损害等于不利益；其二，在衡量利益时，以被害人在损害事故发生前后的财产状况为准确定其差额，即被害人在损害事故发生后所有的财产额及假设损害事故不发生的条件下被害人应有的财产额。利益说虽迎合了损害全部赔偿制度之旨趣而为德国百年来几近权威之学说，但时至今日，依利益说而衡量损害是否存在，其结果或与公平正义之观念相违背。

组织说（客观说）。为克服利益说的弊端，组织说应运而生。该学说中又有奥特曼说、诺伊纳说和维尔伯格说、艾塞尔说、拉伦茨说等诸多观点。此种观点认为，损害包括受害人财产上的积极损失和可得利益的损失，它是行为人的行为给受害人造成的一种不利益状态，要根据受害人受到法律所保护的利益遭受侵害以后客观遭受的损失予以确定。组织说由德国学者奥特曼（Oertmann）于 1901 年所发表的《请求损害赔偿时之损益相抵》一书中提出。他认为，损害乃法律主体因其财产的构成成分被剥夺或毁损或其身体受伤害，所受的不利益，也就是说，损害的发生常伴同物之被剥夺、毁损或身体之被伤害等现象。德国学者维尔博格（Wilburg）认为，损害是法律直接保护的物体所遭受的侵害，若法律的目的在于保护其物体不受侵害，则违反该法律而侵害被保护之物体所造成的不利益，才是首要须予填补的损害。对于此种损害，必须以客观的标准来确定，即使根据利益衡量确定其差额，而其差额大于客观的损害，赔偿权利人也可以请求赔偿超过部分的损害。组织说在一定程度上更进一步强调了对损害的完全赔偿原则。

损害事实说。此说由日本东京大学平井宜雄教授提出。他主张，损害赔偿构成要件之一的"损害发生"所说的"损害"，是指受害人所主张的其本人所蒙受的不利益的事实。其理由在于受害人所主张的不利益事实是法院裁判的基础，而金钱赔偿只是裁判后的归结而已。即责任构成要件中的"损害"和损害范围是民事诉讼过程中不同层次，不同性质的问题，前者属于事实认定，后者属于法律判断。[1]

上述三种学说从不同的角度揭示了损害本质，都有可以吸收的合理成分，而影响最大的是利益说。利益说维护的只是被害人的所有权价值和财产利益，而对于不具有财产价值的法益的损害，则没有考虑在内。[2]我国司法实务界对损害概念的理解亦受到利益说的影响，但依利益说衡量损害存在与否，在有些情况下会认为损害不存在因而驳回损害赔偿之请求，而依一般公平观念，则甚为不当。而组织说亦有欠完整、损害观念的分裂、自由选择权的不当等弊端。而损害事实说在一定程度上说明了损害和可救济的损害的关系，揭示了损害在质的方面的本质，即"不利益"。但是损害本质问题以及损害的可救济性均为民事实体法的问题，无须借助实体说与程序法的关系理论。

本书认为，沿着"利益说"的思路并突破财产损害的局限，对人身损害与财产损害进行周全考虑，得出的结论是"不利说"的结论，即损害是受害人一方的财产或人身权益状况前后所发生的客观真实的不利性改变。

损害的本质是利益的减少或者丧失，但是在现实生活中因为不同人的立场与角度的不同，对同一侵权行为是否带来损害以及损害范围的大小的认识是不同的。权利侵害或利益侵害的事实，并不必然导致损害结果的发生。此外，权利受到侵害，

---

〔1〕 李薇：《日本机动车事故损害赔偿法律制度研究》，法律出版社1997年版，第132~134页。

〔2〕 ［德］迪特尔·梅迪库斯：《德国债法总论》，杜景林、卢谌译，法律出版社2004年版，第432页。

未必有侵权行为的发生，如合同不履行导致合同权利人期待利益的损害，但是合同不履行行为并不是侵权行为。因此"权利侵害"不能涵摄"损害"。

3. 损害不是侵权行为要件

损害发生，是否构成侵权行为的构成要件，大陆法系学者多持肯定意见。例如，王泽鉴先生在谈到损害时，曾开门见山地指出："侵权行为的成立须以发生现实损害为必要。"但紧接着指出："侵权行为损害赔偿请求权，以受有实际损害为成立要件，若绝无损害亦无赔偿之可言。"[1]此处，王泽鉴很明显地把"侵权行为的成立"和"侵权行为损害赔偿请求权"之间划了等号，所以接着，王先生才说："若绝无损害亦无赔偿之可言"。英美法原则上侵权救济多以损害的发生为必要，但其中如书面名誉毁损（libel）、对于土地的有形损害（trespass to land），为典型的侵权行为，虽无损害事实的证明，仍诉请法院判令被告支付名义损害赔偿金（norminal damages），又称为一般损害赔偿金（general damages）。严格说来，损害事实的发生，是损害赔偿侵权责任的构成要件，而非侵权行为的要件。例如，我国台湾地区"民法"第18条第1项规定，人格权受害时，得请求法院除去其损害。苟有损害，纵未发生损害，亦得为此请求。

侵权法在未来民法典中独立成编已成为我国民法学界的通说，《民法通则》第134条第1款所列举的8种侵权责任方式已被目前人大法工委的官方草案和几份有影响力的学者专家建议稿所采用。从这个意义说，笔者认为损害赔偿只是侵权责任方式的一种，而不是惟一方式，所以侵权行为的概念应与八种侵

---

[1] 王泽鉴：《侵权行为法 基本理论 一般侵权行为》（第一册），中国政法大学出版社2001年版，第182页。

权责任方式相匹配。损害事实只是追究加害人损害赔偿责任时所要重点考虑的责任要件。在消除危险、排除妨碍、消除影响、赔礼道歉等侵权责任形式下并不一定必须有实际损害事实的发生。正如有的学者认为的那样："侵权法具有消极被动的特点，它大都是在侵害发生之后才给予受害人救济。这种消极被动性也不尽然，尤其是在一些明知或者有证据证明他人即将实施侵权行为的情形下，如果还任由这种侵害的发生，然后再由受害人提起侵权之诉，要求侵权人赔偿，尽管对受害人的损失可以进行一定补偿，但是这种补偿未必能达到受侵害之前的原状，也就是说这种损害是一种难以弥补的损害。而且对于明显可以通过事先采取必要措施就可以制止的损害仍然放任其发生，再予以救济也造成社会资源的浪费。"[1]王泽鉴先生也曾指出，"损害的预防胜于损害的补偿"。[2]故此，侵权法对一些即发侵权行为有必要提供诸如英美法系禁令之类的积极手段予以避免。

对于一些人格权受到侵害的侵权行为，受害人向法院寻求非财产性救济，也不必然要求实际损害事实的发生。例如，甲在大庭广众之下无故打了乙一个耳光，但没有造成乙实际损害的发生，乙是否可以诉诸法院，要求甲赔礼道歉呢？如果按照现行侵权责任构成要件通说，即侵权行为的不法性、损害事实的发生、因果关系及侵权人存有过错四要件来判断此案，则会因为无实际损害事实的发生而对乙的起诉不予受理。但是我们能否说"甲打乙一个耳光"的行为不是侵权行为吗？如果法院以不存在实际损害事实为由拒绝受理，又怎么能有效地保障公

---

〔1〕 王利明主编：《中华人民共和国民法典学者建议稿及立法理由》（侵权行为编），法律出版社 2005 年版，第 28 页。

〔2〕 王泽鉴：《侵权行为法 基本理论 一般侵权行为》（第一册），中国政法大学出版社 2001 年版，第 10 页。

民的人格尊严呢？

综上，笔者认为，损害不是侵权行为的构成要件。损害只是损害赔偿这一种侵权责任方式的构成要件。在停止侵害、排除妨碍、消除危险等侵权责任方式之下，并不要求损害的发生。更重要的是，损害是权利或利益受损的不利状态，是一种客观事实[1]，因此损害不仅可以由侵权行为引起，也可以由违约行为引起，甚至可以由合法行为引起。如民法上紧急避险造成他人合法权益的不利益，就是一种损害。故此，损害不是侵权行为的判断标准，并非造成损害的一切行为都属于侵权行为。损害，充其量，只是追究侵权人损害赔偿责任的考量因素。

（二）权益侵害为侵权行为的共同要件

如何理解"侵权"中的"侵"字，是"侵害"还是"侵犯"？侵犯，从字义上看就是侵凌触犯的意思。[2]在法律上，侵犯他人权利就是对他人权利进行非法干预。而"侵害"如同字面上所直观感受的一样，它比侵犯的含义要更进一步。从语义上讲，侵害就是侵犯损害的意思。[3]

侵权行为的对象主要为绝对权。由前文可知，绝对权是一种对世权，权利主体特定，而义务主体不特定。不特定的义务主体负有不得侵害权利或者妨碍权利行使的消极义务。在特定条件下，相对权或者没有披上权利外衣的利益也可能成为侵权行为侵害对象。笔者认为，这个"特定条件"是指相对权或者

---

〔1〕 宁金成、田土城："民法上之损害研究"，载《中国法学》2002 年第 2 期。

〔2〕 参见罗竹凤主编：《汉语大词典》，汉语大词典出版社 1990 年版，第 1425 页。

〔3〕 参见罗竹凤主编：《汉语大词典》，汉语大词典出版社 1990 年版，第 1428 页。

其他利益为侵权人所知晓，即第三人明知某相对权或某利益为他人所享有而侵害之。因此，笔者认为，为侵权法所保护的权利或利益具有一个共性，即为侵权人为侵权行为时所知晓，而基于权利之不可侵权性而获得侵权法的保护。权利的不可侵权性为权利或利益安置一个"防护罩"，将不法侵害人挡在外边。如果不法侵害人违反权利的不可侵性，则应承担不利法律后果。例如，第三人故意侵害债权应负侵权责任[1]。

综上所述，侵权行为在事实层面上表现为对他人权益的侵害行为，至于这种侵害究竟是产生损害结果还是损害的现实威胁，则属于侵权责任认定和侵权责任方式选择层面的问题。单就损害本身而言，其表现为一种对权益人不利的状态，是行为或其他法律事实引起的结果。结果的性质不能决定原因的性质，故损害性质不能决定引起损害的行为的性质，损害可能由违法行为引起，合法行为也可能引起他人权益的损害。因此，损害应与侵权行为构成要件分离，损害只是追究损害赔偿侵权责任所应考虑的因素。

三、侵权行为的价值要件：违法性

违法性概念源于古罗马法，经过德国普通法时代的发扬光大，在现行《德国民法典》第 823 条、第 826 条被确定为侵权行为构成要件的核心部分。从前文对侵权行为词源的分析，可以得出，国外侵权行为各词源均彰显了侵权行为的违法性，有些国家将之命名为"不法行为"，足见侵权行为与违法性的密切关系。有学者指出，违法性直接体现了侵权行为概念的意蕴，指出

---

〔1〕 如社科院法学所"民法草案"第 1577 条规定，"第三人以引诱、胁迫、欺诈等方式使合同一方当事人违反合同的，合同对方当事人有权请求该第三人赔偿损失"。

了侵权行为的本质。[1]但是大陆法系民法典的另一典范,《法国民法典》对侵权行为与违法性却下另一结论,即侵权行为违法性为过错概念所吸收,违法性为过错的题中之义,尤其随着过错判断标准的客观化,违法性与过错的关系表现得十分微妙。

在我国侵权法起草之中,一种倾向性意见认为,我国侵权法不再需要将违法性要件作为一般要素考虑。[2]否定违法性要件之观点在我国绝非新近之事,早有学者将违法委身于过错的概念中,使违法性概念本身失去意义;我国民法权威教材中,否定论亦占主导地位。综合而言,否定论的理由有四:其一,违法性的判断标准具有模糊性,不易于把握;其二,随着社会关系的发展,加害行为的不法性或损害不法性要件受到挑战:一些合法行为或不为法律所禁止的行为(如得到政府许可的排污行为、在"可忍受的限度"内的对相邻土地的妨碍)给他人造成的损害,加害人不应当承担责任;其三,我国理论上采纳违法性主要是因为长期采取主观过错的概念,与过错客观化的世界潮流不合拍,过错的概念已经包括了违法性的概念;其四,从比较法上看,一般条款立法例的日本民法第709条、法国民法第1382条等均没有规定违法性要件,因而我国将来若采纳一般条款模式,则违法性要件应予废除。[3]否定论看上去不容置疑,然而其理由是否充分,

---

〔1〕 朱呈义:《论侵权行为的违法性》,中国人民大学2006年博士论文。

〔2〕 王利明教授认为,违法性不应当作为侵权责任的构成要件,因为民法不可能像刑法那样实行罪刑法定,对每一种侵权行为都作出明确的规定,可参见王利明:"侵权行为概念之研究",载《法学家》2003年第3期。张新宝教授也曾表达过此类观点,参见张新宝:"侵权行为的一般条款",载《法学研究》2001年第4期。

〔3〕 转引自廖焕国:"论我国侵权责任构成中违法性要件之取舍",载《求索》2006年第5期。

我国侵权法是否应采纳违法性要件，违法性应否成为侵权行为的本质要素，似有斟酌余地。

（一）违法性概述

民法之"法"不同于刑法之"法"。刑法采用罪刑法定原则，大多是禁止性规范；民法采用"私法自治"，大多是授权性规范，习惯法和道德规范有时也会成为民法的渊源。如果行为违反了民法的禁止性规范，其违法性不言而喻。但是，对于大量的过失侵权行为以及侵犯法益的行为而言，如何判定其违法性则是一个问题。为了澄清这一问题，首先需要界定违法性的含义。

在民法的发展历史上，围绕违法性的本质曾有主观违法与客观违法、形式违法与实质违法、行为违法与结果违法三次争执。

1. 主观违法与客观违法

"违法行为以其基于故意或过失者为主观的违法，不问过失有无，惟就行为外形以为判断者，为客观的违法。"[1]主观违法与客观违法的争执起源于法律上的含混规定。首先，罗马法的《阿奎利亚法》以 injuria（不法）概念为基础，创设了关于物的侵害的一般原则。[2]一般认为，injuria 一词由 in（否定前缀）和 jus（法）合成[3]，但在实务上，injuria 又包含了过错侵害的含义。因为"因偶然事故杀害者，不适用阿奎利亚法，但以加害人无任何过错者为限"。[4]可见，在阿奎利亚法上，过错含义包含在违法概念之中。其次，《法国民法典》第 1382 条关于侵

---

〔1〕 史尚宽：《债法总论》，中国政法大学出版社 2000 年版，第 106 页。

〔2〕 王卫国：《过错责任原则：第三次勃兴》，中国法制出版社 2000 年版，第 33 页。

〔3〕 周枏：《罗马法原论》（下），商务印书馆 2004 年版，第 863 页。

〔4〕 ［罗马］查士丁尼：《法学总论——法学阶梯》，张企泰译，商务印书馆 1989 年版，第 197～198 页。

权责任一般条款的规定指出，凡因过错致人损害的，应当承担赔偿责任。从其判例来看，以下三种情况均可成立过错（faute）：欠缺善良管理人的注意，违反法律（statute）、法规（regulations）、习惯法（customary rules）以及权利滥用。[1]可见，在法国法上，faute 一词包含违法与过错两方面，有时指过错，有时指违法。faute 一词的内涵是不确定的、可变的。

1867 年，德国法学家耶林发表了《罗马私法中的责任要素》一文，认为违法在有些情况下可以与过错没有关系，即仅在客观上违法但不存在过错从而不负侵权责任（比如善意占有）。因而，耶林将 injuria 概念一分为二，提出了主观违法与客观违法观念。违法专指客观的违法，即违反法律规范且无法律认可的事由。[2]德国立法者采纳了这一理论，将违法与过错作为侵权责任的两个独立要件。

笔者赞同客观违法说，因为违法性与过错是本质不同而且各自独立的范畴。

2. 形式违法与实质违法

形式的违法性是指行为与明文法规相抵触。[3]将违法性解释为违反实定法规，易于理解，亦无错误。但是形式的违法性没有说明违法的实质，人们不能不进一步追问："法规范为何允许这样行为而禁止那样行为？"于是便出现了实质的违法论。它是用"违反实定法规"以外的实质的根据来说明违法性的。按照其依据不同，又有实质规范违反说和"法益侵害说"两种。

---

〔1〕 转引自黄海峰："违法性、过错与侵权责任的成立"，载梁慧星主编：《民商法论丛》（第 17 卷），金桥文化出版（香港）有限公司 2000 年版，第 6 页。

〔2〕 参见黄海峰："违法性、过错与侵权责任的成立"，载梁慧星主编：《民商法论丛》（第 17 卷），金桥文化出版（香港）有限公司 2000 年版，第 17 页。

〔3〕 史尚宽：《债法总论》，中国政法大学出版社 2000 年版，第 106 页。

实质规范违反说认为，违法性的实质是不仅违反法律的明文规定，而且违反整体法秩序的精神目的。法益侵害说则认为违法是对法益的侵害，不仅包括违反法规侵害权利的行为，还包括违反公序良俗侵害利益的行为。[1]实质规范违反说和法益侵害说都试图在实定法以外寻找违法的本质，两者并无实质差别。但是，实质规范违反说更能反映法的全貌。

　　为了防止将实质违法说与结果违法说相混淆，笔者赞同实质违法说的实质规范违反说。为了更清楚地说明这一问题，让我们看一则法国法上的判例：Joost 根据可随时终止的契约于1889 年被雇佣在 Brunet-Lecompte 的印刷厂工作。那时，他是 Jallieu 印刷工会的成员。但由于某种原因，他在 1889 年拒绝缴付会员费，从而终止了其工会会员资格。在此之后的一个特别会议上，工会投票开除其工会会员资格并号召举行反对Brunet-Lecompte先生或那些将来准备雇佣 Joost 的雇主的罢工，直到 Joost 被解雇。迫于此种威胁，Brunet-Iecompte 被迫终止了与 Joost 间的雇佣关系。当 Joost 最终发现工会影响亦阻止了其他雇主雇佣他时，他向法院提起诉讼，要求工会赔偿10 000法郎的损害。第一审法院和上诉法院均驳回了其诉讼。这些法院的理由是：根据《法国民法典》第 1382 条提起故意干预契约的诉讼，必须以被告实施了侵犯原告合法的权利或契约性权利的非法行为或被禁止的行为作为条件。工会罢工之威胁，因为并不伴有暴力或欺诈行为，所以仅仅是法律授予的权利之行使而已，并不是非法的行为或被禁止的行为。因此，原告不能对被告提起诉讼，要求被告对其承担侵权损害赔偿责任。然而，法国最高法院撤销了下

---

〔1〕　黄海峰："违法性、过错与侵权责任的成立"，载梁慧星主编：《民商法论丛》（第 17 卷），金桥文化出版（香港）有限公司 2000 年版，第8～9 页。

级法院的裁判，做出被告工会对原告承担损害赔偿责任的裁判。
法院认为，如果工会罢工威胁之目的是为了促进或捍卫工人和工
会的利益，则它的行为是合法的，但是，如果其目的在于迫使那
些行使自己退出工会的权利或拒绝加入工会组织的人被雇主解雇，
则其行为是非法的。[1]通过此案例我们可以看出，表面上合法的
行为如果不具有正当的目的则为非法。

3. 行为违法与结果违法

传统的违法性理论采用结果不法说，即凡侵害他人权利者，
如驾车撞伤路人、绑架杀人、烧毁他人房屋等即属违法。依照
这种学说，加害行为之所以被法律非难而具违法性是因为导致
他人权利被侵害的结果。但是，其违法性可因为某种事由而阻
却。其后，德国学者对"结果不法说"提出了批评，主张改采
"行为不法说"。该说认为，一个行为不能仅因其肇致他人权利
受侵害即构成违法。在故意侵害他人权利的情形，结果不法说
有适用余地，因为故意侵害他人为法律所当然禁止，其违法性
可予认定，在过失侵害他人权利的情形，违法性的成立须以侵
权人未尽避免侵害他人权利的注意义务为必要。[2]结果不法说
与行为不法说的区别在于：结果不法说以加害行为产生的权利
被侵害这一"结果"为判断违法性的根据；而行为违法说则主
张以加害人的过错和受害人权利被侵害的双重标准作为判断违
法性的根据。

笔者赞同行为违法说，因为该说从侵权行为人角度出发，
有利于侵权行为的规制与预防。但是行为违法说在某些情形下

---

〔1〕 参见张民安：《现代法国侵权责任制度研究》，法律出版社2003年版，
第76页。

〔2〕 王泽鉴：《侵权行为　基本理论　一般侵权行为》（第一册），中国政法大
学出版社2001年版，第229～230页。

也有其弊端。故笔者赞同行为违法二元论，即侵权行为违法性判断以行为不法说为主，结果违法说为补充。（具体参见后文）

（二）违法性与过错的区分

1. 过错的概述

有关过错性质的争议也是一个古老的话题，当下学界主要有以下几种比较流行的过错理论：主观过错说、客观过错说、主客观结合过错说、过错不存在说。①主观过错说。即认为民事过错与刑事罪过一样，是行为人具有的一种应受非难的心理状态。过错不包括行为人的外部行为，因此，它与行为的违法性是两个不同的归责要件。诚如学者所认为，过错是指加害人的一种可归责的心理状态，表现为故意和过失。[1]主观过错说主要见于以《德国民法典》为代表的绝大多数大陆法系国家民法典。[2]②客观过错说。即认为过错是指行为人的行为在客观上不符合某种行为准则，而非指行为人的主观心理状态。质言之，把过错看成违反社会准则的行为意志。[3]譬如孔祥俊先生认为，过错概念及判断标准早已客观化，过错就是对一般注意义务的违反，理论上谓之"客观过错"。[4]③主客观结合过错说。这种观点认为过错是一个主观和客观要素相结合的概念。它是指支配行为人从事在法律和道德上应受非难的行为的故意和过失状态，换言之，是指行为人通过违背法律和道德的行为

〔1〕 张新宝：《侵权责任法原理》，中国人民大学出版社 2005 年版，第 68 页。

〔2〕 例如《德国民法典》第 823 条第 1 款；《瑞士债务法》第 41 条；《荷兰民法典》第 140 条；《意大利民法典》第 204 条；《日本民法典》第 709 条；我国台湾地区"民法典"第 184 条；等等。

〔3〕 王卫国：《过错责任原则：第三次勃兴》，中国法制出版社 2000 年版，第 251 页。

〔4〕 孔祥俊、杨丽："侵权责任要件研究（下）"，载《政法论坛》1993 年第 2 期。

表现出来的主观状态。[1] ④过错不存在说。[2] 此观点认为，过错既非主观心理状态，也非主客观因素结合的状态。传统过错理论中"过错是什么"是一个虚假问题。传统过错理论的错误不在于错误地回答了这个问题，而在于错误地指出了这个问题，在思考方法上犯了范畴错误。过错这个词是存在的，过错行为也是存在的，但"个体的类不是个体"。过错行为这个个体的存在不等于过错这个类的存在。最后，该学者认为，过错是一个事实问题而不是一个法律问题，过错不是"是什么"的问题，而是"怎么样"的问题。过错是一个"动态"的概念，它关注行为的过程。

本书赞同"主观过错说"的称谓，此处仅是一种借用，不是说过错本身是主观的，而是说过错的评价对象是行为人的主观心理态度。在过失的情况下，行为人本人往往也没有意识到自己的心理状态是应受谴责的，因此，过错更多的是一种评价性概念。

我们应当把侵权行为与过错区分开来。作为侵权责任构成要件的侵权行为是行为人实施的一种具体的、客观的行为，而不是一种主观心理状态。虽然过错与自己的加害行为紧密相联系，自己的加害行为往往是基于一定的过错，但是过错要件所关注的是加害人的内心故意或过失以及过错作为承担民事责任的基础的问题；加害行为并不讨论加害人的主观状态，而是重

---

〔1〕 王利明教授认为，过错的特征表现为：①过错是一种主观状态；②过错是受行为人主观意志支配的外在行为；③过错是法律和道德对行为的否定评价；④过错的基本形式是故意和过失。具体参见王利明：《侵权行为法归责原则研究》，中国政法大学出版社 2003 年版，第 219~222 页。

〔2〕 喻敏："对侵权行为法中过错问题的再思考"，载《现代法学》1998 年第 4 期。

点研究加害人实施的行为的客观方面[1]。再者，近现代民法采过错责任原则，以故意或过失为侵权行为的归责事由，但故意或过失并非侵权行为概念的必要。[2]原因在于现代民法确定了无过错责任原则，侵权法上相当多侵权行为的成立并不以故意或过失为要件。因此侵权行为的本质不在于过错，过错无法涵盖所有的侵权行为。

过错是侵权责任的构成要件，确切地讲，只是损害赔偿这一侵权责任方式的归责要件。我们传统民法理论侵权责任的归责原则（即过错责任原则、无过错责任原则及公平责任原则）是仅就损害赔偿侵权责任方式而言的。"侵权责任归责原则在古代社会表现为结果责任，在罗马帝国后期表现为过错责任，法国民法、德国民法继承了过错责任，20世纪出现了无过错责任。无论是过错责任还是无过错责任，都是以损害赔偿责任为对象的，在大陆法系国家，由于侵权行为的法律结果是损害赔偿之债，因此，把损害赔偿的归责原则称为侵权法的归责原则不存在任何不妥。而我国，侵权行为的民事责任已经多样化，就有必要表明讨论的仅仅是侵权损害赔偿的归责原则，而不是整个侵权法的归责原则。"[3]

因此，过错作为损害赔偿的归责原则之一，不能统辖停止侵害、排除妨碍、消除危险等侵权责任方式，更不能统辖所有的侵权行为。侵权行为作为一种事实行为，不以行为人主观意

---

〔1〕　加害人实施的行为的客观方面包括：这种行为与法律规定的关系、这种行为与加害人的法定义务的关系以及这种行为与受害人的受到保护的民事权益的关系。参见张新宝：《侵权责任构成要件研究》，法律出版社2007年版，第39页。

〔2〕　黄海峰："违法性、过错与侵权责任的成立"，载梁慧星主编：《民商法论丛》（第17卷），金桥文化出版（香港）有限公司2000年版，第51页。

〔3〕　任清、李恺："论侵权责任方式的二元体系"，载江平主编：《侵权行为法研究》，中国民主法制出版社2004年版，第127页。

图为必备，故过错应与侵权行为概念相分离，过错不是判断侵权行为的标准。

2. 过错与违法性的关联

民法的特殊品格使得民事违法性与过错的判定唇齿相依。所以，在漫长的人类发展史上，违法性与过错一直处于混沌不分的状态。

首先，过错判定与违法性判定的关联。过错是对加害人主观心理态度的判定，而主观态度存在于人的内心，难以判定。对过错的评价需要从加害人表现于外部的行为并借助社会的、伦理的、法律的观念加以评价，这正与违法性判断的对象重合。

其次，违法推定过失。学说上一般认为，客观过失是对社会生活上必要注意义务的违反。此种注意义务首先来源于法律的规定，因此，一般认为，违反法律强行规定的同时就推定行为人有过失。但是，违法推定过失，使违法与过失的判断趋于混同模糊，在法学方法论上可能产生以下两个错误现象：其一，侵害他人权利致生损害，行为人根本无从避免过失的成立；过失的概念流于空泛无用。其二，行为人原无意思上的道德非难，但因为违法推定过失理论的运用，使原本并无伦理违反的行为人除赔偿损害外还须负担过重的道义责任。因此，违法推定过失不能滥用，而应进行必要的限制：其一，违法应理解为形式违法，即违反明文法律、法规、规章。其二，"违法"之法应是直接保护他人权利或利益的法律。[1]

3. 违法性与过错的区别

违法性与过错虽然在许多方面有关联，并且确实如某些学

---

[1] 黄海峰："违法性、过错与侵权责任的成立"，载梁慧星主编：《民商法论丛》（第17卷），金桥文化出版（香港）有限公司2000年版，第50页。

者所言，难以区分。但是，违法性与过错难以区分并非否认违法性是侵权民事责任独立要件的妥适理由。再者，难以区分也并非不可区分，具体又分为两种情形：其一，当加害人的行为违反法律明文规定时，判定其行为违法性的同时可推定其过失的存在。这样可以简化法律适用，但在此种情况下，并非过错就不存在了。其二，当行为人的行为违反实质民法规范时，违法性与过错的认定虽然均须借助社会的、伦理的、法律的因素予以评判，但其侧重点并不相同。判断违法性时着重考虑的是立法的目的、整体社会利益的考量以及一定时期内的立法政策。而判断过错时着重考虑的则是一般人的注意义务。比如，旅客在宾馆住宿时因宾馆疏于安全防范义务而受害，宾馆有无疏于安全防范的义务是对其过错进行判断的依据，而宾馆是否应当尽此种安全防范义务则是对其行为的违法性进行判断的依据。

4. 违法性与过错的分离

通过以上违法性与过错之间的关系的分析，笔者认为，违法性是与过错相分离而存在的概念。这是因为：其一，违法性与过错虽然有关联但并非同一。如果将两者混同——认定了违法也就有过错，或者认定了过错也就具有了违法性——势必造成侵权行为的错误判定，即要么扩大了侵权行为的范围，要么遗漏了本应认定的侵权行为。例如，依我国目前的法律规定，第三人破坏他人婚姻关系，主观上显然有过错，但其行为却不违反民法的规定，因此，受到侵害的配偶不能向第三者主张侵权。如果认为过错包含违法时，那么第三者的行为就是侵权行为而且应承担侵权赔偿责任。其二，法律与道德的界限不容抹煞。无论社会怎样发展，法律与道德之间的界限不可抹煞（法律调整的仅是较低道德要求的行为）。如果不将违法性作为一个独立要件，就会使法律与道德的界限模糊或混同。

有学者认为，侵权行为是一种民事违法行为，以"不法"作为构成侵权行为的下位要素，不惟同义反复，而且逻辑极为混乱。[1]其推论的依据是整体必须大于部分。但是，"违法性"和"违法行为"并不是一个概念。违法行为包括"违法性"和"行为"两层含义，违法行为即"违法性的行为"违法性是所有违法行为的共性，也当然是其构成要件，在这里，作为整体的概念是"违法行为"而不是"违法性"。

（三）违法性为侵权行为的本质要件

我国通常所提的构成要件到底是侵权"行为"构成要件还是侵权"责任"构成要件？如果我们认为侵权行为是为侵权责任的承担提供判断依据的话，那么就没有必要在侵权行为的概念中考虑过错因素。在侵权行为中，应该突出的，是违法性的要素。

违法性是行为人的外部行为在法律上的客观判断，即行为表现与外部的事实与法律的规定相抵触。史尚宽先生认为"违法性"是指："行为外部与法规抵触（客观要素）而言，其内心状况如何，在所不问，以故意过失（主观要素）有无，为负责与否之问题，与违法性无关。"而有的学者认为违法性，是指"行为违反了法律规范所确定的行为义务，即违反了不可侵犯的法定义务、违反保护法律规定、有悖于善良风俗，均构成违法"。[2]王泽鉴先生认为，现行民法采过失责任原则，但故意或过失非属侵权行为概念所必要，侵权行为的成立不以故意或过失为要件的亦属有之，侵权行为的本质在于侵害他人权

---

〔1〕 孔祥俊、杨丽："论侵权责任构成要件研究（下）"，载《政法论坛》1993 年第 2 期。

〔2〕 马桦、朱呈义："侵权责任中违法性的判断"，载《当代法学》2007 年第 3 期。

益的不法性。[1]有学者认为,"坚持违法性要件的优点,最重要的,就是它给法官一个最为客观的标准,直接用法律的规定衡量加害人的行为是不是具有法律上的可谴责性、可非难性。"[2]

笔者认为,侵权法应采纳行为违法二元论,即行为违法与结果违法是违法性判断的两大基本范畴,但行为违法性具有优先地位,法益保护包含在对社会伦理秩序的保护之中。理由如下:其一,体现在社会发展之上。随着社会发展,社会关系日益复杂,行为的广度和深度也随之拓展。人们在享受比以往更多的行为自由时,危险也随之而来,行为人稍有不慎,可能对他人和社会造成巨大的危害。对于具有社会相当性的行为如何规制,结果违法说显然已经力不从心。因此有必要在结果不法的前提下,通过行为不法加以补充。当结果不在行为范畴中,如间接侵害、不作为以及其它因素介入的情形下,行为不法通过对法律规范的违反可以引起违法性。其二,采纳行为违法二元论有助于从新的纬度规范侵权行为。传统侵权法以损害填补作为其目标,必然重视结果违法,关注权益侵害的事实,法国民法在早期甚至认为一切损害均得赔偿。[3]其显然是以受害人的利益为着眼点的。侵权法以损害填补作为基本宗旨虽然是必须的,但也并非所有的损害均需要赔偿,如何在加害人和受害人权益的紧张关系中寻求一种平衡状态,德国法上利益区分原则值得效仿。德国法除将绝对权益损害作为禁止对象外,另通

〔1〕 王泽鉴:《侵权行为法 基本理论 一般侵权行为》(第一册),中国政法大学出版社2001年版,第59页。

〔2〕 这是杨立新教授的观点,具体参见杨立新、张新宝、姚辉:《侵权法三人谈》,法律出版社2007年版,第100页。

〔3〕 张民安:《现代法国侵权责任制度研究》,法律出版社2003年版,第257页。

过"保护他人之法律"和"故意违背善良风俗"保护其他情形，为结果不法向行为不法埋下伏笔。行为不法从行为人角度出发，将焦点集中于规范的违反，其判断是否具有违法性是在行为之时。可见，行为违法与结果违法二者关于违法性的判断标准和时间是不同的。行为违法是以行为人的角度进行的事前判断，其中侵权法的规范功能为决定规范；而结果违法则是一种事后判断，乃以一般人或法官的角度进行的事后判断、客观评价，侵权法的规范功能是评价功能。行为违法有利于教育当事人遵守行为规则，并事前做好预防，防止损害结果的发生。行为违法标志着侵权法将从裁判法学向预防法学转变，因为任何时候，预防都比补偿更有效。从社会财富的增长上看，预防导致社会财富总量正增长，而补偿是损害在受害人和加害人之间移转，不会导致社会财富总量的增长。最后，采用行为违法二元论，有助于我国多种侵权责任方式充分发挥效能。由于我国侵权法对绝对权救济采统一的侵权责任模式，不规定绝对权请求权。停止侵害、排除妨碍、消除危险等非损害赔偿侵权责任方式具有损害预防功能，在绝对权遭到侵害或妨碍绝对权行使时即可行使，不苛求损害结果的发生。因此，采纳行为违法说，以行为在人行为前违反绝对权本身的排他性所产生的不作为注意义务为违法性的判断标准，而不必囿于结果违法说。在追究损害赔偿责任时，结果违法说有利于侵权法补偿功能的发挥。故此，行为违法二元论在我国具有国外所不具备的得天独厚的土壤。

"违法性的本质在于，行为违反了法律规范规定的作为或者不作为义务。"[1]无论从哪一个法律部门或者从其他角度对不法

---

〔1〕［德］汉斯·海因里希·耶赛克、托马斯·魏根特：《德国刑法教科书［总论］》，徐久生译，中国法制出版社 2001 年版，第 287 页。转引自张新宝：《侵权责任构成要件研究》，法律出版社 2007 年版，第 52 页。

性（违法、违法性）进行考察，得出的必然结论都应当是：不法性或违法性是指某种行为违反法律之规定，与一定的法律秩序直接或者间接冲突。为法律所保护的或者不为法律所禁止的行为为合法行为。在侵权法领域，违法性也应当被理解为加害行为或准加害行为违反了有关法律的规定，与国家的法律秩序尤其是市民社会的法律秩序相冲突。这种冲突直接表现为对他人受到保护的民事权利或利益之侵害，这是加害行为的违法性之特殊性。[1] 笔者认为，侵权行为的违法性主要体现在绝对权之对世性引发的消极不作为义务，也体现了侵权法基于立法政策、善良风俗等所规定的作为或不作为义务。笔者认为，侵权行为的违法性的判断标准可以从侵权行为人为侵权行为前所负的注意义务入手讨论。

（四）侵权行为违法性的判断标准

关于侵权行为的违法性的判断标准，立法和学界有多种观点。《德国民法典》第 823 条和第 826 条确立了侵权行为违法性的三条判断标准，即侵犯他人的生命、身体、健康、自由和财产所有权等绝对权，为"违法"；"违反以保护他人为目的的法律"所保护的是第 823 条第 1 款所列五种绝对权以外的法律规定的其他利益，也就是指侵犯受侵权法保护的利益即属"违法"；违背善良风俗侵害他人权益，为"违法"。《德国民法典》以上判断侵权行为违法性的三条标准适用的效力位阶为，优先适用侵害绝对权，其次是侵犯侵权法保护的利益，最后是违背善良风俗。《日本民法典》第 709 条所确立的侵权行为构成要件为"权利侵害"，后在实践中为"违法性"所替

---

〔1〕 张新宝：《侵权责任构成要件研究》，法律出版社 2007 年版，第 52 ~ 53 页。

代，即违法性就是对权利和受法律保护的利益的侵害。史尚宽先生认为我国台湾地区"民法"第 184 条对侵权行为违法性确立了三条判断标准："①权利之侵害，②保护法律规定之违反，③违背良俗之故意加害"[1]。

从前文所述行为违法二元论出发，本书认为侵权行为违法性判断涉及两个层次的问题：其一，从事前的基准判断，即依注意义务的思想看，侵权行为的违法性就是对客观注意义务的违反，这种客观注意义务是以一般人为标准，站在行为人的立场对义务所进行的事前预测，不考虑行为人的特别认识，一般人在事前认为行为并不违反义务、不存在法益损害，那么该行为就不存在义务违反，属于行为适法；反之，则为行为违法。当然这种客观注意义务的违反应该以行为人能够预见为前提，即只有在行为人有计划或预见到法益侵害时，才存在赋予个人以防止客观危险状态之义务的法律命令。其二，以事后判断为基准，即依法益考察思想看，造成了具体生活利益损害，这种生活利益的损害以客观性和明确性为特征。事前判断与事后判断是相辅相成的。缺乏法益侵害结果，意味着没有客观义务的违反；反之，缺乏客观义务的违反，结果也不能获得其社会意义。

囿于篇幅，本书仅讨论侵权行为违法性的事前判断标准，即客观义务，或法定注意义务。由于侵权行为所侵害的对象主要为绝对权。绝对权，又称为对世权、支配权，绝对权本身具有对世性，即绝对权人之外的不特定义务人负有不得侵害或妨碍绝对权及其行使的消极义务。本书认为，这种消极义务及侵权法确立的其他法定义务可作为侵权行为违法性的事前判断

---

〔1〕　史尚宽：《债法总论》，中国政法大学出版社 2000 年版，第 125 页。

标准。

如下面图 3 - 4 所示，本书认为，侵权行为人负有的法定注意义务可分为三类：一般人注意义务、善良管理人注意义务和欠缺与处理自身事务之同一注意义务。笔者认为，侵权人所负法定注意义务程度的高低与侵权行为违法性的轻重程度成反比。一般人的注意义务程度最低，善良管理人的注意义务程度次之，自己作为自身利益的最佳维护者所负的处理自身事务的注意义务程度在三者中最高。具体如下：①一般人注意义务只负消极的不作为义务，注意义务程度较之其他两类较低。因此，不特定义务人如果违反一般人应有的注意程度而侵害他人合法权益，则构成违法。②在善良管理人的注意义务中，义务人较之一般人的注意义务的注意程度要求更高一些，善良管理人违反一般善良管理人应有的注意义务，才构成侵权行为违法。善良管理人的注意义务，不问当事人本人之注意能力如何，而以一想象的善良管理人的注意程度为标准，即想象一诚实勤勉而且有相当经验之人，而以其注意力为标准。罗马法称之为"良家父之注意"。③欠缺与处理自己事务之同一注意义务是这三类注意义务中注意义务程度要求最高的，因此较之其他两类，违法性最轻。

综上，一般人注意义务、善良管理注意义务及欠缺与处理自身事务之同一注意义务的注意程度逐步递增，注意程度与违法性成立成反比。此外，如图 3 - 4 所示，圆圈外的人不负有圆圈内的人的注意义务，而圆圈内的人如果达不到圆圈外的人所负的一般注意义务程度，则具有更强的违法性，应承担更重的侵权责任。譬如，一名主任医师在抢救病患时，违反了一般主任医师应有注意义务而造成医疗事故，则属于轻度违法，主任医师不承担责任或承担较轻的责任；但是如果该主任医师违反普通人应有的注意义务而造成医疗事故，则构成重度违法，应承担较重的侵权责任。

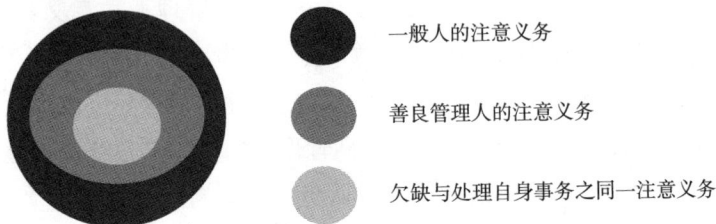

一般人的注意义务

善良管理人的注意义务

欠缺与处理自身事务之同一注意义务

图 3 – 4　法定注意义务的种类和范围

四、侵权行为内涵的内在结构

本书建议从法定注意义务之违反的角度对侵权行为进行界定，即侵权行为是指民事主体违反法定注意义务而致使他人的权益受到侵害的事实行为。

第一，侵权行为的行为人是民事主体，即具有民法所承认的人格。民事主体之间的地位是平等的。侵权行为人与受害人之间基于人格平等的民法原理，而获得一个平等的基础。这正是矫正正义发挥作用的基础。

第二，侵权人侵害他人权益则表明侵权人与受害人非同一人，这就满足了矫正正义的双极性特征。并且"民事主体违反法定注意义务而侵害他人权益"也凸现侵权行为与侵害事实之间的因果规律。

第三，侵权行为概念中包含一个基本的因果关系，即违反法定义务与他人权利侵害的发生之间具有因果关系。这个因果关系是一个事实层面上的判断，满足了矫正正义内在统一性的要求。换言之，侵权行为是加害人所得与受害人所失的纽带，侵权行为将原本没有权利义务关系的两个主体联系在一起。

　　第四，这个概念的属概念落在事实行为上，强调侵权行为与法律行为的一大区别在于，侵权行为只需要民事主体具有基本意志识别能力，无行为能力人和限制行为能力人均可为侵权行为。事实行为作为侵权行为的属概念，也强调了侵权行为是人的行为，行为主体只能是人。

第四章

侵权责任的抗辩事由与诉讼时效

本章导言

诚如学者所言，"侵权法即是一部有关责任的法律，也是一部有关无责任的法律"。[1]因此，侵权法中的归责原则、构成要件、抗辩事由、责任限制等成为平衡行为人之一般自由保障与受害人之合法权益保护二者间的技术工具。本章所及的抗辩事由与诉讼时效，即为行为人对抗受害人之侵权损害赔偿请求权的防御武器。基于抗辩事由与诉讼时效在立法旨趣与制度构造各异，本章将抗辩事由与诉讼时效分为两节予以讨论。

第一节 侵权责任抗辩事由

一、侵权责任抗辩事由的基本规则

所谓抗辩事由，是指被告针对原告的侵权诉讼请求而提出的证明原告的诉讼请求不成立或者不完全成立的事实。[2]从

---

〔1〕 W. V. H. Rogers, *Winfield and Jolowicz on Tort*, p. 4, （14th ed. 1994）.

〔2〕 王利明、杨立新编著：《侵权行为法》，法律出版社1996年版，第76页。

2009 年颁行的《侵权责任法》来看，其将传统的侵权抗辩事由，诸如不可抗力、正当防卫、过失相抵等都置于"不承担责任和减轻责任的情形"一章。由此可断，我国《侵权责任法》中的抗辩事由，不是对侵权行为构成要件的抗辩，而是对侵权责任承担的抗辩，即抗辩事由是在承认侵权行为存在的前提下，影响侵权责任的承担。因此，《侵权责任法》将传统侵权法上的抗辩事由称作"免责事由"与"减轻责任的事由"，就不足为奇了。[1]

《侵权责任法》在总结《民法通则》及《人身损害赔偿解释》（法释〔2003〕20 号）等法律规定和司法实践的基础上，在第 26~31 条用了六个条文依次规定了过失相抵、受害人的故意、第三人的原因、不可抗力、正当防卫和紧急避险等六种抗辩事由。[2]但需要注意的是，《侵权责任法》第三章关于抗辩事由的规定属于一般规定，所以其规则主要适用于过错责任。[3]而《侵权责任法》第四章至十一章以及《产品质量法》《环境保护法》等法律对特殊侵权中的抗辩事由作了具体列举，其在法律适用顺序上，优先于《侵权责任法》第三章之规定。例如，

---

〔1〕 据立法机关的解释，主要是为了立法语言的通俗易懂，所以最终未采用"抗辩事由"的称谓而采用了"不承担责任或者减轻责任的情形"。鉴于"抗辩事由"为大陆法系各国侵权法文本和学术研究中惯用的法律概念，以及构建东亚统一侵权示范法的需要，本章论述不采用中国《侵权责任法》确定的"不承担责任或者减轻责任的情形"以及"免责事由""减责事由"概念，继续使用"抗辩事由"的概念。

〔2〕 2017 年《民法总则》第 180~182 条、第 184 条亦确认了不可抗力、正当防卫、紧急避险及紧急救助行为等责任减免事由，将规定《合同法》《侵权责任法》等法律中的民事责任减免事由上升到总则高度。

〔3〕 王利明教授指出，"在总则中，核心的内容是关于过错责任的规定，因为第二章和第三章的内容大多是围绕过错责任来展开的，尤其是对于第三章而言，其主要适用于过错责任"。参见王利明：《侵权责任法研究》（上卷），中国人民大学出版社 2010 年版，第 128 页。

《侵权责任法》第70条将民用核设施损害责任的免责事由限于"战争等情形或者受害人故意",排除了不可抗力的适用余地;再如,《侵权责任法》第72条将高度危险物损害责任的免责事由限于"受害人的故意或者不可抗力",将减轻责任事由限于"被侵权人对损害的发生有重大过失"。

所谓过失相抵,是指当受害人对于损害的发生或者损害结果的扩大具有过错时,依法减轻或者免除赔偿义务人的损害赔偿责任的制度。[1]过失相抵,也被其他立法或者学术研究称作"受害人过错""与有过失""比较过失""组成过失"等。依据《侵权责任法》第26条的规定,被侵权人的过错可以作为减轻侵权人责任的事由。质言之,过失相抵为减轻责任的事由。

《侵权责任法》第27条确立了独立的受害人故意规则,即受害人明知自己的行为会发生损害后果,仍然追求或者放任损害后果的发生,构成侵权行为人的免责事由。此外,受害人故意作为一种免责事由,通常都是排除了侵权行为人本身具有故意或者重大过失的情形。[2]

依据《侵权责任法》第28条的规定,第三人过错,指的是除原告和被告之外的第三人,对原告所受损害之发生或者扩大具有过错的情形。因第三人过错造成他人损害的,第三人应承担侵权责任。具体而言,若第三人过错为原告之损害的唯一原因,则被告仅为名义上的侵权人,应由第三人承担全部责任,被告免于责任;若第三人过错与被告的行为都是造成损害发生或者扩大的原因,则根据第三人过错对损害的原因力的差异,

---

〔1〕 参见史尚宽:《债法总论》,中国政法大学出版社2000年版,第303页。

〔2〕 参见王利明:《侵权责任法研究》(上卷),中国人民大学出版社2010年版,第433页。

被告的责任可以相应地被减轻或免除。[1]

依据《民法通则》第 153 条的规定，不可抗力，是指不能预见、不能避免并不能克服的客观情况。依据《侵权责任法》第 29 条的规定可知，原则上不可抗力可以作为免责事由，但在特殊侵权责任中法律明确规定不能以不可抗力作为免责事由的除外。

《侵权责任法》第 30 条在承继《民法通则》第 128 条的基础上，确认正当防卫为法定的免责事由，仅在防卫过当时，防卫人应就其所造成的不应有的损害承担适当的责任。

《侵权责任法》第 31 条规定了紧急避险规则，即"因紧急避险造成损害的，由引起险情发生的人承担责任。如果危险是由自然原因引起的，紧急避险人不承担责任或者给予适当补偿。紧急避险采取措施不当或者超过必要的限度，造成不应有的损害的，紧急避险人应当承担适当的责任"。由此可知，紧急避险原则上也是一种免责事由，但是应区分不同情况而分别对待。

二、侵权责任抗辩事由的法理通说

（一）侵权抗辩事由的法理基础

侵权抗辩事由立法所涉及的首要问题，是侵权抗辩事由的制度定位问题，即抗辩事由与侵权行为构成要件、侵权责任构成要件是何关系，以及侵权抗辩事由蕴含着何种价值判断结论。

---

〔1〕　例如，《侵权责任法》第 68、83 条中的"第三人过错"不是免责事由，而是形成不真正连带责任关系，此时被侵权人有从侵权人与第三人之间选择被告的权利，但第三人为终局责任人，应承担最终的责任；而《侵权责任法》第 37、40 条中的"第三人行为"或"教育机构以外的人员"造成损害的，则形成补充责任关系，即由第三人承担侵权责任，其不能承担责任或者仅能承担部分责任的，则由安全保障义务人、教育机构在其过错范围内承担相应的补充责任；而在第三人的行为与侵权人的行为同为致害原因而又缺乏意思联络时，则可依据《侵权责任法》第 11 条形成累积因果关系的连带责任或依据《侵权责任法》第 12 条形成部分因果关系的按份责任。

1. 侵权法的二元价值体系

侵权法存在一个独特的逻辑起点，就是"所有人自负其责（casus sentit dominus）"。这项原则的背景是一个千百年来根深蒂固的法律观念，其出发点在于，反对由法律来阻碍偶然事件的发生，并反对由法律补偿因命运所造成的不平等。[1]这一基本原则成为侵权法的逻辑起点。按照这一原则，除非存在将损害移转给他人的法律基础，否则，任何人都必须承受其遭受的损害，[2]此种损害是人类社会生活中所固有的。[3]在两大法系中，这一原则都被认可。诚如美国法学家霍姆斯（Holmes）所言，"良好的政策应让损失停留于其所发生之处，除非有特别干预的理由存在。"[4]正因为侵权法是以"所有权人自负其责"为逻辑起点，所以，侵权责任的承担必须以可归责性为基础，可归责性大概可以等同于我国学界长期使用的术语"归责原则"。

传统侵权法旨在规范不法侵害他人权益所生损害的赔偿问题，涉及两大基本利益：①被害人权益的保护；②行为人的一般行为自由。整个侵权法的历史就在于如何平衡"行为自由"和"权益保护"，其规范模式因国而异、因时而别，承载着不同社会文化、经济制度、社会变迁和价值观念。[5]因此，侵权法

---

〔1〕 〔德〕马克西米利安·福克斯：《侵权行为法》，齐晓琨译，法律出版社2006年版，第2页。

〔2〕 European Group on Tort Law, *Principles of European Tort Law: Text and Commentary*, Springer, 2005, p. 19.

〔3〕 〔德〕迪特尔·施瓦布：《民法导论》，郑冲译，法律出版社2006年版，第193页。

〔4〕 O. W. Holmes, *The Common Law*, 1891, p. 50. "Sound policy lets losses lie where they fall except where a special reason can be shown for interference." 转引自王泽鉴：《侵权行为法 基本理论 一般侵权行为》（第一册），中国政法大学出版社2001年版，第11~12页。

〔5〕 参见王泽鉴：《侵权行为》，北京大学出版社2009年版，第67页。

的价值取向并不是恒定的，而是基于社会发展和立法政策，在"行为自由"和"权益保护"之间摇摆。

我国《侵权责任法》第 6 条第 1 款承继《民法通则》第106 条第 2 款的精神，规定过错责任原则为侵权损害赔偿责任的一般原则，过错推定与无过错责任仅在法律有明文规定的情况下，方可适用。此规定足见，"所有权人自吞苦果"是我国《侵权责任法》的立法逻辑起点，"无过错即无（损害赔偿）责任""无损害即无赔偿""有损害未必有赔偿"理应成为理解和适用《侵权责任法》的基本理念。

在《侵权责任法》的制定过程中，有学者撰文指出，"我国侵权责任法应定位为一种救济法，其基本架构与体系应依如下思路进行建构：应采取多元归责原则，将过错责任作为一般条款，将严格责任、公平责任原则进行类型化分解：采'过错吸收违法'的观点，侵权责任构成要件应由损害、过错与因果关系三要件组成；绝对权请求权不应全部纳入侵权责任法中，而应将它们分置于民法典的相应部分。另外，损害赔偿制度也应在救济法的思维下进行体系建构"。[1]正式通过的《侵权责任法》体现了"被害人为本位"的救济法思想，如《侵权责任法》第二章并未采纳德国民法的"三阶层"侵权责任构成要件，亦未将连接侵权行为与损害后果的因果关系作一般化规定；第三章未将职务授权行为、被害人同意、自助行为等理论界已达成共识的抗辩事由纳入《侵权责任法》。[2]

---

〔1〕 王利明："我国侵权责任法的体系构建——以救济法为中心的思考"，载《中国法学》2008 年第 4 期。

〔2〕 参见王利明、杨立新编著：《侵权行为法》，法律出版社 1997 年版，第 76～77 页；杨立新：《侵权法论》，人民法院出版社 2004 年版，第 253～271 页；王利明：《侵权行为法研究》（上卷），中国人民大学出版社 2004 年版，第 554～581 页；张新宝：《侵权责任法原理》，中国人民大学出版社 2005 年版，第 112～134 页；程啸：《侵权行为法总论》，中国人民大学出版社 2008 年版，第 316～331 页。

2. 抗辩事由中的价值判断结论

所谓抗辩事由，主要针对受害人的请求权，意在吞并或者减少受害人的损害赔偿请求权的实现或者实现程度，抗辩事由为侵权人开脱责任预留了出路，足见侵权抗辩事由具有维护行为人之行为自由的功能。[1]而如前面所述，侵权法以"所有权人自吞苦果"为立法起点，同时肩负权益保护和行为自由保障的二元价值。这使得抗辩事由在侵权法上获得了正当性依据。

抗辩事由与归责原则、侵权责任构成要件等一同承担平衡受害人权益保护与行为人之行为自由的保障之重责大任。抗辩事由，是侵权人是否承担侵权责任的消极要件，在侵权诉讼中具有侵权责任构成证伪作用，因此其举证责任由侵权人承担。据此，法律确立哪些事由为侵权抗辩事由以及抗辩事由的多寡，直接影响着侵权诉讼中原告与被告攻击与防御武器是否对等。《侵权责任法》对依法执行职务、受害人同意与自甘冒险、自助行为以及意外事件等多数国家或地区立法所肯认的抗辩事由未予确认，虽强化了侵权法对被侵权人的救济功能，但抗辩事由的疏漏将会导致侵权个案中受害人权益保护与行为人行为自由保障的严重失衡，可能让部分被告"输在起跑线上"，因此这种做法的妥适性是值得商榷的。

（二）正当理由的法理基础与类型区分

所谓正当理由，亦称为一般抗辩事由、违法阻却事由，是指损害确系被告的行为所致，但其行为是正当的、合法的，例如正当防卫、紧急避险、职务授权行为、自助行为等。[2]正当理由之所以具备责任免除功能，是因为行为人的行为具有合法

---

〔1〕 参见张新宝：《侵权责任法立法研究》，中国人民大学出版社 2009 年版，第 14 页。

〔2〕 参见杨立新：《侵权法论》，人民法院出版社 2004 年版，第 253 页。

性或正当性，排除了行为的无价值性，据此免除行为人责任。

尽管中国《侵权责任法》第6条的条文表述中未出现"违法"或"不法"字样，亦有学者主张"过错吸收违法"说，[1]但是许多学者基于条文表述中的"侵害"解释出侵权行为之不法性。[2]正如胡长清教授所言，"凡属权利，均有不可侵性，侵害权利，即属违法，法律纵不明定违法为侵权行为之要件，解释上盖属当然"。[3]

所谓违法性，是指法秩序对特定行为所作的无价值判断。[4]过错和违法性的区分可溯及耶林关于"主观不法"和"客观不法"的区分。[5]"违法性"的功能在于，它是法律秩序对行为本身的否定，而不是对行为人的评价。[6]

关于正当理由，我国《侵权责任法》仅规定了自卫行为[7]（包括正当防卫和紧急避险），这给司法实践带来了较大的困难。

---

〔1〕　参见王利明：《侵权责任法研究》（上卷），中国人民大学出版社2010年版，第363页。

〔2〕　参见杨立新：《〈中华人民共和国侵权责任法〉条文释解与司法适用》，人民法院出版社2010年版，第28页以下；丁海俊主编：《侵权法教程》，对外经济贸易大学出版社2010年版，第65页；奚晓明、王利明主编：《侵权责任法新制度理解与适用》，人民法院出版社2010年版，第32～34页；马俊驹、余延满：《民法原论》，法律出版社2010年版，第1002～1004页。

〔3〕　胡长清：《中国民法债编总论》，商务印书馆1935年版，第142页。

〔4〕　H. C. Nipperdey, "Rechtswidrigkeit und Schuld im Zivilrecht", in Karlsruhe Forum 1959, S. 3.

〔5〕　Ernst von Caemmerer, "Wandlungen des Deliktsrechts", in Caemmerer/Friesenhahn/Lange, Hundert Jahre deutsches Rechtsleben, Bd Ⅱ, Karlsruhe 1960, S. 127.

〔6〕　Michael Stathopoulos, "Bemerkungen zum Verhältnis zwischen Fahrlässigkeit und Rechtswidrigkeit im Zivilrecht", in Canaris/Diederichsen (hrsg.), Festschrift für Karl Larenz zum 80. Geburtstag am 23. April 1983, München 1983, S. 645.

〔7〕　所谓自卫行为，是指权利人在事出非常、无法请求国家干涉之际，法律允许其在必要的范围内进行的自力救济。

我们应当在借鉴比较法经验的基础上，认可其他的正当理由。下面，我们就《侵权责任法》未规定的正当理由的其他类型略作梳理：

（1）职务授权行为。所谓职务授权行为，亦称依法执行职务，是指依照法律的授权或者法律的规定，在必要时因行使职权而损害他人财产和人身的行为。[1]如果认为国家赔偿法是独立于侵权法的法律部门，依法执行职务就属于国家赔偿法探讨的问题，在侵权法之中没有适用的余地。但是，我们认为，国家赔偿法是侵权法的特别法，所以，依法执行职务仍然是侵权法上的违法阻却事由。

职务授权行为的认定需要满足以下构成要件[2]：①行为人有合法授权；②执行职务的行为须合法；③执行职务的行为须为必要。依法执行职务的法律后果是，依法执行职务而导致他人损害，因为存在违法阻却事由，所以责任不成立。当然，如果执行职务者超出了法定的权限，或者违反了法定的程序，也可能要承担责任。[3]此时，要先适用国家赔偿法来认定责任。如果国家赔偿法没有规定，应当适用《侵权责任法》等法律的规定。

（2）自助行为。自助行为，简称自助，是指因急迫情形来不及请求公力救济，为了保护自己的权利，而拘束他人人身自由或扣留、毁损他人财产的行为。我国《侵权责任法》和相关法律都没有规定自助行为，但是，比较法上广泛认可这一违法

---

〔1〕 参见杨立新：《侵权法论》，人民法院出版社 2004 年版，第 254 页。

〔2〕 参见杨立新：《侵权法论》，人民法院出版社 2004 年版，第 254 页；王利明：《侵权行为法研究》（上卷），中国人民大学出版社 2004 年版，第 554~555 页。

〔3〕 参见欧洲侵权法小组：《欧洲侵权法原则：文本与评注》，于敏、谢鸿飞译，法律出版社 2009 年版，第 179 页。

阻却事由。[1]

自助行为需要满足以下构成要件：①须为保护自己的合法权利；②因时间紧迫来不及请求公力救济；③自助人实施了必要的自助行为，即自助行为是为了保全其请求权而需要的行为；④自助行为须为法律或公序良俗所许可。如果符合自助行为的要件，自助人所实施的行为就阻却了违法，不必承担侵权责任。

（3）受害人同意与自甘冒险。受害人同意，是指受害人容许他人侵害其权利，自己自愿承担损害结果，且不违背法律和公共道德的单方意思表示。[2]法谚有云，"同意阻却违法"（volenti non fit injuria）。而且，权利人原则上可以自行处分其权利，容许他人侵害自无不可。[3]所以，国外的判例学说通常都认可这一违法阻却事由。我国《侵权责任法》没有对受害人同意作一般性规定，只是在第56、57条规定了患者的知情同意权。多数学者认为，受害人同意是一般性的违法阻却事由。

尤其值得探讨的是，自甘冒险（Handeln auf eigene Gefahr）与受害人同意的关系。自甘冒险，是指受害人原本可以预见到损害的发生而又自愿冒损害发生的危险，而损害果然不幸发生。[4]自甘冒险如何处理，理论上有不同的做法。有学者认为，其是受害人同意的特别内容，属于默示的受害人同意；也有学者认为，其应当是过失相抵制度的内容，受害人就损害的发生或扩大具有过错；还有学者认为，它是因果关系的范畴，因为是受

---

[1]　参见《德国民法典》第229条和第230条、《瑞士债务法》第52条、《泰国民法典》第194条、我国台湾地区"民法"第151条。

[2]　参见杨立新：《侵权法论》，人民法院出版社2004年版，第259页。

[3]　参见郑玉波：《民法债编总论》，中国政法大学2004年版，第126页。

[4]　参见曾世雄：《损害赔偿法原理》，中国政法大学出版社2001年版，第89页。

害人的过错导致了因果关系，被告的行为与损害之间无因果关系。[1]我们认为，在审判实践中，可以适用自甘冒险规则作为抗辩事由，在构成自甘冒险的情况下，可以判决免除或减轻行为人的责任。[2]

（三）外来原因的法理基础与类型区分

所谓外来原因，亦称特殊抗辩事由，是指损害并不是由于被告（名义上的侵权人）的行为造成的，而是由一个外在于其行为的原因所独立造成的。这一外来原因中断了被告行为与损害之间的因果关系，因此导致责任不成立，如意外事故、不可抗力、受害人过错和第三人过错等，其中，受害人过错、第三人过错也可能导致被告责任的减轻。[3]

我们认为，外来原因作为免责事由或减责事由的法理基础，在于因果关系中断理论。所谓因果关系中断，是指在因果关系的进程中，因第三人行为、受害人行为或其他外在原因导致因果关系链条被中断。在因果关系中断的情况下，被告的行为与损害之间不存在因果关系，因此不承担责任。例如，受害人的过错可以导致过失相抵规则的适用，从而减轻或免除被告的责任。但是，如果受害人的行为导致因果关系中断，则不适用过失相抵规则，直接认定被告的责任不成立。

因果关系中断是因为因果关系进行过程中出现独立的介入因素而造成的。所谓因果关系的介入因素，是指在初始原因事

---

〔1〕 参见［德］克雷斯蒂安·冯·巴尔：《欧洲比较侵权行为法》（下卷），焦美华译，法律出版社 2001 年版，第 637～638 页。

〔2〕 参见杨立新：《侵权法论》，人民法院出版社 2004 年版，第 262 页。

〔3〕 参见杨立新：《侵权法论》，人民法院出版社 2004 年版，第 253 页；王利明：《侵权责任法研究》（上卷），中国人民大学出版社 2010 年版，第 418 页；丁海俊主编：《侵权法教程》，对外经济贸易大学出版社 2010 年版，第 65 页。

件发生后发生作用的因素，包括第三人的行为、受害人的行为、自然原因等。当存在介入因素时，可能导致两种情形发生：一是被告的不当行为与介入因素构成多因现象；二是介入因素中断了被告行为与损害之间的因果关系，而使得被告的责任不成立。[1]

我国《侵权责任法》第三章确立了过失相抵、受害人故意、不可抗力、第三人过错等外来原因类型。此外，在《侵权责任法》分则中，还就外来原因特别作了列举性规定。

国内还有不少学者主张，应将意外事件作为外来原因的类型之一。[2]所谓意外事件，是指非因当事人的故意或者过失而偶然发生的事故。意外事件在我国民法中没有明确规定，但司法实践中有认为意外事件属免责事由。如医疗过程中由于意外停电，致使医疗过程无法继续进行从而导致了患者的死亡，被告不应当承担民事责任。值得注意的是，意外事件与不可抗力的区别是：[3]①意外事件的不可预见性是指特定的当事人虽尽合理的注意义务仍不可预见，而不可抗力的不可预见性则是指即使尽了高度的注意和谨慎义务也无法预见，因此不可抗力具有更强的不可预见性；②意外事件虽然具有不可预见性，但尚可克服和避免；③意外事件只适用于过错责任，对于法律明确规定了免责事由的责任来说，不能成为免责事由。而不可抗力除法律另有规定外，应当作为免责事由。

---

〔1〕　张新宝：《侵权责任构成要件研究》，法律出版社2007年版，第365页。

〔2〕　参见杨立新：《侵权法论》，人民法院出版社2004年版，第269页；王利明：《侵权责任法研究》（上卷），中国人民大学出版社2010年版，第445页；丁海俊主编：《侵权法教程》，对外经济贸易大学出版社2010年版，第122页。

〔3〕　参见杨立新：《侵权法论》，人民法院出版社2004年版，第270~271页；丁海俊主编：《侵权法教程》，对外经济贸易大学出版社2010年版，第122页。

三、有关抗辩事由规则的典型案例

（一）适用正当理由的案例

（1）适用正当防卫规则的案例：北京市海淀区人民检察院诉吴金艳故意伤害案（《最高人民法院公报》2004 年第 11 期）。

（2）适用紧急避险规则的案例：周庆安诉王家元、李淑荣道路交通事故损害赔偿纠纷案（《最高人民法院公报》2002 年第 5 期）。

（二）适用过失相抵规则的案例

（1）罗倩诉奥士达公司人身损害赔偿纠纷案（《最高人民法院公报》2007 年第 7 期）。

（2）朱永胜诉世半公司人身损害赔偿纠纷案（《最高人民法院公报》2007 年第 5 期）。

（3）王德钦诉杨德胜、泸州市汽车二队交通事故损害赔偿纠纷案（《最高人民法院公报》2006 年第 3 期）。

（4）中国人寿保险公司成都分公司诉华隆公司等证券侵权纠纷案（《最高人民法院公报》2005 年第 8 期）。

（5）马旭诉李颖、梁淦侵权损害赔偿纠纷案（《最高人民法院公报》1996 年第 1 期）。

四、《民法典·侵权责任编》中对该规则作出规定的基本意见

我们建议正在编纂的《民法典·侵权责任编》应秉持《侵权责任法》的立法体例，继续就抗辩事由进行专章规定。这不仅有助于稳定侵权责任的法制，更彰显侵权法之平衡受害人权益保护与行为人行为自由保障的立法理念。

（一）秉持侵权责任分担视角的抗辩事由立法例

抗辩事由的主旨在于否定受害人的诉讼请求。但是关于抗辩事由是对侵权行为的抗辩，还是对侵权责任承担的抗辩问题，

存有不同的立法例，学理上亦有不同的主张。[1]我国《侵权责任法》第三章将传统抗辩事由，如不可抗力、正当防卫等置于"不承担责任和减轻责任的情形"一章，应该说该法采用的是抗辩事由影响侵权责任承担。我们认为此立法例较为妥当和周延，其将其他立法例中位于违法性阻却事由的正当防卫、紧急避险等正当理由与受害人过错、第三人过错、不可抗力等作为因果关系中断事由的外来原因进行"提取公因式"作业，并基于免责或减责事由的共性，而将其置于同一章节，在立法逻辑上更为缜密，亦利于法官找法和当事人诉讼。

（二）以"正当理由"与"外来原因"为名进行抗辩事由的体系化

尽管正当理由与外来原因均以否认原告的侵权请求权为旨趣，但二者却具有不同的法理基础。因此，起草《民法典·侵权责任编》时，我们建议以"正当理由"和"外来原因"为标准，进行相应的类型化与体系化梳理。其中，职务授权行为、自助行为、受害人同意与自甘冒险等抗辩事由，系以否认加害人之行为违法性为主旨的正当理由，此类抗辩事由以阻却违法性来实现加害人责任的免除。而受害人过错、不可抗力、第三人过错、意外事件等抗辩事由，旨在通过切断加害人与受害人之间的因果关系，来实现加害人的免责或减责。

（三）抗辩事由应基于基本共识作全面规定

鉴于抗辩事由在侵权责任构成上的证伪功能，为加害人开脱责任提供了途径；而受害人基于不同的归责原则，需要证明

---

〔1〕　参见郭卫华、常鹏翱："论新闻侵权的抗辩事由"，载《法学》2002 年第 5 期；王利明、杨立新编著：《侵权行为法》，法律出版社 1997 年版，第 76 页；杨立新：《侵权法论》，人民法院出版社 2004 年版，第 204 页；张新宝：《侵权责任法原理》，中国人民大学出版社 2005 年版，第 109 页。

被告存在侵害行为、自己遭受损害的事实，侵害行为与损害结果之间存在因果关系以及过错推定、因果关系推定等法律的特殊规定，实现侵权责任构成的证成。因此，配置大致相当的侵权责任构成要件与抗辩事由，有利于实现受害人权益保护与行为人行为自由保障之间的平衡；亦有助于实现侵权诉讼中的攻击与防御武器上的对等，更彰显了侵权法之公平理念。

至于哪些事由可以被遴选为《民法典·侵权责任编》的抗辩事由，需要各立法机关和最高人民法院进行立法调查、司法调查以及社会实证分析，并在得出相关事实问题判断结论的基础上，论证《民法典·侵权责任编》的哲学基础和功能定位，并以此为依据对待选抗辩事由进行论证和研讨，在达成基本共识之后，进行抗辩事由的类型化整理。

第二节　侵权责任中的诉讼时效

一、侵权责任诉讼时效的基本规则

诉讼时效，又称消灭时效[1]，是指"权利人在法定期间内不行使权利即导致义务人有权提出拒绝履行的抗辩权的法律制度"，[2]或者"权利人在法定期间内持续不行使其权利，就限制

---

　　[1]　有学者认为，"消灭时效"一词有语病，因为义务人于期间经过后虽得拒绝履行，权利人请求权的行使仅发生障碍，权利本身及请求权并不当然消灭，在用语上容易误解。参见施启扬：《民法总则》，中国法制出版社2010年版，第328页。此外，中国大陆地区立法所用的"诉讼时效"一词亦有不妥，易使误认为其仅适用于诉讼程序，为诉讼法问题，而不是民事实体法问题。但是鉴于自1986年《民法通则》确立"诉讼时效"概念所产生的路径依赖和立法前见，且"诉讼时效"与"消灭时效"的概念之争系无关民事主体利益安排的解释选择问题，故中国未来民法典宜继续使用"诉讼时效"的概念。

　　[2]　王利明：《民法总则》，中国人民大学出版社2017年版，第429页。

其行使的法律制度"。[1]我国《民法总则》《民法通则》均专章规定了诉讼时效制度。

　　尽管《民法通则》规定了诉讼时效制度，但是对诉讼时效的适用对象却语焉不详。[2]依据当前中国大陆地区民法学界所达成之最低限度共识，诉讼时效的适用对象主要是债权请求权。[3]《最高人民法院关于审理民事案件适用诉讼时效制度若干问题的规定》（以下简称《诉讼时效规定》）第 1 条对此予以确认，并对债权请求权的范围作了限缩规定。《民法总则》第 196 条采取排除法框定了诉讼时效的适用范围。[4]

　　尽管我国《侵权责任法》未明确侵权责任请求权应否适用诉讼时效制度，但从体系解释的视角来看，规定于《民法通则》第六章的侵权责任请求权，应受制于第七章所规定的诉讼时效制度。而其他许多国家和地区的民法除一般的消灭时效规定之外，还就侵权损害赔偿请求权的消灭时效作了专门规定，例如《德国民法典》第 852 条、《日本民法典》第 724 条、《意大利民法典》第 2947 条以及我国台湾地区"民法"第 197 条。[5]而与我国《侵权责任法》第 15 条第 1 款规定的八种责任方式相对应

---

　　〔1〕　崔建远等：《民法总论》，清华大学出版社 2013 年版，第 257 页。

　　〔2〕　但是，《民法通则》第 139 条在规定诉讼时效中止时，使用了"不能行使请求权"的表述，由此也可推知，《民法通则》规定的诉讼时效仅适用于请求权。

　　〔3〕　参见王利明：《民法总则研究》，中国人民大学出版社 2003 年版，第 717 页；梁慧星：《民法总论》，法律出版社 2011 年版，第 252 页；马俊驹、余延满：《民法原论》，法律出版社 2010 年版，金桥文化出版（香港）有限公司 2002 年版，第 252 页；崔建远：《民法总论》，清华大学出版社 2010 年版，第 196 页。

　　〔4〕《民法总则》第 196 条规定："下列请求权不适用诉讼时效的规定：①请求停止侵害、排除妨碍、消除危险；②不动产物权和登记的动产物权的权利人请求返还财产；③请求支付抚养费、赡养费或者扶养费；④依法不适用诉讼时效的其他请求权。"

　　〔5〕　参见于敏："侵权损害赔偿请求权的消灭时效"，载梁慧星主编：《民商法论丛》（第 22 卷），金桥文化出版（香港）有限公司 2002 年版，第 194 页。

的侵权责任请求权，是否均适用诉讼时效制度，学界意见不一；[1]侵权责任请求权在诉讼时效方面有何特殊之处，《民法总则》第196条予以明确。

法律赋予诉讼时效制度以法律警察性质的宗旨，即要求债权人为公共利益作出牺牲，[2]由此决定，诉讼时效规定为强行性规范，当事人不得违反法律规定约定延长或缩短诉讼时效期间、预先放弃诉讼时效利益（《诉讼时效规定》）。[3]在法院能否依职权主动援引诉讼时效的问题上，中国的《民法通则》未设明文，最高人民法院曾出台司法解释，规定当事人超过诉讼时效期间起诉的，人民法院应予受理，受理后查明无中止、中断、延长事由的，判决驳回其诉讼请求（《最高人民法院关于适用〈中华人民共和国民事诉讼法〉若干问题的意见》第153条）。但鉴于诉讼时效所隐藏的时效利益系属债务人之私人利益，且

---

〔1〕 参见王轶："略论侵权请求权与诉讼时效制度的适用"，载《中州学刊》2009年第4期；崔建远："绝对权请求权抑或侵权责任方式"，载《法学》2002年第11期；于敏："侵权损害赔偿请求权的消灭时效"，载梁慧星主编：《民商法论丛》（第22卷），第191页以下。

〔2〕 ［德］迪特尔·梅迪库斯：《德国民法总论》，邵建东译，法律出版社2000年版，第93页。

〔3〕 但是，值得注意的是，其他国家和地区的最新立法却出现弱化诉讼时效之强行性规范属性，基于一定限制下允许当事人约定减轻或加重时效，例如《法国民法典》2008年修正后第2254条第1款第1句、第2款，《国际统一私法协会国际商事合同通则》（PICC）（2004年新版）第10.3条第1款，2009年提交欧盟议会审议的《欧洲民法典草案》（DCFR）第二编第7：601条第1款等规定。其立理由大致有：时效制度的本旨在于保护债务人，债务人依协议自愿放弃时效利益，合乎私法自治，且未必悖于公共利益；法定时效期间及其他规则不分权利类型及实际情形而作划一规定，未必切合实际，且时效中止等法定事由等规则较为不确定，不应排斥当事人以特约适用实际情形之自由。同时设定对协议变更的最低限制，可维持私法自治与公共利益之平衡。参见梁慧星：《民法总论》，法律出版社2011年版，第247～248页。但是，我们认为诉讼时效之立法目的，在于维护社会公共利益，维护社会经济秩序和交易安全，据此，诉讼时效的强行性规范属性不宜放弃。

我国诉讼时效期间过短,《诉讼时效规定》第3条改采当事人主义,即当事人未提出诉讼时效抗辩,人民法院不应对诉讼时效问题进行释明及主动适用诉讼时效的规定进行裁判。

对于诉讼时效的法律效力,《民法通则》第135条和第138条采行"胜诉权消灭主义",而《诉讼时效规定》第1条明确采纳了"抗辩权发生主义",即诉讼时效期间届满时,债务人取得对抗对方请求权的抗辩权,而作为债权核心的给付受领权和给付受领保持权则仍然存在。《民法总则》第192条肯定了诉讼时效的"抗辩权发生"效力。此外,《民法总则》第192条第2款、《民法通则》第138条及《诉讼时效规定》第22条均规定,诉讼时效期间届满,当事人一方向对方当事人作出同意履行义务的意思表示或者自愿履行义务后,又以诉讼时效期间届满为由进行抗辩的,人民法院不予支持。

为了弥补诉讼时效制度基于其强行性规范的刚性可能损及义务人的实质正义之不足,《民法总则》继受传统民法中的诉讼时效期间障碍制度,分别于第194、195条确立了诉讼时效中止制度和诉讼时效中断制度。其中,诉讼时效中止,是指在诉讼时效期间的最后6个月,因不可抗力或其他法定的客观事由不能行使请求权的情形,其效力是自中止时效原因消除之日起,诉讼时效期间继续计算6个月。而诉讼时效中断,则指的是在诉讼时效期间进行中,因权利人提起诉讼、请求义务人履行义务或者义务人同意履行义务等主观事由的发生致使已进行的诉讼时效期间全部归于无效,待中断事由消失后,诉讼时效期间重新计算的法律制度。诉讼时效期间障碍制度与诉讼时效届满制度构成逻辑缜密、体系完备的诉讼时效制度,有效地平衡了社会公共利益与权利人意思自治之间的利益冲突关系。当然,中国目前法律上所规定的时效完成的障碍事由还有待进一步完善。

尽管《民法通则》与《侵权责任法》未就侵权责任请求权适用诉讼时效作出特别规定，但是《产品质量法》《海商法》《环境保护法》等特别法就侵权损害赔偿请求权适用诉讼时效的期间或起算点作出了特别规定。例如，《民用航空法》第171条规定，地面第三人损害赔偿的诉讼时效期间为2年，自损害发生之日起计算；但是，在任何情况下，时效期间不得超过自损害发生之日起3年。《环境保护法》第42条规定，因环境污染损害赔偿提起诉讼的时效期间为3年，从当事人知道或者应当知道受到污染损害时起计算。这些有关侵权损害赔偿请求权适用的诉讼时效的特殊规定与《民法总则》第九章、《民法通则》第七章的一般规定共同构成中国大陆侵权损害赔偿请求权的诉讼时效制度。

二、我国诉讼时效制度的法理通说

（一）诉讼时效的功能与规范属性

1. 诉讼时效的功能

诚如学者所言，"诉讼时效的功能，其实就是诉讼时效何以得对特定类型请求权进行限制的正当性依据，它事关诉讼时效制度存在的价值，包含着诉讼时效制度中最为核心的价值判断结论"[1]。因此，立法对诉讼时效作出不同的功能定位，将对民事主体产生不同的利益安排。依中国民法学界通说，诉讼时效具有四项功能：①督促权利人及时行使权利；②避免义务人的举证困难；③减轻法院的审判负担；④维持社会秩序的稳定，

---

〔1〕 王轶："论侵权请求权与诉讼时效制度的适用"，载王轶：《民法原理与民法学方法》，法律出版社2009年版，第68页。

以维护社会公共利益。[1]

对上述诉讼时效的功能，我们认为均有其道理，但考虑到诉讼时效期间届满的法律效果，不论是胜诉权消灭说、实体权利消灭说还是抗辩权发生说，都说明了因权利人怠于行使其权利致使诉讼时效期间届满，而带来民事权利的减损，或者说诉讼时效制度旨在限制民事主体的权利行使自由。那么，在权利人与义务人两个私人利益的对立关系中，法律为何不允许权利人怠于行使权利，权利人"躺在权利上睡觉"何罪之有，又何以为避免义务人之举证困难就要牺牲权利人的正当利益，法律上的诉讼时效制度何以如此厚此薄彼，其是否具有"反道德性"？为了减轻法院的审判负担，法律就可以如此明目张胆地牺牲权利人的合法权益，法律的天平何在？对于这些问题的回答，尚需要检讨诉讼时效存在的正当性基础或者其立法功能。

我们认为，诉讼时效制度的设立是法律进行利益衡量的结果，其考察的是民事主体的私人利益与以交易安全为代表的社会公共利益之间的对立冲突关系。诉讼时效制度为了维护以交易安全为代表的"动态安全"秩序，而不得不牺牲罹于诉讼时效期间之权利人的合法权利。因此，诉讼时效制度存在的正当性依据，就是诉讼时效制度具有"维护既定社会秩序稳定，维护社会公共利益"的功能。[2]申言之，因权利人长期不行使请

---

[1] 参见史尚宽：《民法论》，中国政法大学出版社 2000 年版，第 623～624 页；王泽鉴：《民法总则》，北京大学出版社 2009 年版，第 410 页；施启扬：《民法总则》，中国法制出版社 2010 年版，第 326～327 页；王利明：《民法总则研究》，中国人民大学出版社 2003 年版，第 703～704 页；梁慧星：《民法总论》，法律出版社 2011 年版，第 245 页；崔建远等：《民法总论》，清华大学出版社 2010 年版，第 193 页。

[2] 参见王轶："论侵权请求权与诉讼时效制度的适用"，载王轶：《民法原理与民法学方法》，法律出版社 2009 年版，第 68 页；尹田：《民法典总则之理论与立法研究》，法律出版社 2010 年版，第 765 页。

求权，使得义务人的财产本应减少而未能减少，由此形成义务人虚假的责任财产外观，会对善意第三人产生一种可以值得信赖的财产信用，并在此基础上建立各种法律关系和法律秩序。因此，对诉讼时效期间届满的权利人限制其行使权利，有利于保护不特定第三人对义务人所形成的财产信赖利益，故而具有维护社会交易安全秩序和社会公共利益的功能。此即为诉讼时效制度存在的正当性依据，而诉讼时效制度援用的当事人主义及诉讼时效中止和中断制度的制度设置，有利于缓和民事主体的私人利益与社会公共利益之间的冲突，有助于维护实质正义。

2. 诉讼时效的规范属性

鉴于诉讼时效制度具有维护法律的安定性及社会公共利益的正当性，《诉讼时效规定》第2条规定，诉讼时效期间为法定期间，当事人不得违反法律规定，约定延长或者缩短诉讼时效期间，亦不允许预先放弃诉讼时效利益。由此可知，法律赋予义务人以时效利益的根本原因在于保护社会生活秩序的稳定，若允许义务人预先放弃时效利益，则使得诉讼时效制度形同虚设，不能发挥维护社会交易安全秩序的作用。但是，时效利益毕竟是一种私人利益，当事人有决定是否享有的自由，法律在无碍公共利益的情况下，允许义务人于诉讼时效届满后放弃其时效利益。因此《诉讼时效规定》第22条规定，诉讼时效期间届满，当事人一方向对方当事人作出同意履行义务的意思表示或者自愿履行义务后，又以诉讼时效期间届满为由进行抗辩的，人民法院不予支持。

（二）诉讼时效适用范围的法理基础

我国《侵权责任法》在其责任承担方式上，采取了不同于其他大陆法系国家民法所采取的损害赔偿单一模式，而是整合了传统民法中的绝对权请求权的内容与侵权损害赔偿请求权的内容，于《侵权责任法》第 15 条确立了停止侵害、排除妨碍、消除危险、恢复原状、返还财产、赔偿损失、赔礼道歉以及消除影响、恢复名誉等八种侵权责任承担方式。那么，与这八种侵权责任承担方式相对应的侵权责任请求权是否均适用诉讼时效制度，学界众说纷纭、观点不一，但主要存在肯定说[1]、否定说[2]和折中说[3]三种观点。

　　本书认为，探讨某种请求权是否适用诉讼时效制度，必须立足于诉讼时效的制度功能，即诉讼时效制度旨在维护社会财产交易安全和社会公共利益。若权利人长期不行使某种类型的请求权，足以令不特定第三人对义务人的虚假财产状况产生信赖利益，即可决定此类请求权应适用诉讼时效制度。因此，决定某种类型的请求权是否适用诉讼时效制度，不属于形式判断问题，亦不是事实判断问题，而是决定民事主体不同利益安排或利益取舍的价值判断问题。

　　就《侵权责任法》规定的八种侵权责任承担方式而言，被

---

　　[1]　肯定说认为物权请求权等绝对权请求权应当适用诉讼时效制度，参见程啸、陈林："论诉讼时效客体"，载《法律科学》2000 年第 1 期；刘贵祥："诉讼时效若干理论与实务问题研究"，载《法律适用》2004 年第 2 期。

　　[2]　否定说认为物权请求权等绝对权请求权不应适用诉讼时效制度，参见杨立新：《侵权法论》，人民法院出版社 2004 年版，第 274～275 页；马俊驹、余延满：《民法原论》，法律出版社 2010 年版，第 253～255 页；王利明：《民法总则研究》，中国人民大学出版社 2003 年版，第 720 页；尹志强："论诉讼时效的适用范围"，载《政法论坛》2002 年第 6 期；崔建远教授认为，在法律尚未承认取得时效制度的背景下，应作否定绝对权请求权适用诉讼时效的回答，参见崔建远等：《民法总论》，清华大学出版社 2010 年版，第 197 页。

　　[3]　折中说认为，应区分物权请求权等绝对权请求权的类型，分别决定其是否适用诉讼时效制度。目前持折中说的学者虽占据多数，但就何种类型的绝对权请求权应适用诉讼时效，尚存在意见分歧。梁慧星：《民法总论》，法律出版社 2011 年版，第 253 页；王轶："论侵权请求权与诉讼时效制度的适用"，载王轶：《民法原理与民法学方法》，法律出版社 2009 年版。

侵权人与诉讼时效期间内持续不行使损害赔偿请求权，可以导致不特定第三人对侵权责任承担人的财产状况产生信赖利益，因此，损害赔偿请求权应适用诉讼时效。

而停止侵害、排除妨碍、消除危险请求权主要针对的是正在持续的侵权行为，基于侵权行为的持续，不特定第三人难以对侵权人的财产形成错误的信赖利益，并且现实存在的侵权行为对于诉讼时效期间起算点的确立亦提出挑战，因此停止侵害、排除妨碍、消除危险请求权，不适用诉讼时效；而对于恢复原状而言，系指对被侵权人受损财产的物理性修复，侵权人需要支付相应的维修费用，若被侵权人长期不行使恢复原状请求权，易使不特定第三人对侵权人的责任财产产生信赖利益，故恢复原状请求权应适用诉讼时效制度。而对于返还财产请求权而言，其是否适用诉讼时效，需要判断不行使是否构成对交易安全的危害。因此，对于那些办理了不动产物权登记的所有权人行使返还原物请求权，因不动产登记之公示公信力的存在，不易危及交易安全，已登记不动产所有权的原物返还请求权应不适用诉讼时效，而其他原物返还请求权应适用诉讼时效。此外，赔礼道歉、消除影响、恢复名誉的责任承担方式主要针对人身侵权行为，一般不会引起侵权人和受害人较大的财产变动。因此，赔礼道歉、消除影响、恢复名誉请求权不适用诉讼时效，亦不会危及交易安全秩序。据此，《民法总则》第196条规定了诉讼时效适用的除外情形，即："下列请求权不适用诉讼时效的规定：①请求停止侵害、排除妨碍、消除危险；②不动产物权和登记的动产物权的权利人请求返还财产；③请求支付抚养费、赡养费或者扶养费；④依法不适用诉讼时效的其他请求权"。

（三）诉讼时效的期间与起算的法理基础

1. 诉讼时效的期间

诉讼时效期间，是指权利人不行使权利，从而发生权利减损之法律效果所需经过的法定期间。[1]据此，时效期间，是判断时效制度是否合理的核心问题。诉讼时效期间的确定，既要为权利人行使请求权留以足够的时间，不能使其动辄丧失权利，又要考虑债务人的利益，不能使其长期处于悬而未决的债务压力之下，以致第三人对债务人不真实的财产状况形成信赖利益，损及社会交易安全。学者们多赞同《民法通则》确立的以普通诉讼时效期间为主，以基于不同请求权之基础权利的特殊性质确定的长短不一的特殊诉讼时效期间为辅，并以最长诉讼时效期间为后盾的多元诉讼时效期间立法模式。

《民法通则》所规定的普通诉讼时效期间为 2 年，存在过短现象。有学者对此现象一针见血地指出，"就诉讼时效而言，权利人不应因怠于行使、疏于行使甚至羞于行使权利而丧失其权利，其权利的丧失只能因为其长期不主张权利而致义务人已经'习惯于'义务的'不存在'，以至于就义务人的财产状况于义务人自身及外界形成了一种可值信赖的稳固的事实状态，一旦破坏这一状态，即会破坏既存的财产秩序"。特别是，《民法通则》第 136 条规定的人身伤害赔偿请求权的诉讼时效期间过短现象，为多数学者所诟病。因此，中国大陆民法学界大多认为，《民法通则》规定的诉讼时效期间过短，应适当延长。[2]因此，《民法总则》第 188 条将普通诉讼时效期间确定为 3 年，而最长

---

〔1〕　参见王利明主编：《民法》，中国人民大学出版社 2010 年版，第 145 页。

〔2〕　参见梁慧星：《民法总论》，法律出版社 2011 年版，第 254 页；王利明：《民法总则研究》，中国人民大学出版社 2003 年版，第 723 页；张玉敏主编：《新中国民法典起草五十年回顾与展望》，法律出版社 2010 年版，第 264 页。

诉讼时效期间仍为 20 年，并且废除了《民法通则》第 136 条有关短期诉讼时效的规定。

2. 诉讼时效期间的起算

对于诉讼时效期间的起算点的确立，学理上和他国立法例上存在两种立法模式：一是主观标准说，即以从受害人知道其权利受侵害的时间开始起算，例如《俄罗斯民法典》第 200 条、《葡萄牙民法典》第 498 条等；二是客观标准说，即从权利受侵害时或请求权发生之时开始计算，但大陆法系各国和各地区的民法多以"请求权发生之时"为诉讼时效的起算点，例如《日本民法典》第 166 条、中国台湾地区"民法"第 128 条。[1]但鉴于上述主观标准说与客观标准说各有利弊，国内学者多建议采取主客观相结合的标准，并以客观标准弥补主观标准的不确定性。因此，学者多建议普通诉讼时效期间的起算点为"权利人能行使权利时"[2]，即知道或者应当知道权利被侵害以及侵害人时起算。而因侵权行为发生的请求权的诉讼时效期间，从"受害人知道有侵害行为及加害人之时起算，但 20 年时效期间从侵权行为发生之时起算"[3]。亦有学者建议，对于侵害生命权、健康权、身体权的人身损害赔偿的侵权行为，诉讼时效期间应从"受害人不仅知道或者应当知道自己的权利受到侵害，而且知道或者应当知道权利受到侵害的程度时起算"，而"对于侵害生命权的应当从受害人死亡之日起，计算诉讼时效期

---

〔1〕 参见王利明：《民法总则研究》，中国人民大学出版社 2003 年版，第 727 页。

〔2〕 参见梁慧星先生主持拟定的民法典意见稿第 192 条第 1 款第 1 项之规定，以及张玉敏主编：《新中国民法典起草五十年回顾与展望》，法律出版社 2010 年版，第 265 页。

〔3〕 参见梁慧星：《民法总论》，法律出版社 2011 年版，第 257 页。

间"。[1]另外，对于持续性侵权行为所引起的损害赔偿请求权的诉讼时效期间，自侵权行为终结时起算。

综上所述，侵权请求权的诉讼时效期间，应自权利人能够行使请求权之日起算。所谓"能够行使请求权"，是指权利人知道或者应当知道其权利遭受侵害和侵害人，其行使请求权已不存在主客观障碍。《民法总则》第 188 条确立诉讼时效主观期间与客观期间的起算点，即："诉讼时效期间自权利人知道或者应当知道权利受到损害以及义务人之日起计算。法律另有规定的，依照其规定。但是自权利受到损害之日起超过 20 年的，人民法院不予保护；有特殊情况的，人民法院可以根据权利人的申请决定延长"。

三、诉讼时效的典型案例

（1）新华日报社诉南京华厦实业有限公司相邻关系侵权损害赔偿纠纷案（《最高人民法院公报》1996 年第 3 期）。

（2）罗定市林产化工厂、刘显驰与株洲选矿药剂厂技术秘密侵权纠纷上诉案（《最高人民法院公报》2000 年第 3 期）。

（3）彭家惠诉《中国故事》杂志社名誉权纠纷案（《最高人民法院公报》2002 年第 6 期）。

（4）陈丽华等 23 名投资人诉大庆联谊公司、申银证券公司虚假陈述侵权赔偿纠纷案（《最高人民法院公报》2005 年第 11 期）。

四、侵权损害赔偿请求权适用诉讼时效展望

（一）应规定侵权损害赔偿请求权适用诉讼时效制度的特殊事项

尽管《民法总则》《民法通则》均对诉讼时效制度的概念、

---

〔1〕 杨立新：《侵权法论》，人民法院出版社 2004 年版，第 273 页。

适用范围、规范性质、法律效力以及诉讼时效期间障碍作出了规定。但是，侵权损害赔偿请求权之诉讼时效制度的适用还存在价值理念、期间长短设置、起算点确定等诸多方面的不同。例如，精神损害抚慰金请求权的期间如何设置，以及从受害人知道或者应当知道权利受到侵害和加害人时的期间，是以受害人所受精神痛苦显现为起算点，还是概括规定为权利人能够行使请求权时为起算点。确立何种诉讼时效期间以及起算点如何配置，直接关涉侵权诉讼当事人的利益安排，需要进行规范的价值判断。

（二）侵权请求权诉讼时效制度体系安排

侵权请求权诉讼时效制度是以侵权请求权为纽带，规定体系相对完整的侵权诉讼时效制度。我们建议未来民法典基于诉讼时效制度之维护交易安全秩序和社会公共利益的价值基础上，进一步确立侵权诉讼时效制度的正当性依据，同时还应注意到侵权请求权的法定性、矫正性，与各国民法总则中基于合同交易安全的债权请求权诉讼时效存在理念上的不同，较之其他债权请求权的行使期间，可能对侵权受害人行使请求权的时效期间要更长一些。在诉讼时效规范性质的确定上，要严格秉承强制性规范性质，不允许当事人违反法律规定缩短诉讼时间或者预先放弃诉讼时效利益。至于当事人能否约定延长诉讼期间，我们认为原则上亦应持否定态度（但时效届满后，责任人自愿偿还的，不在此限）。而侵害财产权所生的侵权请求权、侵害物质性人格权所生的侵权请求权以及侵害精神型人格权所生的侵权请求权在诉讼时效期间的设定和起算点确定上是否应有所不同，还需要进行周密的论证和利益衡量工作。

第五章

预防型侵权责任

本章导言

　　所谓侵权责任方式，是指为使被侵权人遭受侵害的民事权益恢复到未受侵害时的圆满状态，侵权人所应当承担的不利法律后果的形式或者类别。《侵权责任法》第 15 条第 1 款承继了《民法通则》第 134 条第 1 款的规定，突破了传统侵权法的单一损害赔偿之债的责任方式，为侵权责任的承担配置了八种侵权责任方式：①停止侵害；②排除妨碍；③消除危险；④返还财产；⑤恢复原状；⑥赔偿损失；⑦赔礼道歉；⑧消除影响、恢复名誉。

　　对于上述侵权责任方式，学界存有不同分类，本书基于各侵权责任方式的功能和目的，将其分为两类：①预防型侵权责任，指的是以防止实际损害后果发生或者扩大为目的的侵权责任，具体包括停止侵害、排除妨碍、消除危险。预防型侵权责任主要体现在《侵权责任法》第 21、45、46 条前句；《物权法》第 34、35 条；以及《著作权法》第 47、48 条、《专利法》第 60 条和《商标法》第 60 条。②补偿型侵权责任，指的是以损害填补为目的的侵权责任，具体包括恢复原状和赔偿损失。预防型侵权责任与补偿型侵权责任分类的主要意义在于其归责原则与责任构成要件的不同。

《侵权责任法》第21条规定停止侵害、排除妨碍、消除危险等预防型侵权责任的归责原则与责任构成要件，即"侵权行为危及他人人身、财产安全的，被侵权人可以请求侵权人承担停止侵害、排除妨碍、消除危险等侵权责任"。由本条可知，预防型侵权责任一般采取无过错责任归责原则，即在认定侵权人承担预防型侵权责任时，不考虑侵权人是否存在过错。

第一节　预防型侵权责任概述

一、预防型侵权责任的界定

所谓预防型侵权责任，是指以事前防止实际损害后果发生或者扩大为目的的侵权责任方式，具体包括停止侵害、排除妨碍以及消除危险等救济方式。《侵权责任法》第15条及第21条，从实体法层面上确认了预防型侵权责任的三种责任承担方式。

侵权责任法之所以要针对这三种侵权责任形式作出特殊规定，主要原因在于：

第一，从功能上考虑，预防型侵权责任的主要功能在于损害预防，而不是损害补偿。冯·巴尔教授指出："对包括预防性法律保护的简单解释是，预防损害比赔偿好得多……因此，认为预防性法律保护是侵权行为法的必要部分的观点是正确的。"[1]而冯·克默雷尔教授在论及"德国侵权行为法变迁的主

----

〔1〕　[德] 克雷斯蒂安·冯·巴尔：《欧洲比较侵权行为法》（上卷），张新宝译，法律出版社2001年版，第1页。

要特征"时，首先就强调"一个由司法实践超越制定法所创造的重大制度是，允许正在面临客观违法侵害的当事人提起预防性的不作为之诉"。[1]我国《侵权责任法》的立法目的之一是预防侵权行为，在侵权责任形式方面，这一立法目的体现为预防型侵权责任。

第二，这些责任形式不以现实的损害为要件。《侵权责任法》第21条规定："侵权行为危及他人人身、财产安全的"，此处使用了"危及"的表述，就是说这些方式的适用并非以现实的损害为前提，而仅要求具有现实损害的危险性。

第三，不以侵权人具有过错为要件。德国学者认为，上述三种责任方式的适用，不要求损害结果的发生，更不要求行为人主观上具有过错，从行为不法的角度来看，也不要求这些行为具有违法性。[2]从我国《侵权责任法》第21条的条文表述来看，并未出现"过错"字样，且基于体系解释与目的解释来看，对停止侵害、排除妨碍、消除危险的适用只有不以"过错"为要件，方可避免与《物权法》第34~35条所列的物权请求权形成"碰撞式法律漏洞"。因此，在预防型侵权责任的适用中，原则上不考虑行为人是否具有过错，同时也不考虑其责任能力问题。因为侵权人并不会因为承担这些责任而遭受利益的减损，因而无论其是否有责任能力，都应当承担预防型侵权责任。

二、预防型侵权责任的意义

如前所述，侵权法发展的重要特征就是预防功能的强化，这种功能的凸显就体现在这三种责任形式上，从而对侵权责任

---

〔1〕〔德〕恩斯特·冯·克默雷尔："侵权行为法的变迁（上）"，载《中德私法研究》，北京大学出版社2007年版，第166页。

〔2〕〔德〕迪特尔·施瓦布：《民法导论》，郑冲译，法律出版社2006年版，第268~269页。

内涵的发展起到了重要影响，尤其是不同的责任方式需要不同的要件，因此，以损害赔偿为中心的传统侵权责任要件构成出现了新的变化。

当然，关于预防型侵权责任到底有哪些类型，比较法上并不一致。例如，冯·巴尔教授在其主持的《欧洲民法典草案》（DCFR）中第6－1：102条就规定了停止侵害（prevention）。[1] 德国法上的预防性措施则包括停止侵害和排除妨害两种。[2] 法国司法部委托学者起草的《债法和时效制度改革草案》中侵权法第1369－1条规定："如果损害可能扩大、继续或永久化，法官基于侵害人请求，可以采取一切避免上述结果出现的措施，包括停止侵害行为。法官同样得命令侵害人采取上述措施，其费用由侵害人负担。法官也可以命令侵害人现行支付此必要费用。"[3] 相比之下，我国有关预防型侵权责任的规定更加全面和细致，不仅在《侵权责任法》第15条列举了三种责任形式，又在该法第21条重申了这三种责任形式并明确了其适用条件，从而全面地建立了预防型侵权责任形式制度，对受害人提供完善的救济。

预防型侵权责任与绝对权请求权之间的关系十分密切，从

---

〔1〕 该条规定："具有法律相关性的损害发生之虞的，将会因此遭受损害的人依本卷享有防止损害发生的权利。该权利针对如损害发生将对之负责的人行使"。参见欧洲民法典研究组、欧盟现行私法研究组：《欧洲示范民法典草案：欧洲私法的原则、定义和示范规则》，高圣平译，中国人民大学出版社2011年版，第312页。此外，该草案在第6－6：301条规定了损害防止请求权，即："①损害防止请求权仅适用于以下情形：（a）损害赔偿不是充分的备选救济措施；（b）由将对损害承担责任的人防止损害发生是合理的。②危险源是有形财产或动物，且由面临危险的人避免该危险不合理、不可能，损害防止请求权即包括了危险源除去请求权"。

〔2〕 ［德］迪特尔·施瓦布：《民法导论》，郑冲译，法律出版社2006年版，第265页。

〔3〕 参见石佳友："论侵权责任法的预防职能——兼评我国《侵权责任法（草案）》（二次审议稿）"，载《中州学刊》2009年第4期。

实质内容来看，预防型侵权责任与绝对权请求权具有类似性，其对受害人提供了类似的救济。有学者认为，停止侵害和排除妨碍若从请求权的层面命名，属于德国法系的"妨害除去请求权"，而消除危险则相当于德国法系的"妨害防止请求权"，在德国法系中，妨害除去请求权和妨害防止请求权均属于物上请求权。[1]此种观点有一定的道理，但两者之间仍然存在一定的区别，尤其是我国预防型侵权责任在适用范围上较之物权请求权更为宽泛，其不仅适用于对物权的保护，还可以适用于对人身权以及知识产权的保护；其不仅保护绝对权，而且还保护《侵权责任法》第 2 条第 2 款所规定的受侵权责任法保护的绝对性民事权益。

三、预防型侵权责任与诉讼时效

关于预防型侵权责任与诉讼时效的关系，存在两种不同的观点[2]：一种观点认为，从预防型侵权责任与绝对权请求权的实质内容相似的角度来看，既然绝对权请求权不适用于诉讼时效，预防型侵权责任也不应当适用诉讼时效；另一种观点认为，既然预防型侵权责任被规定在侵权责任法之中，并作为侵权责任的形式，它就当然应当适用诉讼时效。如前文所述，《民法总则》第 196 条第一项明确规定停止侵害、排除妨碍和消除危险三种预防型侵权责任不适用诉讼时效。

《民法总则》第 196 条之所以作出上述规定，是因为侵权责任形式与物权请求权存在的差异。具体而言：其一，它适用于持续性或继续性的侵权行为。所谓继续性的侵权行为，是指侵权行为是持续地、不断地进行的。例如，在邻居的房屋旁边挖

---

〔1〕　最高人民法院侵权责任法研究小组编著：《〈中华人民共和国侵权责任法〉条文理解与适用》，人民法院出版社 2010 年版，第 117 页。

〔2〕　王轶：《民法原理与民法学方法》，法律出版社 2009 年版，第 74 页。

掘水井，威胁他人的房屋安全。只要水井继续存在，此种妨碍就持续进行。因为继续性的侵权行为会持续发生，诉讼时效也就不断地重新开始起算。只要权利人的权利依然存在，其就可以请求停止侵害。其二，诉讼时效的起算是以权利遭受侵害为前提的。这里所说的侵害都是实际侵害，它与危险（或者说可能的侵害）相比是存在较大区别的。因为危险只是未来可能发生的损害，或者称为"损害之虞"，从救济受害人的角度出发，只要危险存在就应当赋予受害人以请求权，不应受到诉讼时效的限制。

四、预防型侵权责任的费用承担

在承担预防型侵权责任时，费用如何负担，也值得探讨。从原则上说，因停止侵害、排除妨害、消除危险等而支付的费用，应当由妨害人、侵害人承担。这就是说，谁的行为构成了对他人的权益的侵害或妨害，行为人就应当承担费用。这符合侵权法自负责任的理念。此项费用，虽不由受害人承担，但是受害人自己采取预防措施而支出费用的，其受偿方式，按照《欧洲侵权法原则》的规定，此项费用应当作为可救济性损害由加害人赔偿给受害人。[1]如果是受害人排除了妨害，其排除妨害所支付的合理费用应当由妨害人承担。受害人在排除妨害的过程中，应当采取合理的措施，其支付的费用也应当以合理为限，超过了合理的范围，妨害人可以拒绝支付。[2]侵权法和损害赔偿法不仅仅是旨在赔偿实际损害，而且还要预防损害的发

---

〔1〕 欧洲民法典研究组、欧盟现行私法研究组：《欧洲示范民法典草案：欧洲私法的原则、定义和示范规则》，高圣平译，中国人民大学出版社2011年版，第395页。该草案第6-6:302条规定了为防止损害发生的损失的责任，即："为防止即将发生的损害的发生，或减轻已发生损害的范围或严重程度，而合理支出费用或承受的其他损失，可以请求将该损害的发生承担责任的人赔偿"。

〔2〕 欧洲侵权法小组：《欧洲侵权法原则：文本与评注》，于敏、谢鸿飞译，法律出版社2009年版，第69页。

生，这一理念明显地体现在第 10：101 条第 2 句[1]中。据此，预防性措施的费用在损害发生预防之合理范围内获得赔偿。[2]

关于费用的承担，一般不应以是否获利来作为承担费用的依据。因为行为人尽管从事了妨害行为或侵害行为，但可能客观上并没有获利。在很多情况下，要求受害人证明行为人获利非常困难。在无法确定具体的行为人时，应当按照所有人自担风险或"权益人自担损害"的原则，由所有人来承担费用。在无法查明谁是妨害人或者侵害人时，比如某人随意丢弃垃圾于不动产所有人之土地上，其散发的臭味给相邻的土地所有人造成了妨害，此时，排除这种妨害状态的责任就落在了所有人身上。因为，"所有权人应当做出一切可合理期待的努力，以制止和防止出自于其所有权领域的有害干涉波及他人的受保护权利和利益"。[3]

第二节 预防型侵权责任与绝对权请求权的关系

一、我国绝对权救济模式的选择之争

我国民法学界关于预防型侵权责任的争论，主要来自学界在《物权法》起草过程中对于物权保护模式之立法选择的论争。因《物权法》第 34～35 条确立了物权请求权，该论争在《侵权责任法》制定过程中日渐成为民法学界争论的一个核心问题。该论题的核心在于预防型侵权责任与物权请求权间的逻辑关系

---

〔1〕 即"损害赔偿金也服务于预防损害的目的"。

〔2〕 欧洲民法典研究组、欧盟现行私法研究组：《欧洲示范民法典草案：欧洲私法的原则、定义和示范规则》，高圣平译，中国人民大学出版社 2011 年版，第 395 页。

〔3〕 ［德］迪特尔·施瓦布：《民法导论》，郑冲译，法律出版社 2006 年版，第 269～270 页。

及体系效应上。[1]

我国绝对权救济立法模式选择的论争已持续十余年，尚未达成一致意见。到目前为止，我国绝对权救济的立法模式选择主要出现了三种方案：

第一，侵权责任吞并绝对权请求权方案。即根据民事责任理论、变革请求权理论，未来民法典在物权编、人格权编（如果人格权独立成编）和知识产权法中将不单独规定物权请求权、人格权请求权等绝对权请求权，而将绝对权请求权变革为侵权责任，并对侵权责任构成要件等进行相应调整。[2]

第二，损害赔偿责任与绝对权请求权相互独立方案。即未来民法典在物权编、人格权编（如果人格权独立成编）和知识产权法中将规定物权请求权、人格权请求权等相应的绝对权请求权，并将侵权责任方式限定于损害赔偿。[3]

第三，侵权责任与绝对权请求权折中方案。即在继续保留预防型侵权责任的基础上，未来的中国民法典将在其物权编、

---

〔1〕 王轶："论侵权责任承担方式"，载《中国人民大学学报》2009 年第 3 期；王轶："物权保护制度的立法选择评《物权法草案》第三章"，载《中外法学》2006 年第 1 期。

〔2〕 持该观点的代表性学者是北京大学法学院的魏振瀛教授。参见魏振瀛："论债与责任的融合与分离——兼论民法典体系之革新"，载《中国法学》1998 年第 1 期；魏振瀛："《民法通则》规定的民事责任——从物权法到民法典的规定"，载《现代法学》2006 年第 3 期；魏振瀛："制定侵权责任法的学理分析——侵权行为之债立法模式的借鉴与变革"，载《法学家》2009 年第 1 期；魏振瀛："侵权责任法在我国民法中的地位及其与民法其他部分的关系——兼与传统民法相关问题比较"，载《中国法学》2010 年第 2 期。此外，许多学者支持此观点，参见丁海俊、周玉辉："论我国绝对权救济模式的立法选择"，载《政法论丛》2008 年第 3 期。

〔3〕 持该观点的代表性学者是清华大学法学院的崔建远教授。可参见崔建远："绝对权请求权抑或侵权责任方式"，载《法学》2002 年第 11 期；崔建远："关于恢复原状、返还财产的辨析"，载《当代法学》2005 年第 1 期；崔建远："论物权救济模式的选择及其依据"，载《清华大学学报（哲学社会科学版）》2007 年第 3 期；崔建远："论归责原则与侵权责任方式的关系"，载《中国法学》2010 年第 2 期。

人格权编（如果人格权独立成编）以及知识产权编中规定物权请求权、人格权请求权、知识产权请求权等绝对权请求权，形成预防型侵权责任方式与绝对权请求权的竞合。而至于选择何种救济方式，则由当事人自由选择。[1]

二、侵权责任承担方式与绝对权请求权的同质性[2]

由于传统民法对民事责任内涵的不同理解，传统民法和我国《民法通则》《侵权责任法》对绝对权救济模式选择了不同的道路。由于理念的不同，我们不能轻易辨别孰优孰劣。在我国民法典的制定中，绝对权救济模式的选择至关重要，其决定了我国民法典的规范体系和逻辑体系，即绝对权救济在我国民法典中的位置，是集中规定独立成编，还是拆分到物权法、人格权法、知识产权法中？

因此，欲探求绝对权救济模式，须首先探明其法理。我们认为，侵权行为的结果是责任，而不是债。债与责任分离的理论基础在于民事法律关系内容的民事权利、民事义务与民事责任的"三位一体理论"，即：民事法律关系的内容是由民事权利、民事义务和民事责任三者构成的对立统一体，其中包括民事法律关系主体双方之间的权利义务关系和权利责任关系，这两种法律关系在同一民事法律关系中具有时序性。其中权利义务型法律关系为民事法律关系的正态，权利责任型法律关系为

---

[1] 持该观点的代表性学者有中国人民大学法学院的王利明教授和烟台大学法学院的郭明瑞教授。可参见王利明：《物权法研究》（上册），中国人民大学出版社2007年版，第215页；王利明："我国侵权责任法的体系构建——以救济法为中心的思考"，载《中国法学》2008年第4期；郭明瑞："侵权立法若干问题思考"，载《中国法学》2008年第4期。

[2] 本部分主要参酌笔者过往论文，并增加了新的思考。参见丁海俊、周玉辉："论我国绝对权救济模式的立法选择"，载《政法论丛》2008年第3期。

变态，这与天之晴阴同理。[1]

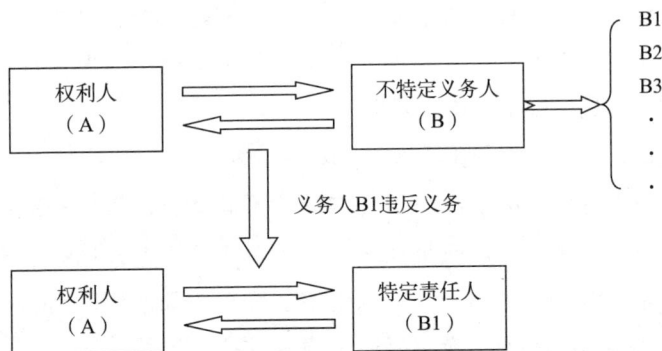

图 5-1　绝对权法律关系中的权利义务型关系、

权利责任型关系及其转化示意图

　　侵权责任方式与绝对权请求权之间的关系是"一枚硬币的两面"，在救济受害人方面具有同质性。具体而言，绝对权请求权模式从权利人视角出发，即从原权利与救济权的转化与行使的角度来建构绝对权请求权模式：当绝对权人的权利遭受侵害时，绝对权人获得一项救济权，即对相对人享有请求其停止侵害、排除妨碍、消除危险以及返还原物的救济权，并且在权利人遭受实际损失时，绝对权人基于补偿型侵权责任的责任构成与责任承担规则，请求其承担补偿型侵权责任。

　　而侵权责任模式则是从义务人视角出发，即基于义务违反产生责任的原理，来建构绝对权的救济模式：不特定的第三人对享有物权、人格权等绝对权或者对为他人所知悉的民事法益的民事主体负有消极的不作为义务以及法定情形下的作为义务，一旦义务人违反其不作为义务或作为义务侵害了他人的绝对性法益，则应当承担相应的预防型侵权责任。

　　――――――――――

〔1〕　丁海俊："论民事权利、义务和责任的关系"，载《河北法学》2005 年第 7 期。

因此,《侵权责任法》中的预防型侵权责任与《物权法》中的物权请求权(参见《物权法》第34、35条)在预防受害人损害方面具有相同属性,故二者不存在对错之分,仅存在哪种模式更切合我国国情民意和法制传统的差别。

三、对我国民法典绝对权救济模式设计的几点建议

根据民事权利、民事义务与民事责任的对立统一关系以及原权利与救济权的区分原理,我们认为,绝对权救济模式应采取统一的侵权责任模式,但是应当切实解决《民法通则》中侵权责任规定所产生的"大脚穿小鞋"的弊病,并结合大陆法系绝对权救济"二元模式"的优点,对我国现行绝对权救济模式进行改良。

第一,在民法总则部分规定民事责任的原则性规定。在民法典总则部分之民事法律关系部分,设计与"民事权利""民事义务"并行的"民事责任"一节,统一规定民事责任的概念、功能及基本构成要件等问题,并将民事责任分为损害预防责任与损害赔偿责任两种基本责任形式,其中损害预防责任应规定于侵权责任编,主要适用于物权、人格权等绝对权的救济;损害赔偿责任基于所保护的对象的性质(即民事权利的效力范围的不同)而分属于债编和侵权责任编:即以债权为救济对象的损害赔偿责任原则上规定于债编,主要在合同法部分;以绝对权为救济对象的损害赔偿责任规定于侵权责任编。对于合法民事权益的保护原则只适用损害赔偿责任,这是行为人自由和受害人利益保护两大立法价值博弈的结果。

第二,在人格权编、物权编只规定权利规则,而其责任规则统一规定于侵权责任编。民法中的法律规范有权利规则和责任规则之分,其中权利规则是指,民法对私人法益的保护均以权利名之,例如为保护房屋所有人的法益而赋予所有人所有权;

责任规则是指通过规定义务人的义务和违反义务的后果,对某些合法法益进行保护。[1]在民法中,权利规则主要体现在侵权法中。我们认为在民法典人格权编和物权编,[2]应当以一般概括和具体列举的方式,对需要民法保护的合法权益以相应的权利名之,这将为侵权责任规则的适用给予明确的对象,有利于充分发挥侵权责任规则的效力。

第三,侵权责任独立成编,集中规定预防侵权责任和损害赔偿侵权责任。将侵权责任法作为对所有绝对权和合法利益的救济法独立成编放在民法典的最后,形成一个事实上的权利救济(侵权责任)编,既能突显民事权利救济的重要性,又能对那些没有上升为绝对权的法益进行确认和保护。

侵权责任编的主要内容可分为以下几个部分:

第一部分为侵权责任编的总则部分。首先规定侵权责任的一般性问题,如侵权责任的适用范围、归责基础、免责事由等。其次,原则性地规定损害预防与损害赔偿侵权责任作为侵权责任的主要责任形式,可适用不同的责任构成要件、归责原则和时效制度。

第二部分为损害预防侵权责任部分。首先,规定损害预防侵权责任的定义,即权利人为恢复对绝对权的客体的圆满支配状态而对妨害绝对权行使或有妨害之虞的义务人请求承担损害预防侵权责任。其次,借鉴德国的绝对权请求权制度,规定损害预防侵权责任的构成要件"不应当包括过错,而仅仅包括损害(现实的或者即将的)、行为和因果关系"。相应地,损害

---

〔1〕 丁海俊:"私权救济论",西南政法大学 2005 年博士学位论文。

〔2〕 由于知识产权法作为民法的特别法在我国成为独立的法典,故本文不讨论知识产权的设权规则问题,但是知识产权的责任规则应在民法典侵权责任编作出原则性的规定,以彰显知识产权的私权性。

预防侵权责任的归责原则为无过错责任原则。再次，关于损害预防侵权责任的责任方式的规定。我们认为，损害预防侵权责任方式可以由停止侵害、排除妨碍、消除危险等形式构成。国内有许多学者都建议引进英美法上的"禁令"（injunction）制度，[1]本书认为禁令制度作为损害预防侵权责任的责任方式值得借鉴。

第三部分为损害赔偿侵权责任部分。首先，目前学者所称的侵权责任的归责原则，即过错责任原则、无过错责任原则、公平责任原则不是整个侵权法的责任归责原则，而只是损害赔偿侵权责任的归责原则，因为传统民法所指的侵权法隶属于债法，且侵权责任的责任方式只是损害赔偿责任。因此，过错责任原则与无过错责任原则可以作为归责原则规定于损害赔偿责任部分，但是我们认为公平责任原则不属于归责原则，公平责任原则只是损失的分担方式，《侵权责任法》第24条对此予以确认。[2]其次，损害赔偿侵权责任因其责任构成要件是否必须具备过错而分为一般侵权行为的损害赔偿责任与特殊侵权行为的损害赔偿责任。我们可以按这一路径来具体设计损害赔偿责任。

第三节　预防型侵权责任的构成与适用

一、预防型侵权责任的构成要件

《侵权责任法》第21条和《物权法》第34、35条规定停止

---

〔1〕 参见丁海俊："预防型民事责任"，载《政法论坛》2005年第4期；杨立新教授主持的《中华人民共和国侵权责任法草案建议稿》第14条［侵权禁令］："有充分理由相信行为人可能进行不利于受害人的行为，使其受到现实威胁时，受害人可以请求法院依照本法第13条第1项至第3项规定发布禁令，禁止行为人继续实施侵权行为。请求侵权行为禁令的受害人，应当提供相应的担保"。

〔2〕《侵权责任法》第24条规定："受害人和行为人对损害的发生都没有过错的，可以根据实际情况，由双方分担损失。"

侵害、排除妨碍、消除危险、返还财产等预防型侵权责任的归责原则与责任构成要件，即"侵权行为危及他人人身、财产安全的，被侵权人可以请求侵权人承担停止侵害、排除妨碍、消除危险等侵权责任"。由本条可知，预防型侵权责任一般采取"无过错"归责原则，即在认定侵权人承担预防型侵权责任时，不以侵权人存在过错为要件。

但是，《侵权责任法》第21条中的"无过错"责任并不是第7条规定的无过错责任原则的具体应用，因为第7条中的无过错责任原则要求有实际损害后果的发生，而第21条不是以实际损害后果的发生为要件。因此，第21条所体现出的"无过错"责任可以称之为"无损害结果的无过错责任"。[1]

预防型侵权责任的一般构成要件包括：①有侵权行为存在；②被侵权人的人身、财产安全遭受现实威胁；③侵权行为与被侵权人的人身、财产安全遭受现实威胁之间存在因果关系；④不考虑行为人是否存在过错。这些仅是预防型侵权责任的一般构成要件，而停止侵害、排除妨碍、消除危险等责任方式基于各自的特点，对具体侵权行为、人身与财产安全造成现实威胁还需要做构成要件的具体化操作，例如，停止侵害主要适用于行为人实施的侵权行为仍在持续中的情形；而排除妨碍则适用于行为人实施的侵权行为使得被侵权人无法行使或者不能正常行使其人身和财产权利，给被侵权人的权利行使造成妨碍的情形。《著作权法》第47、48条、《商标法》第57条、《专利法》第60条对于预防型侵权责任有特殊规定，排除了《侵权责任法》

---

〔1〕 参见王振雷："绝对权侵权责任归责原则体系及其责任承担"，载《河南司法警官职业学院学报》2007年第2期；龚赛红："关于侵权责任形式的理性思考——兼论绝对权请求权的立法模式"，载《中国法学会民法学研究会09年年会论文集》（下册），第86页。

第 21 条在此领域的适用。

《侵权责任法》第 2 条第 1 款与第 6、7、21 条在外在体系上构成一般条款与特别条款的关系。在法律适用上，首先应当依据被侵权人主张的侵权责任方式的类型来确定是适用第 6 条、第 7 条还是第 21 条，只有出现无法适用第 6 条、第 7 条、第 21 条的情形时，当事人和法官才能援引第 2 条第 1 款的规定，以防止法官在适用《侵权责任法》时轻易向"一般条款"逃逸的危险。

二、预防型侵权责任方式的具体适用

《民法通则》和《侵权责任法》明确了停止侵害、排除妨碍和消除危险等三种预防型侵权责任方式及其适用条件，而《最高人民法院关于贯彻执行〈中华人民共和国民法通则〉若干问题的意见（试行）》第 154 条更是对高度危险责任中的预防型侵权责任的适用作出了规定[1]。

（一）停止侵害

1. 停止侵害的概念界定

停止侵害作为一种责任形式，是指被侵权人要求侵权人停止正在进行（而非已经停止或者尚未实施）的侵害他人财产或人身的行为。停止侵害可适用于各种侵权行为，其主要作用在于：能够及时制止正在进行的侵害行为，防止损害后果的产生或蔓延。[2]换言之，停止侵害，实际上是要求侵害人不实施某种侵害行为，即不作为。

而对于停止侵害的性质，在侵权责任法的制定过程中存在

---

〔1〕《民法通则意见》第 154 条规定："从事高度危险作业，没有按有关规定采取必要的安全防护措施，严重威胁他人人身、财产安全的，人民法院应当根据他人的要求，责令作业人消除危险。"

〔2〕参见王利明：《侵权责任法研究》（上卷），中国人民大学出版 2011 年版，第 583 页。

几种不同的看法：其一，诉前禁令说，即停止侵害就是诉前禁令或者诉讼保全措施，仅是程序法上的规定；其二，责任形式说，即停止侵害是侵权责任的具体方式，不同于诉前禁令。[1]本书认为，停止侵害在性质上属于侵权责任方式，属于预防型侵权责任方式，而不是诉前禁令。诉前禁令说实际上将实体性权利混淆成了一种程序性权利，尽管停止侵害的适用在诉前可以适用，但作为一种责任方式，其除了发挥诉前的临时性救济功能之外，还能够更为广泛地作为一种责任方式在司法判决中加以运用。

2. 停止侵害的适用条件

停止侵害的适用要件，是指侵权责任法上适用停止侵害所应当满足的条件，具体包括：

第一，侵权人侵害了他人的民事权益。侵权人对他人的绝对性权益造成妨害或侵害。停止侵害的适用范围比较广泛，对于各种具有绝对性的权益均具有适用余地。侵害必须是现实的、已经存在的，而不是未来的可能性。换言之，停止侵害的适用必须以民事权益已经被侵害为前提，[2]但并不要求已造成实际损害后果。

第二，侵害民事权益的状态处于持续性状态。所谓持续性状态，是指侵权状态还处于持续性状态，造成侵害的行为已经开始，但尚未结束，因此有必要及时予以制止，防止损害的进一步扩大。停止侵害的请求权人不仅要证明侵害已经发生，而且要证明该侵害正处于持续状态。如果侵害发生以后，已经停止或者有证据表明它即将停止，就没有必要请求停止侵害。如果侵权状态已经结

---

〔1〕 参见王利明：《侵权责任法研究》（上卷），中国人民大学出版2011年版，第584页。

〔2〕 参见王利明：《侵权责任法研究》（上卷），中国人民大学出版2011年版，第585页。

束，就没有必要再采取此种责任承担方式了。[1]所以，停止侵害的适用必须以持续性的侵害行为为前提。例如，环境污染、名誉毁损等情形。需要指出的是，被侵权人要求停止侵害，是否必须达到严重的程度？笔者认为，由于停止侵害的目的是预防损害的发生，所以不应当以侵害达到严重程度为前提，只要构成对受害人民事权益的侵害，被侵权人就可以主张。

第三，停止侵害不要求过错。在发生侵害的情况下，行为人通常是有过错的，例如，在邻人的房屋旁边挖掘水井，这本身表明其没有尽到对他人财产和人身的注意义务，但是，停止侵害请求权的行使并不要求受害人证明此种过错。只要行为人的侵害行为正在持续，就有必要予以制止，不管行为人主观上是否具有过错。

因侵害绝对性民事权益的侵害行为的表现形态的不同，停止侵害的具体表现方式也不同。例如，在侵害名誉权的案件中，如果被告通过在网站上发表文章或者声明的方式侵害了原告的名誉权，那么，停止侵害意味着被告应当删除在该网站上发表的文章或者声明。[2]再如，在侵害著作权的情形下，如果被告未经权利人的许可擅自使用其作品，只有被告停止使用该作品方可达到停止侵害之效果。[3]

（二）排除妨碍

1. 排除妨碍的意义

排除妨碍，指的是侵权人实施的行为使他人无法行使或者

---

〔1〕 Geneviève Viney, Patrice Jourdain, Traité de droit civil, Les effets de responsabilité, 2e éd., LGDJ, 2001, p. 76. 转引自王利明：《侵权责任法研究》（上卷），中国人民大学出版 2011 年版，第 586 页。

〔2〕 参见"李忠平诉南京艺术学院、江苏振泽律师事务所名誉侵权纠纷案"，载《中华人民共和国最高人民法院公报》2008 年第 11 期。

〔3〕 参见"陈兴良诉数字图书馆著作权侵权纠纷案"，载《中华人民共和国最高人民法院公报》2003 年第 2 期。

不能正常行使人身、财产权益的，受害人可以要求行为人排除妨碍权益实施的障碍。[1]在《物权法》第 35 条规定排除妨害请求权之前，《民法通则》就已将排除妨碍作为一种可以广泛适用的民事责任承担方式。《侵权责任法》第 15 条和第 21 条更是将排除妨碍作为预防型侵权责任方式。

需要注意的是，《物权法》第 35 条中使用的是"排除妨害"，而《侵权责任法》却继续沿用《民法通则》中的"排除妨碍"。其中，"妨害"与"妨碍"这一词之差，是否意味着不同呢？有学者认为，"妨碍"是指对他人行使权利的不合理的妨碍，它可能实际造成了损害，也可能未造成损害；而"妨害"必定意味着后果上已经有了某种不利益状态即损害的发生，故"排除妨碍"比"排除妨害"的含义更为广泛。[2]也有学者认为，"妨碍"与"妨害"并无实质区别，二者均不适用于已经造成实际损害后果的情形。[3]

行为人不排除妨碍的，受害人可以请求人民法院责令其排除妨碍。并且，排出妨碍的费用也应当由侵害人承担。

2. 排除妨碍的适用条件

第一，行为人的行为给他人正常行使权利造成了妨碍。此为排除妨碍的适用前提。这就意味着排除妨碍并没有要求一定存在危险性，但通常都造成了对权利行使的障碍。[4]因此，行为人实施的行为即使没有危险性，但构成了对权利行使的妨碍

---

〔1〕 参见全国人大常委会法制工作委员会民法室：《中华人民共和国侵权责任法解读》，中国法制出版社 2010 年版，第 66~67 页。

〔2〕 参见王利明：《侵权责任法研究》（上卷），中国人民大学出版 2011 年版，第 587 页。

〔3〕 参见程啸：《侵权责任法》，法律出版社 2011 年版，第 539 页。

〔4〕 参见最高人民法院侵权责任法研究小组编著：《〈中华人民共和国侵权责任法〉条文理解与适用》，人民法院出版社 2010 年版，第 116 页。

时，受害人也有权请求排除。

第二，这种妨碍应当是实际存在的、持续的、不正当的妨碍。这就是说，一方面，必须存在对权利行使的现实障碍，而不是受害人主观臆想或猜测的妨碍；另一方面，这种妨碍状态没有结束而处于持续中，妨碍必须是持续进行的，而不是短暂即逝的或已经消失的，如果妨碍已经结束，当然没有必要适用排除妨碍。此外，对于行为人正当行使权利所造成的妨碍，受妨碍人不得请求排除，如物权法中相邻权人之间负有必要的容忍义务。

第三，排除妨碍可以不考虑侵权人是否有过错。受害人行使排除妨碍的请求权，可以不考虑侵权人是否具有故意或过失。换言之，该项请求权的行使不以相对人具有过错为要件。排除妨碍旨在除去权利行使过程中的障碍或侵害，使权利人能够正常行使权利，因而此种请求权的行使不必适用过错责任原则。只要行为人阻碍或妨碍他人行使其权利，权利人都可以要求行为人排除其妨碍。[1]

妨碍的排除，原则上应由侵权人予以实现。但是，若被侵权人自行排除该妨碍并为此支付费用的，其有权依据无因管理或不当得利之规定，要求侵权人返还该费用。[2]

（三）消除危险

1. 消除危险的界定

所谓消除危险，是指侵权行为虽然既没有对他人造成实际损害，也没有构成现实的侵害或者妨碍，但是存在造成损害或者妨碍的现实危险时，被侵权人有权要求侵权人消除这一危

---

[1] 参见王利明：《侵权责任法研究》（上卷），中国人民大学出版社 2011 年版，第 589 页。

[2] 参见程啸：《侵权责任法》，法律出版社 2011 年版，第 540 页。

险。[1]侵权法中的消除危险责任方式的适用必须是损害尚未实际发生，且没有实际妨碍他人民事权利的行使，但侵权人的行为又确实危及他人的财产、人身安全，对他人造成威胁。适用此种责任方式能有效地防止损害的发生，充分保护民事主体的民事权利。

2. 消除危险的适用条件

首先，必须是损害尚未发生，也没有妨碍他人的民事权利的行使。[2]例如某人的房屋由于受到大雨冲刷随时有倒塌可能，危及邻居的人身、财产安全，但房屋的所有人不采取措施，邻居可以请求该房屋的所有人采取措施消除这种危险。

其次，必须是危险确实存在，对他人人身、财产安全造成现实威胁，但还未发生实际损害。所谓危险，就是指侵权人的行为有造成他人人身、财产权益现实损害的可能性。有学者认为，危险是行为人的行为对他人人身、财产权益造成了现实威胁。[3]还有学者认为，威胁和危险均指造成这种现实损害的可能性。这种可能性，就是通常所说的损害之虞，它必须是即将来临的或者真实的，而不是臆想的，也并非没有任何实际根据的猜测和担忧。[4]

再次，危险是不合理的。所谓不合理，是指危险超越了社会和法律所能允许的范围。依据一般社会经验，这种危险通常都可能造成他人的损害，而法律对这种损害的评价是否定的。

---

〔1〕 参见程啸：《侵权责任法》，法律出版社2011年版，第540页。

〔2〕 参见王利明、杨立新编著：《侵权行为法》，法律出版社1997年版，第101页。

〔3〕 参见全国人大常委会法工委民法室：《〈中华人民共和国侵权责任法〉条文说明、立法理由及相关规定》，北京大学出版社2010年版，第67页。

〔4〕 参见欧洲侵权法小组：《欧洲侵权法原则：文本与评注》，于敏、谢鸿飞译，法律出版社2009年版，第69页。

最后，可以不考虑侵害人是否有过错。消除危险责任方式作为一种预防型侵权责任方式，其发挥的是事前防止损害实际发生的功能，因此，不要求侵害人具有过错。

可以请求适用消除危险的主体应当是权利处于危险状态中的权利人。危险发生以后，应当由危险的引致人承担消除危险的责任，因此，消除危险的费用应当由危险设施的物权人或危险形成人承担。一般来说，消除危险请求权的行使，不受诉讼时效的限制。因为不论何时发生危险，只要有可能受到损害的人便有权要求危险的形成人承担消除危险的责任。

第六章

侵权损害赔偿责任

本章导言

所谓"损害赔偿",亦称赔偿损失,是指"赔偿义务人"通过支付一定数额金钱的方式,承担对受害人的损害予以救济的责任。尽管《侵权责任法》第 15 条第 1 款规定了八种侵权责任方式,但是在这八种侵权责任方式中,损害赔偿仍然是最基本的责任形式,这一点是由侵权法的基本功能旨在补偿受害人的损失所决定的。[1]损害赔偿责任占据了大半个《侵权责任法》,关于停止侵害、排除妨碍、消除危险等非损害赔偿责任方式在《侵权责任法》以及其他侵权特别法中仅有区区数个条文。因此,我国《侵权责任法》条文中的"侵权责任"若无特别说明,均指"损害赔偿责任"。

依照《侵权责任法》第 16 条、第 19 条和第 22 条的规定,侵权损害赔偿的适用范围包括:①侵害他人物权、知识产权等财产权益产生的直接和间接的财产损失,体现在《民法通则》第 117~118 条、《侵权责任法》第 19 条;②因受害人的生命权、健

---

〔1〕 王利明:《侵权行为法研究》(上卷),中国人民大学出版社 2004 年版,第 705 页。

康权和身体权遭受他人不法侵害时导致的直接财产损失和逸失利益，主要体现为《民法通则》第 119～120 条、《最高人民法院关于确定民事侵权精神损害赔偿责任若干问题的解释》、《最高人民法院关于审理人身损害赔偿案件适用法律若干问题的解释》以及《侵权责任法》第 16 条等规定；③因侵害他人人身权益而产生的严重精神损害，包括心理或者生理上的痛苦、疼痛等。

第一节　侵权死亡赔偿金

《中华人民共和国侵权责任法》（以下简称《侵权责任法》）于第 16、17、18 及 22 条确立了体系相对完备、逻辑较为清晰的侵权死亡赔偿制度。其中，第 16 条后段及第 17 条构架了死亡赔偿金制度。但是，立法机关迫于侵权责任法起草期间有关"同命同价"与"同命不同价"论争之压力，[1]《侵权责任法》对死亡赔偿金的性质界定、死亡赔偿金与被抚养人生活费的关系、死亡赔偿金的赔偿标准等关键性问题采取模糊回避的态度，从而削减了死亡赔偿制度的确定性和可操作性。这使得有关死亡赔偿金的争论并未随着《侵权责任法》的出台而终结，反而在《侵权责任法》宣传和适用之初即已引发热议，见仁见智，不断

---

〔1〕　在侵权责任法颁行前，最高人民法院颁行的《最高人民法院关于确定民事侵权精神损害赔偿责任若干问题的解释》与《最高人民法院关于审理人身损害赔偿案件适用法律若干问题的解释》关于死亡赔偿金性质界定的反复以及《最高人民法院关于审理人身损害赔偿案件适用法律若干问题的解释》第 29 条规定引发了"同命同价"与"同命不同价"的热议。此论证自 2004 年延续到侵权责任法的立法审议阶段，其间出现诸多专题著述，主要有：石春玲："死亡赔偿请求权基础研究"，载《法商研究》2005年第 1 期；刘士国："论人身死伤损害的定额化赔偿"，载《法学论坛》2003 年第 6 期；姚辉、邱鹏："论侵害生命权之损害赔偿"，载《中国人民大学学报（社会科学版）》2006年第 4 期；孙鹏："'同命'真该'同价'？——对死亡损害赔偿的民法思考"，载《法学论坛》2007 年第 2 期；张新宝："侵权死亡赔偿研究"，载《法学研究》2008 年第 4 期。

深入，成为民商法学界少有之盛事。[1]

面对侵权死亡赔偿在理解与适用中出现的诸多争议，本书无意从立法论的视角对年轻的《侵权责任法》作出种种指摘和以"急就章"的形式来提出所谓的"立法建议"，原因是《侵权责任法》所规定的死亡赔偿金制度是否妥当，尚需司法实践之检验。因此，本书遵循民法解释学的诸规则，从法律适用的角度对死亡赔偿金的性质、赔偿标准等争议较大且影响法律适用的问题，在法律解释范围内尽可能弥补法律的缺陷，以期对司法裁判标准的统一和法官之法律续造有所助益。

一、死亡赔偿金的语义分析

在因不法侵害他人生命权而应承担的赔偿责任中，最重要的是死亡赔偿金赔偿责任。在具体讨论死亡赔偿金的性质与赔偿标准之诸观点是与非之前，我们有必要依据《侵权责任法》的立法精神对核心概念"死亡赔偿金"作出界定，以避免问题探讨中各说各话的弊病。[2]

---

〔1〕 侵权责任法颁行后，有关侵权死亡赔偿或者侵权死亡赔偿金的论述主要有：张新宝："《侵权责任法》死亡赔偿制度解读"，载《中国法学》2010 年第 3 期；丁海俊："论我国《侵权责任法》上的死亡赔偿制度——兼谈对《侵权责任法》第 16、17、18 条和第 22 条的理解"，载《法学杂志》2010 年第 3 期；叶名怡："论死亡赔偿范围——以《侵权责任法》第 16、17、22 条为重点"，载《法商研究》2010 年第 3 期；梁小平、陈志伟："再论死亡补偿费与死亡赔偿金的性质"，载《政法论坛》2010 年第 5 期。此外，在王胜明主编：《中华人民共和国侵权责任法解读》，中国法制出版社 2010 年版；最高人民法院侵权责任法研究小组编著：《〈中华人民共和国侵权责任法〉条文理解与适用》，人民法院出版社 2010 年版；王利明：《侵权责任法研究》（上卷），中国人民大学出版社 2010 年版等论著中，对于侵权死亡赔偿金的理解与适用亦有诸多阐释。

〔2〕 据笔者占有的有限资料来看，学者所述的"死亡赔偿金"是不一样的，有的是指死者因其生命权遭受他人不法侵害所产生的全部损害的赔偿金，有的是死者近亲属因死者死亡所遭受的全部财产损失和精神损害的赔偿金，有的是指死者近亲属因死者死亡所遭受的预期财产利益（逸失利益）的赔偿。正是基于"死亡赔偿金"与其指代对象的不统一，人为地增加了死亡赔偿金性质、赔偿标准等问题探讨的难度。

在我国已有的法律文件和学者著述中，有关死亡赔偿金的表述可谓五花八门，诸如死亡补偿费、抚恤金、死亡抚慰金、死亡赔偿金等。自 1993 年 10 月颁行的《消费者权益保护法》确立"死亡赔偿金"的法律概念以来，"死亡赔偿金"一词已被《国家赔偿法》《最高人民法院关于确定民事侵权精神损害赔偿责任若干问题的解释》《最高人民法院关于审理人身损害赔偿案件适用法律若干问题的解释》等重要法律文件所沿用，并为《侵权责任法》第 16 条所肯认。因此，本书采"死亡赔偿金"的概念。

学界有关"死亡赔偿金"的概念界定存在"广义说"和"狭义说"两种观点。所谓广义的"死亡赔偿金"，是指因不法侵害他人生命依法应支付的一定的金钱，包括丧葬费、被抚养人生活费、精神损害抚慰金等与死亡损害相关的一切费用。[1] 所谓狭义的"死亡赔偿金"，是侵权死亡赔偿中的具体赔偿项目，是指对因侵害生命权所引起的死者近亲属的各种现实财产损失的赔偿。[1]

《侵权责任法》于第 16 条和第 22 条确立了三类相互独立并存的死亡赔偿项目：丧葬费等相关财产损失赔偿、死亡赔偿金和精神损害抚慰金。据此可断，《侵权责任法》对"死亡赔偿金"的界定采取"狭义说"，并且精神损害抚慰金成为死亡赔偿的法定项目以及第 18 条赋予死者近亲属死亡赔偿金的请求权主体资格，大体框定了"死亡赔偿金"概念的内涵和外延。

本书认为，死亡赔偿金，是与相关财产损失赔偿及精神损

---

〔1〕 参见张新宝："《侵权责任法》死亡赔偿制度解读"，载《中国法学》2010 年第 3 期；丁海俊："论我国《侵权责任法》上的死亡赔偿制度——兼谈对《侵权责任法》第 16、17、18 条和第 22 条的理解"，载《法学杂志》2010 年第 3 期。

害抚慰金并存的死亡赔偿项目，指的是死者近亲属因死者的生命权遭受他人不法侵害所产生的财产性损失的赔偿。

二、我国死亡赔偿金制度的历史分析

（一）我国死亡赔偿金制度的立法变迁

"死亡赔偿金"是我国改革开放后出现的侵权死亡赔偿的特定概念。从《民法通则》经过《人身损害赔偿解释》直至《侵权责任法》，我国的侵权死亡赔偿制度得以建立和逐步完善，其间死亡赔偿金制度经历了一个从无到有、从边缘走向核心的嬗变历程。笔者通过对散见于各部法律文件中的侵权死亡赔偿制度进行梳理，将为下一步研究死亡赔偿金的性质、赔偿标准和数额分配等问题提供详实的资料数据。

1. 我国《侵权责任法》颁行前的死亡赔偿金制度

在《侵权责任法》出台前，有多个法律、行政法规和司法解释就侵权死亡赔偿和死亡赔偿金作出了规定。随着各个法律文件的相继出台，死亡赔偿金制度经历了五次重要变化：

第一，1986年通过的《民法通则》第119条粗线条地勾勒了侵权死亡赔偿制度，"侵害公民身体造成伤害的，应当赔偿医疗费、因误工减少的收入、残废者生活补助等费用；造成死亡的，并应当支付丧葬费、死者生前抚养的人必要的生活费等费用。"该条规定的死亡赔偿的项目包括丧葬费和抚养费，由此可知，《民法通则》并没有提出死亡赔偿金或者与其类似的概念。但是条文中的"等费用"作为兜底条款确保了死亡赔偿范围的开放性，这为法律适用过程中最高人民法院出台司法解释拓展死亡赔偿范围并创设死亡赔偿金制度预留了解释空间。

第二，为了弥补《民法通则》规定的死亡赔偿不足的问题，1991年国务院制定了《道路交通事故处理办法》，该办法第36条拓展了侵权死亡的赔偿范围，"损害赔偿的项目包括：医疗费、误工费、住院伙食补助费、护理费、残疾者生活补助费、残疾用具费、丧葬费、死亡补偿费、被扶养人生活费、交通费、住宿费和财产直接损失。"同时该办法第 37 条第 8 项规定:"死亡补偿费:按照交通事故发生地平均生活费计算,补偿 10 年。对不满 16 周岁的,年龄每小 1 岁减少 1 年;对 70 周岁以上的,年龄每增加 1 岁减少 1 年,最低均不少于 5 年。"与《民法通则》相比,该办法进一步拓展了死亡赔偿范围,将死亡补偿费、交通费、住宿费和财产直接损失作为致人死亡的损害后果。"死亡补偿费"成为死亡赔偿的新内容,从其赔偿标准以"交通事故发生地平均生活费计算"来看,我们可以确定它是赔偿死者成长的基本费用。这是一种典型的向受害人生前看的眼光,将受害人所在家庭损失仅仅狭隘地理解为死者家属为其所支付的生活费。但是立法并未明确表明它的性质。

第三,1993 年 2 月审议通过的《中华人民共和国产品质量法》(本书以下简称《产品质量法》)第 32 条规定,因产品存在缺陷造成受害人死亡的,应当支付丧葬费、抚恤费、死者生前扶养的人必要的生活费等费用。尽管条文没有使用"死亡补偿费"和"安抚费"的表述,但另行提出"抚恤费"的概念。立法机关在 1993 年 10 月通过的《中华人民共和国消费者权益保护法》(以下简称《消费者权益保护法》)第 42 条再次对死亡赔偿的范围进一步阐述,即"经营者提供商品或者服务,造成消费者或者其他受害人死亡的,应当支付丧葬费、死亡赔偿金以及由死者生前扶养的人所必需的生活费等费用……"该条明确规定了死亡赔偿金为死亡赔偿项目,这是我国立法第一次明确提出"死亡赔偿金"的概念,形成死亡赔偿金与被扶养人的生活费并行赔偿的格局。2000 年 7 月修正的《产品质量法》第 44 条改变了原第 33 条的规定,而采取《消费者权益保护法》

确立的丧葬费等费用与死亡赔偿金、被扶养人的生活费并行的死亡赔偿模式。实务部门将此处的"死亡赔偿金"的性质界定为精神损害抚慰金。[1]此后的 1994 年通过的《国家赔偿法》沿用了"死亡赔偿金"的概念，并于该法第 27 条第 1 款第 3 项规定："造成死亡的，应当支付死亡赔偿金、丧葬费，总额为国家上年度职工年平均工资的 20 倍。对死者生前扶养的无劳动能力的人，还应当支付生活费。"这里采取的是对死亡进行概括赔偿的方法，死亡赔偿金占据主要部分。这里的死亡赔偿金性质与上文不同，从其赔偿标准来看似乎是向后看，向着受害人本人未来收入看，定额赔偿假设受害人再活 20 年的可得收入。

第四，2001 年的《关于审理触电人身损害赔偿案件若干问题的解释》（以下简称《触电人身损害赔偿解释》）基本上延续了《国家赔偿法》的规定，但更加细致地规定了赔偿范围，其中第 4 条第 1 款第 8 页规定："死亡补偿费：按照当地平均生活费计算，补偿 20 年。对 70 周岁以上的，年龄每增加 1 岁少计 1 年，但补偿年限最低不少于 10 年。"但同年紧接着出台的另一个司法解释——《精神损害赔偿解释》明确将死亡赔偿金理解为精神损害抚慰金，虽然该司法解释没有规定死亡赔偿金的具体赔偿标准，但第 10 条列举的确定死亡赔偿金的参酌因素却与以往"物质"阶段的标准截然不同。

第五，2003 年出台的《人身损害赔偿解释》力图对侵权死亡赔偿的项目和赔偿标准作统一性规定，它将侵权死亡赔偿的可能项目分为四类：与死亡相关的财产损失赔偿、精神损害抚慰金、被扶养人生活费和死亡赔偿金。该解释首次明确将死亡

---

〔1〕 唐德华主编：《最高人民法院〈关于确定民事侵权精神损害赔偿责任若干问题的解释〉的理解与适用》，人民法院出版社 2001 年版，第 55 页。

赔偿金与精神损害抚慰金确定为侵权死亡赔偿的独立并存的赔偿项目，并且其起草人明确了死亡赔偿金的财产赔偿性质。为避免死亡赔偿金和被扶养人生活费这两个收入损失的重复受偿，该解释将死者生前的收入一分为二，分别作为死亡赔偿金和精神损害抚慰金的计算依据。但是，《人身损害赔偿解释》采取了按照死者城乡身份的不同来适用不同的死亡赔偿金赔偿标准的形式，导致城镇居民受害人和农村居民受害人的死亡赔偿金在数额上存在较大的差别，激起了社会公众对城乡二元体制的不满，引发"同命不同价"的争论。

从以上的法律、法规及司法解释规定中我们可以看出，我国《侵权责任法》之前的法律法规、司法解释对死亡赔偿金的称谓不一，死亡赔偿金的定性并不明确，其赔偿标准也存在极大的变动性。

2. 《侵权责任法》及其草案中的死亡赔偿金制度

自 2002 年的《民法草案》第八编"侵权责任编"（以下简称"第一次审议稿"）至 2009 年 12 月 26 日《侵权责任法》通过，该法经历了四次审议，形成了四个审议稿和特点十足的《侵权责任法（草案）》（2009 年 8 月 20 日修改稿）（以下简称"8·20 草案"）。本书将以《侵权责任法》正式文本和五个版本的草案解析《侵权责任法》中的死亡赔偿制度。

第一，"第一次审议稿"由第 6、10、11 条以及第 16 条构成侵权死亡赔偿制度，死亡赔偿的赔偿项目基本沿用《人身损害赔偿解释》的格局，但删除了被扶养人生活费的赔偿项目，并于第 11 条规定了死亡赔偿金的赔偿标准，即"因误工减少的收入、残疾赔偿金、死亡赔偿金应当根据受害人的丧失劳动能力状况、年龄、受教育程度、职业、收入等因素确定"。

第二，"第二次审议稿"于第 4、18、23 条规定了侵权死亡赔偿制度，其中侵权死亡赔偿项目为相关财产损失、被扶养人生活费、死亡赔偿金和精神损害抚慰金。其中被扶养人生活费与死亡赔偿金是独立的且不能并存的赔偿项目，但死亡赔偿金的赔偿标准却规定阙如。

第三，"8·20"草案虽然是人大法工委拟定的一个草案修改稿，但是在死亡赔偿方面却具有鲜明的特点。在死亡赔偿项目上，死亡赔偿金与被扶养人生活费、精神损害抚慰金、相关费用成为可能的赔偿内容，但是死亡赔偿金与被扶养人生活费、精神损害抚慰金不能并存，即只要赔付了死亡赔偿金，被扶养人就无权再主张被扶养人生活费，死者近亲属也无权请求赔偿精神损害抚慰金。由此可知，"8·20"草案将死亡赔偿金的性质界定为兼具财产损失和精神损失的混合性赔偿。该修改稿第18条第1款贯彻了死亡赔偿的"同命同价"理念，即"死亡赔偿金一般按照国家上年度城镇职工年平均工资乘以15年计算。具体数额根据受害人年龄、收入状况等因素可以适当增加或者减少"。该修改稿第19条首次出现"同一侵权造成多人死亡的相同数额死亡赔偿金"规则，即"因交通事故、矿山事故等侵权行为造成死亡人数较多的，可以不考虑年龄、收入状况等因素，以同一标准确定死亡赔偿金"。虽然"8·20"草案仅昙花一现，但却反映了立法机关所承受的"同命同价"的社会诉求和对死亡赔偿金性质定位和赔偿标准等问题的含糊不清的态度。

第四，《侵权责任法》及其第三、四次审议稿对死亡赔偿制度的规定除个别表述相异外，基本趋同。由《侵权责任法》第16、17、18、22条这四个条文构成了侵权死亡赔偿制度的骨架。首先，侵权死亡的赔偿项目包括相关财产损失赔偿、死亡赔偿金和精神损害抚慰金，被扶养人生活费被死亡赔偿金所吸收，被扶养人也失去了独立请求权主体的资格。其次，侵权死亡赔偿请求权主体因赔偿项目的不同而不同，其中丧葬费等相关财产损失赔偿由实际支付者行使请求权，死亡赔偿金和精神损害抚慰金则以死者近亲属为请求权主体。最后，《侵权责任法》第17条被立法者严格限定在"因同一侵权行为造成多人死亡"的特定情形，并用"可以"一词彰显本条并非强制性条款，法官在裁判具体案件时可自由裁量是否适用本条规定的"相同数额的死亡赔偿金"。即使在因同一侵权行为造成多人死亡的案件中，法官确定了相同数额的死亡赔偿金，但是死者死亡前发生的医疗费、误工费以及丧葬费等积极损失也会有所不同。因此，我们依据《侵权责任法》第17条规定的赔偿标准，仍然不能得出"同死同赔"的结论，并且若对该条做反面解释可知，除第17条规定情形之外的死亡赔偿，应当按照案件实际情况确定不同数额的死亡赔偿金。

（二）我国现行死亡赔偿金制度的立法缺陷

《侵权责任法》在合理借鉴和吸收《人身损害赔偿解释》等法律文件的成功经验的基础上，完善了赔偿项目、请求权主体、同一侵权造成多人死亡案件的死亡赔偿金确定规则等侵权死亡赔偿的核心内容，在一定程度上起到了定纷止争的效果。但是，《侵权责任法》规定的死亡赔偿金制度也具有如下诸多不如意的地方：

第一，如何处理《侵权责任法》与《民法通则》有关死亡赔偿金的不同规定的关系。《侵权责任法》第16条规定的死亡赔偿金吸收了自《民法通则》第119条等条文所规定死者生前之被扶养人必要生活费项目。但是，其二者在个案适用中，何者优先赔付，则语焉不详，尚需酌定。此外，基于"《民法通则》由全国人民代表大会表决通过"而"《侵权责任法》由全国人大常委会表决通过"的不同出身，二者虽同为法律，但却存在二者究竟是上位法与下位法的关系、抑或新法与旧法的关系的论争。[1]然而，如果认为由全国人大表决通过的《民法通则》之法律位阶高于由全国人大常委会表决通过的《侵权责任法》的话，则不能径行适用新法优于旧法之规则，故被扶养人仍有权依据《民法通则》第 119 条请求侵权人向其支付必要的生活费用；如果认为《民法通则》与《侵权责任法》属于同一位阶的法律，则依据新法优于旧法之规则，被扶养人则无权依据《侵权责任法》独立请求侵权人向其支付必要的生活费用。

第二，由于《侵权责任法》没有明确规定死者近亲属的精神损害赔偿请求权，并且在立法人员撰写的相关《侵权责任法》条文释义书中将死亡赔偿金的赔偿内容涵盖为财产损失和精神损害，[2]这使得死亡赔偿金的性质究竟是财产损害赔偿、精神损害赔偿，还是兼具财产损害与精神损害赔偿之双重性质，仍需在法律适用过程中，进一步厘清。

第三，《侵权责任法》第 17 条确立了"以相同数额的死亡赔偿金为例外、以不同数额的死亡赔偿金为原则"的法律规则，但是没有明文规定死亡赔偿金的赔偿标准。先前学界有关死亡赔偿金性质"扶养丧失说"与"继承丧失说"的争议，在死亡赔偿金的内容涵盖了被扶养人生活费的立法模式下丧失了解释力。并且《人身损害赔偿解释》29 条规定的死亡赔偿金的赔偿标准是按照死亡赔偿金与被扶养人生活费的并存格局设计的，而这个赔偿标准也因"同命不同价"的城乡二元标准，备受争

---

〔1〕 参见王利明、周友军、高圣平：《中国侵权责任法教程》，人民法院出版社 2010 年版，第 120 页；张新宝："《侵权责任法》死亡赔偿制度解读"，载《中国法学》2010 年第 3 期。

〔2〕 王胜明主编：《中华人民共和国侵权责任法解读》，中国法制出版社 2010 年版，第 77 页。

议。因此，死亡赔偿金的计算采取何种标准，颇值得关注。

第四，死亡赔偿金获赔后，在近亲属之间形成共有关系，其是共同共有关系还是按份共有关系、作为近亲属的被扶养人与其他近亲属之间如何安排分配顺序和分配比例以及死亡赔偿金是否具有遗产属性、死者债权人能否主张死亡赔偿金清偿导致债权等问题，现行法律、司法解释则语焉不详。

尽管《侵权责任法》中的死亡赔偿金制度具有上述种种先天制度缺陷，但是我们面对已于 2010 年 7 月 1 日生效的《侵权责任法》，所应秉持的正确态度是尊重和遵循《侵权责任法》所确定的死亡赔偿金制度，并以《侵权责任法》第 16 条和第 17 条等法律条文为基本框架与脉络，通过法律教义学的方法，使得死亡赔偿金制度成为一个有血有肉的理论体系。

三、我国死亡赔偿金的性质界定

《侵权责任法》第 16 条规定："侵害他人造成人身损害的，应当赔偿医疗费、护理费、交通费等为治疗和康复支出的合理费用，以及因误工减少的收入。造成残疾的，还应当赔偿残疾生活辅助具费和残疾赔偿金。造成死亡的，还应当赔偿丧葬费和死亡赔偿金。"该条文后段规定的"造成死亡的，还应当赔偿丧葬费和死亡赔偿金"，是确定死亡赔偿金性质与范围的线索和关键。

（一）有关侵权死亡赔偿金性质界定的争议

在《侵权责任法》颁行前后，有关死亡赔偿金的性质界定问题，学界和实务界均有争论，其焦点在于死亡赔偿金是属于财产损害赔偿、精神损害赔偿，还是余命赔偿，并形成以下有影响力的观点：

第一种观点认为，死亡赔偿金的性质为精神损害赔偿。[1]该观点的理论依据是《精神损害赔偿解释》第 9 条第 2 项将死亡赔偿金明定为精神损害抚慰金。这一观点长期影响着司法实践。我国的《民法通则》《消费者权益保护法》《产品质量法》《道路交通事故处理办法》以及最高人民法院 2001 年 3 月公布施行的《精神损害赔偿解释》基本上采纳了这一理论，将死亡赔偿金定性为精神损害抚慰金。笔者认为，具有死亡赔偿金性质的"精神损害"赔偿说，并不符合《侵权责任法》的立法规定，这是因为《侵权责任法》第 16 条没有单列被扶养人生活费，而为死亡赔偿金所涵盖，并且由该法第 22 条的规定可知，死者近亲属有请求侵权人支付精神损害抚慰金的权利，这就使得死亡赔偿金和精神损害抚慰金成为独立且并存的赔偿项目，若二者均为精神损害抚慰金，则死者近亲属存在重复受偿，不符合侵权责任法之损害填补原则。因此，我们不能因《精神损害赔偿解释》曾明确将死亡赔偿金界定为精神损害抚慰金就推定《侵权责任法》规定的死亡赔偿金的性质为精神损害赔偿。

第二种观点认为，死亡赔偿金的性质为财产损害赔偿。[2]该观点是建立在生命本身具有的不可私法救济性的基础之上的，

---

[1] 参见梁慧星："中国侵权责任法解说"，载《北方法学》2011 第 1 期；杨立新："我国死亡赔偿制度应当进行改革"，载《光明日报》2008 年 5 月 6 日，第 10 版。

[2] 参见王胜明主编：《中华人民共和国侵权责任法解读》，中国法制出版社 2010 年版；最高人民法院侵权责任法研究小组编著：《〈中华人民共和国侵权责任法〉条文理解与适用》，人民法院出版社 2010 年版，第 137 页；王利明：《侵权责任法研究》（上卷），中国人民大学出版社 2010 年版，第 683 页；张新宝："《侵权责任法》死亡赔偿制度解读"，载《中国法学》2010 年第 3 期；丁海俊："论我国《侵权责任法》上的死亡赔偿制度——兼谈对《侵权责任法》第 16、17、18 条和第 22 条的理解"，载《法学杂志》2010 年第 3 期。

死亡赔偿金是对死者近亲属遭受的逸失利益的赔偿。[1]但是，基于死亡赔偿金赔偿对象和赔偿标准的不同，国内学界在该观点基础上，又形成扶养丧失说、继承丧失说以及维持一定生活水平说三种观点。[2]

第三种观点认为，死亡赔偿金是受害人生命价值的物质体现，死亡赔偿金作为生命权的货币表现，就是生命在法律上的"价格"。[3]也有学者认为，死亡赔偿金是对死者自身因生命丧失而遭受的损害进行赔偿，这种损害体现为死者未来的预期收入。[5]死者"命价"赔偿说的法理基础在于，在侵权致死案件中，受害人有直接受害人和间接受害人，损害有财产损害和非财产损害。直接受害人的损害可分为身体丧失的损害和生命丧失的损害，生命的丧失本身就是一种最大的损害。因此，死亡赔偿金就是对死者生命丧失的损害进行赔偿。本书认为，此观点不可取，其原因在于侵权死亡赔偿之所以具有民法上的意义，是因为"通过损害赔偿的方式对与死者有密切关系的生者予以救济，以使其遭受的相关财产损失或未来可得的财产利益损失得到填补、痛苦的心灵得到抚慰，并使其在失去亲人后的物质

〔1〕　参见最高人民法院侵权责任法研究小组编著：《〈中华人民共和国侵权责任法〉条文理解与适用》，人民法院出版社 2010 年版，第 137 页；张新宝："《侵权责任法》死亡赔偿制度解读"，载《中国法学》2010 年第 3 期；丁海俊："论我国《侵权责任法》上的死亡赔偿制度——兼谈对《侵权责任法》第 16、17、18 条和第 22 条的理解"，载《法学杂志》2010 年第 3 期。

〔2〕　张新宝教授在对"扶养丧失说"与"继承丧失说"有所扬弃的基础上，主张维持一定生活水平说。参见张新宝："侵权死亡赔偿研究"，载《法学研究》2008 年第 4 期。王利明教授对"扶养丧失说"与"继承丧失说"的优劣作出精彩评析，并认为扶养丧失说更为合理。参见王利明：《侵权责任法研究》（上卷），中国人民大学出版社 2010 年版，第 683 页。

〔3〕　冉艳辉："确定死亡赔偿金标准应以个体的生命价值为基准"，载《法学》2009 年第 9 期。

生活水平得到合理的维持。侵权死亡赔偿的金钱不是用来与人的生命进行交换或者对生命权的丧失进行填补的"。[1]

(二) 死亡赔偿金性质之解释论分析

自《消费者权益保护法》首次使用"死亡赔偿金"的概念至《侵权责任法》出台前，国内学界和实务部门对于死亡赔偿金的性质定位在"扶养丧失说"与"继承丧失说"之间犹豫不决，以至于《精神损害赔偿解释》与《人身损害赔偿解释》这两部时隔一年多的司法解释对死亡赔偿金的性质作了截然不同的定位。在侵权责任法起草过程中，"8·20草案"第18条第3款明确规定，"赔偿残疾赔偿金或者死亡赔偿金的，不再计算精神损害赔偿。"但是，该款规定仅昙花一现，并未为后续审议稿所采行。但就我国立法和司法解释就死亡赔偿金性质界定的游离彷徨可见一斑。

本书认为，通过对《侵权责任法》相关条文进行民法解释学作业，可以得出死亡赔偿金是一种对死亡被侵权人的近亲属因被侵权人死亡所遭受的逸失利益损失的赔偿。其具体理由如下：

首先，《侵权责任法》第16条使用了"死亡赔偿金"的术语，[2]但是未对死亡赔偿金作出立法定义，因此，我们需要对"死亡赔偿金"进行文义解释。所谓文义解释，又称语义解释，是指"按照法律条文用语之文义及通常使用方式，以阐释法律之意义内容"。[3]文义解释是法律解释的起点和终点，且所作解

---

〔1〕 张新宝："侵权死亡赔偿研究"，载《法学研究》2008年第4期。

〔2〕 在我国已有的法律文件和学者著述中，有关死亡赔偿金的表述可谓五花八门，诸如"死亡补偿费""抚恤金""死亡抚慰金""死亡赔偿金"等。但自《侵权责任法》颁行后，基于法律体系的强制效应，各部法律中的相关用语应统一使用"死亡赔偿金"的法律概念。

〔3〕 梁慧星：《民法总论》，法律出版社2011年版，第297页。

释不应超出可能文义的范围。"死亡赔偿金"一词系偏正结构，由"死亡"、"赔偿"和"金"三部分组成。其中，"死亡"，是指生命体之生命机能的完全丧失；"赔偿"，是指对损失的补偿；而"金"，即金钱之意。因此，就文义而言，"死亡赔偿金"，是指因生命的丧失所产生的用以赔偿目的的金钱。因而就"死亡赔偿金"的文义而言，"死亡赔偿金"既可能为"因不法侵害他人生命所生的财产损害赔偿金"，可为"因不法侵害他人生命所生的精神损害抚慰金"，亦可为"因不法侵害他人生命所生的财产损害和精神损害的赔偿金"。因此，当"死亡赔偿金"的文义解释出现复数结论时，需要进一步运用其他法律解释方法限缩文义。

其次，从体系解释来看，"死亡赔偿金"规定在《侵权责任法》第16条，而精神损害赔偿则规定于《侵权责任法》第22条，两者出现在该法的不同位置，这就表明立法者将二者区分开来。并且，《侵权责任法》第22条将精神损害赔偿的请求权界定为"被侵权人"，好像否定了被侵权人死亡时其近亲属的精神损害赔偿请求权。但依据《侵权责任法》第18条第1款前段的规定，被侵权人死亡的，其近亲属有权请求侵权人承担侵权责任，亦包括请求侵权人承担精神损害赔偿责任。由此可断，被侵权人近亲属在侵权人支付死亡赔偿金时，再请求其赔偿因丧亲之痛所生的精神损害成为可能。这意味着死亡赔偿金为财产损害赔偿，否则将造成被侵权人近亲属重复受偿。因此，死亡赔偿金不是精神损害抚慰金，而只能是财产损害赔偿。[1]

最后，死亡赔偿金为财产损害赔偿，亦可由法意解释或者历史解释得出。我国1993年颁布的《消费者权益保护法》第42

----

〔1〕　参见张新宝："《侵权责任法》死亡赔偿制度解读"，载《中国法学》2010年第3期；丁海俊："论我国《侵权责任法》上的死亡赔偿制度——兼谈对《侵权责任法》第16、17、18条和第22条的理解"，载《法学杂志》2010年第3期。

条第一次使用了"死亡赔偿金"的概念，并形成"死亡赔偿金"与"被扶养人生活费"并行的死亡赔偿格局，并为此后的《国家赔偿法》《产品质量法》（2000年修正）所沿用。《侵权责任法草案》（二审稿）与《侵权责任法（草案）》（2009年8月20日修改稿）均于第4条承继了"死亡赔偿金"与"被扶养人生活费"并行的死亡赔偿格局，并由《侵权责任法（草案）》（2009年8月20日修改稿）第18条第3款确定死亡赔偿金之精神损害抚慰金的性质，但是自《侵权责任法草案》（三审稿）以后，"被扶养人生活费"及"赔偿残疾赔偿金或者死亡赔偿金的，不再计算精神损害赔偿"的规定被删除。而自《人身损害赔偿解释》的起草者将"死亡赔偿金"的性质界定为财产损失赔偿后，[1]学界多数学者认为死亡赔偿金在性质上为财产损害赔偿。[2]

综上所述，本书认为，死亡赔偿金是对死者近亲属所受之逸失利益的填补。将"死亡赔偿金"界定为财产损害赔偿而非精神损害赔偿，其重要意义在于，"一方面，这种做法使得损害赔偿更容易加以确定，因为财产损害较之精神损害更容易确定，具有可操作性，符合死亡赔偿金定型化的发展趋势。另一方面，则更有利于从财产利益上保护受害人近亲属"[3]。

（三）死亡赔偿金与被扶养人生活费的关系

《民法通则》《人身损害赔偿解释》等法律或司法解释均明

---

〔1〕 最高人民法院民事审判第一庭编著：《最高人民法院人身损害赔偿司法解释的理解与适用》，人民法院出版社2004年版，第266页。

〔2〕 参见最高人民法院侵权责任法研究小组编著：《〈中华人民共和国侵权责任法〉条文理解与适用》，人民法院出版社2010年版，第137页；王利明：《侵权责任法研究》（上卷），中国人民大学出版社2010年版，第683页；张新宝："《侵权责任法》死亡赔偿制度解读"，载《中国法学》2010年第3期；丁海俊："论我国《侵权责任法》上的死亡赔偿制度——兼谈对《侵权责任法》第16、17、18条和第22条的理解"，载《法学杂志》2010年第3期。

〔3〕 王利明：《人格权法研究》，中国人民大学出版社2005年版，第332页。

定被扶养人生活费为侵权死亡赔偿项目，但侵权责任法第 16 条却未出现"被扶养人生活费"字样。而对于被扶养人生活费是否应当包括于死亡赔偿金中，存有两种不同的解释：①排除说，即侵权责任法具体列举了赔偿项目，凡是未列举的项目，视为已被排除，不应再予赔付。[1]②包含说，即侵权死亡赔偿金中包含了被扶养人生活费，尽管被扶养人没有损害赔偿请求权，但可要求死者近亲属从死亡赔偿金中析出。[2]此观点为《最高人民法院关于适用〈中华人民共和国侵权责任法〉若干问题的通知》（法发〔2010〕23 号）所采纳，该文件第 4 条规定："人民法院适用侵权责任法审理民事纠纷案件，如受害人有被扶养人的，应当依据《最高人民法院关于审理人身损害赔偿案件适用法律若干问题的解释》第 28 条的规定，将被扶养人生活费计入残疾赔偿金或死亡赔偿金。"据此可知，死亡赔偿金的概念内涵被改变，它既包括原来的死亡赔偿金又包括被扶养人的生活费。

本书赞同包含说，主要理由如下：

第一，"被扶养人生活费"作为侵权死亡赔偿法定赔偿项目由来已久，已形成深刻的立法前见。《民法通则》第 119 条、《消费者权益保护法》第 41 条、《产品质量法》第 44 条、《道路交通事故处理办法》第 37 条第 9 项、《医疗事故处理条例》第 50 条第 8 项，以及《民法通则意见》第 147 条、《触电人身损害赔偿解释》第 4 条第 9 项、《人身损害赔偿解释》第 17 条第 3 款及第 28 条等，均对"被扶养人生活费"作出了规定。

第二，死者之被扶养人请求侵权人支付扶养费于理有据。

---

〔1〕 姜强："侵权责任法的立法目的与立法技术"，载《人民司法》2010 年第 3 期。

〔2〕 最高人民法院侵权责任法研究小组编著：《〈中华人民共和国侵权责任法〉条文理解与适用》，人民法院出版社 2010 年版，第 3 页。

当侵权人非法剥夺他人的生命权，且在受害人对第三人负有法定扶养义务时，因受害人已无法履行该扶养义务，所以享有被扶养权利的该第三人也必然遭受损害，此种损害与加害人的加害行为具有相当因果关系，自然也应由加害人或其他赔偿义务人承担赔偿责任。对此损害的赔偿在我国的法律上称为"被扶养人生活费"。[1]由于侵权人的行为断绝了死者亲属扶养费用的来源，因此侵权人对死者的利害关系人的财产赔偿内容为支付依靠死者生前扶养的人所必需的生活费。

第三，"被扶养人生活费"为"死亡赔偿金"所吸收，不会致使死亡赔偿金的算定标准难以确定。由于被扶养人生活费是"扶养丧失说"中侵权死亡的财产性赔偿项目，而《人身损害赔偿解释》中的死亡赔偿金为"继承丧失说"中因受害人死亡造成遗嘱利益共同体的财产损失，二者均为财产性损失。为了避免被扶养人与受害人近亲属重合时产生重复受偿问题，《人身损害赔偿解释》第 28 条和第 29 条确立了互补性的被扶养人生活费和死亡赔偿金的赔偿标准，其中，被扶养人生活费的赔偿标准是，"受诉法院所在地上一年度城镇居民人均消费性支出和农村居民人均年生活消费支出"，而死亡赔偿金的赔偿标准则是，"受诉法院所在地上一年度城镇居民人均可支配收入或者农村居民人均纯收入"。这就有效避免了被扶养人生活费和死亡赔偿金的重复受偿问题。因此，按照《人身损害赔偿解释》确定的算定标准，被扶养人生活费和死亡赔偿金不存在重复受偿的可能。

第四，"被扶养人生活费"为"死亡赔偿金"所包含并不

---

[1] 此处所谓的"扶养"一词内容甚广，既包括狭义的夫妻之间的相互扶养，也包括父母对子女的抚养及子女对父母的赡养，不可仅作狭义的理解。参见程啸：《侵权行为法总论》，中国人民大学出版社 2008 年版，第 472 页。

会损及被扶养人的赔偿请求权。依据《人身损害赔偿解释》第28条第2款的规定，所谓"被扶养人"，是指受害人依法应当承担扶养义务的未成年人或者丧失劳动能力又无其他生活来源的成年近亲属。[1]因此，"被扶养人"的概念为《侵权责任法》第18条第1款中的"近亲属"的概念所涵盖，不会剥夺"被扶养人"之"生活费用"的赔偿请求权。这也为"被扶养人生活费"被"死亡赔偿金"所包含，提供了制度保障。

（四）死亡赔偿金与精神损害抚慰金的关系

1. 精神损害抚慰金的界定

精神损害抚慰金，顾名思义，就是以金钱的方式对精神损害予以救济。换言之，所谓"精神损害赔偿"，也称非财产损害赔偿，是指自然人的人格权、受法律保护的人格利益、特定的身份权以及与精神利益有关的特定财产权利遭受侵害时，受害人及其他赔偿权利人依法享有的要求赔偿义务人承担的支付精神损害抚慰金的赔偿责任。[2]

死者的近亲属基于其与受害人之间的血缘或婚姻等亲属关系，对受害人的死亡自然会感到心理上的痛苦，获得赔偿是理所当然的。所以，为了抚慰受害者近亲属，法律规定赔偿义务人赔偿受害者近亲属的精神损失，即精神损害抚慰金。

2. 死亡赔偿金与精神损害抚慰金的界分

在法释〔2003〕号颁行之前，我国多数立法和司法解释将死亡赔偿金的性质界定为精神损害抚慰金。法释〔2003〕号和

---

〔1〕　本书认为，《人身损害赔偿解释》第28条第2款前段确立了被扶养人的法定概念，具有极强的司法操作性，但是该界定亦僵硬地剥夺了由死者生前完全提供生活费用但并不具备死者近亲属身份的其他被扶养人的生活费赔偿请求权，其妥适性和如何改进尚需进一步探索。

〔2〕　程啸：《侵权行为法总论》，中国人民大学出版社2008年版，第498页。

《侵权责任法》将死亡赔偿金的性质界定为对死亡受害人近亲属的财产性损失赔偿。侵权死亡赔偿制度的目标不是救济死者，而是对于与死亡受害人有关联的生者因死亡事实造成的精神损害和物质生活条件的减少的补偿。[1]《侵权责任法》第 16 条后段规定："造成死亡的，还应当赔偿丧葬费和死亡赔偿金。"《侵权责任法》颁行后，权威机关在阐释死亡赔偿金制度时指出，"以相同数额确定死亡赔偿金不但可以将受害人及其亲属受到的肉体、社会生活、精神生活等损害覆盖其中，有效避免挂一漏万，更好地保护受害人利益，还可以减轻法院负担，节约司法资源"。[2]质言之，此观点将精神损害抚慰金纳入死亡赔偿金项目之中。笔者认为，此观点与《侵权责任法》的死亡赔偿金与精神损害抚慰金规定为分别独立、并存的赔偿项目的立法构造相悖离。

我们需要结合《侵权责任法》第 22 条、《精神损害赔偿解释》和《人身损害赔偿解释》来进一步厘清死亡赔偿金与精神损害抚慰金之间的关系。在侵权死亡案件中，被侵权人的近亲属罹患丧亲之痛，可谓遭受了"严重精神损害"，并且此"严重精神损害"是因侵权人侵害被侵权人生命权造成的，并且依据《侵权责任法》第 18 条第 1 款前段"被侵权人死亡的，其近亲属有权请求侵权人承担侵权责任"的规定，被侵权人的近亲属有权就其因被侵权人死亡所造成的严重精神损害，请求侵权人支付抚慰金。因此，精神损害抚慰金是侵权死亡的赔偿项目。

根据上文的论述，很显然，死亡赔偿金是与精神损害抚慰金分属于不同领域的赔偿，死亡赔偿金是对死者近亲属财产损

〔1〕 张新宝："侵权死亡赔偿研究"，载《法学研究》2008 年第 4 期。
〔2〕 王胜明主编：《中华人民共和国侵权责任法解读》，中国法制出版社 2010年版，第 80 页。

失的赔偿，而精神损害抚慰金是对死者近亲属精神利益减损的赔偿。死亡赔偿金属于财产赔偿金，而精神损害抚慰金则属于非财产赔偿金，所以死亡赔偿金不能代替精神损害抚慰金，反之亦然。因此，死者近亲属在获得死亡赔偿金后，理所当然可以获得精神损害抚慰金。[1]这不同于死亡赔偿金与扶养费的关系。

在这里，同时需要阐述一下精神损害抚慰金的赔偿数额，这样有助于解释"同命"为什么"不同价"。对于在精神损害赔偿案件中，精神损害抚慰金数额的确定是司法实践中最难解决的问题。关于如何确定精神损害抚慰金的赔偿数额，有两种观点，一种观点认为依痛苦的程度而定，另一种观点则主张斟酌案件的全部情况而定。我国理论界和司法实务界都倾向于后者，认为应斟酌的情况，包括加害人的过错程度、加害行为的具体情节、给死亡受害人近亲属造成的精神损害的后果等。[2]尽管笔者基本同意上述第二种观点，但笔者认为，在确定精神损害抚慰金数额时，除了要考虑加害人和受害人实际情况外，还要考虑社会因素，即当事人在当地的实际生活水平等社会现实条件的制约。然而，死亡受害人近亲属精神损害后果的认定是一个相当复杂且难以准确计算的东西，其他因素的考虑也难有明定的标准。因此，慰抚金数额的确定基本授之于法官的自由裁量权。当然，精神损害抚慰金数额的确定在一定程度上也

---

〔1〕 精神损害抚慰金与死亡赔偿金相区隔的立法构造，使得即使依照《侵权责任法》第 17 条的规定，赔付了相同数额的死亡赔偿金，但不同死亡受害人所需丧葬费、生前的医治费用以及给死亡受害人之近亲属造成的精神损害的抚慰金并不相同。因此，因不法死亡所造成的损害具有个体性，其赔偿项目有所区分，更加证实了"同命同价"命题的荒谬性。

〔2〕 刘俊："浅析'死亡赔偿金'"，载《江汉石油职工大学学报》2006 年第 5 期。

受制于法官的自由裁量权。

既然精神损害抚慰金数额的确定在于法官的自由裁量权，那么对于不同受害者近亲属的精神损害赔偿是不是区别对待？是不是针对不同的人给予不同的精神损害抚慰金赔偿数额？笔者认为，答案都是否定的。受害者近亲属的精神损害赔偿应该没有差别，对不同的人应该给予相同的精神损害抚慰金赔偿数额。不论是城镇居民还是农村居民，也不论贫穷还是富裕，精神损害抚慰金的赔偿数额都是相同的。因为如果对精神损害采取不同的赔偿标准，则是对人的公然歧视。死者近亲属因其死亡所带来的精神痛苦是相同的，并不能也不会因收入、户籍的不同而有所不同。所以，对同一案件中受害者近亲属的精神损害抚慰金数额应当是同一的，即受害者近亲属所获得赔付的精神损害抚慰金数额是相同的，没有任何的差别。

总之，虽然在确定精神损害抚慰金数额时需要考虑多方面的因素，但是在确定对受害者近亲属精神损害抚慰金的赔付时，应当采取统一的标准，保证受害者近亲属获得相同的精神损害赔偿。

综上所述，死者近亲属所获得的精神损害抚慰金应当是相同的，那么产生"同命不同价"主要在于死亡赔偿金数额的不同。所以，正确地界定死亡赔偿金的赔偿标准和计算，将有助于解释"同命"为何"不同价"，以此来回应社会关于"同命不同价"问题的激烈讨论。

四、死亡赔偿金的赔偿标准

死亡赔偿金之赔偿标准的确定，涉及侵权死亡赔偿制度补偿损害和预防损害功能的最大发挥。如果死亡赔偿金的赔偿标准特低，与期限较长、额度较大的残疾赔偿金相比，极易引发"致伤不如致死"的道德危机；如果死亡赔偿金的赔偿标准太高，虽然表面上保护了死者近亲属的求偿权，但是可能导致死者近亲属从中获利，并增加了死亡赔偿金的执行难度。因此，死亡赔偿金之赔偿标准确立存在一个"度"的把握问题。此外，对于死亡赔偿金是否应采取统一的赔偿标准，素有争议。[1]《侵权责任法》颁布后，媒体在总结侵权责任法立法亮点时，多基于《侵权责任法》第 17 条的规定，认为《侵权责任法》在死亡赔偿金的赔偿标准上采行"同命同价"规则。[2]但实务部门和学界人士多认为，媒体误读了《侵权责任法》第 17 条的规定。[3]

（一）死亡赔偿金之赔偿标准的乱象

据学者考证，各国有关死亡赔偿金的赔偿标准大致有三种模式：[4]①完全个别化的死亡赔偿金模式，即完全以死者生前的收入状况为依据，按照其可能挣取收入的年限与其年收入之乘积减去其自身可能的生活费用，得出死亡赔偿的数额；②完

---

〔1〕 参见傅蔚冈："'同命不同价'中的法与理——关于死亡赔偿金制度的反思"，载《法学》2006 年第 9 期；王利明：《侵权责任法研究》（上卷），中国人民大学出版社 2010 年版，第 685 页；张新宝："《侵权责任法》死亡赔偿制度解读"，载《中国法学》2010 年第 3 期；丁海俊："论我国《侵权责任法》上的死亡赔偿制度——兼谈对《侵权责任法》第 16、17、18 条及第 22 条的理解"，载《法学杂志》2010 年第 3 期。但是，杨立新教授对"同命不同赔"现象却持否定态度，参见杨立新：《侵权责任法》，法律出版社 2010 年版，第 136 页。

〔2〕 参见《北京晨报》："侵权责任法确立'同命同价'赔偿原则"，载 http://news. xinmin. cn/rollnews/2009/12/29/3188993. html，2012 年 4 月 20 日访问；中国网："侵权责任法亮点：我国确立同命同价赔偿原则"，载 http://www. china. com. cn/news/local/2009 - 12/27/content_19136714. htm，2012 年 4 月 20 日访问；中广网："侵权责任法出台首次明确精神损害、同命同价"，载 http://www. cnr. cn/allnews/200912/t20091228_505816001. html，2012 年 4 月 20 日访问。

〔3〕 参见张新宝："《侵权责任法》死亡赔偿制度解读"，载《中国法学》2010 年第 3 期；丁海俊："论我国《侵权责任法》上的死亡赔偿制度——兼谈对《侵权责任法》第 16、17、18 条和第 22 条的理解"，载《法学杂志》2010 年第 3 期；最高人民法院侵权责任法研究小组编著：《〈中华人民共和国侵权责任法〉条文理解与适用》，人民法院出版社 2010 年版，第 140 页。

〔4〕 张新宝："侵权死亡赔偿三论"，载《法制日报》2007 年 12 月 9 日，第 16 版。

全社会化的死亡赔偿金模式，即完全不考虑死者生前的收入情况，而是按照全社会统一的标准计算死亡赔偿金；③类型化的死亡赔偿金模式，即将死者归入一定类别的社会成员类型，按照这类社会成员的收入情况并结合死者的年龄等因素确定死亡赔偿金。

有学者认为，"在生命权损害的赔偿上，死亡赔偿金并不仅仅是赔偿被侵权人的收入损失，而是对死亡人没有享受生命的损失的赔偿。对于这样的赔偿，坚持城乡差别，城里人与农村人的赔偿就要相差三四倍，显然是不尊重农民的生命权，是在蔑视农民的生命，实际上体现了生命权的不同价值。这样的结果，我们都是不愿意看到的。因此，应当坚持人身损害赔偿的同等标准，不能有歧视，特别是不能歧视农民。"〔1〕也有学者认为，死亡损害赔偿额的个别化计算应当以被害人的可得利益为中心。要着重考虑的是：①是否应扣除受害人的生活费；②是否考虑未来工资标准上调、通货膨胀等因素；③是否应扣除养老保险金等固有收入；④家庭主妇、未成年人、失业者等死亡时没有劳动收入的受害人如何确定赔偿基准，可否采用定型化赔偿标准；⑤同一侵权行为造成多人死亡的，赔偿金如何确定。〔2〕

在《侵权责任法》制定过程中，立法者曾经立意要解决"同命不同赔"问题，"8·20草案"第18条第1款曾明确规定："死亡赔偿金一般按照国家上年度城镇职工年平均工资乘以15年计算。具体数额根据受害人年龄、收入状况等因素可以适

---

〔1〕 杨立新：《侵权责任法》，法律出版社2010年版，第136页。

〔2〕 个别化有两层含义：一是被害人的个别化，二是损害项目的明细化。参见孙鹏："'同命'真该'同价'？——对死亡损害赔偿的民法思考"，载《法学论坛》2007年第2期。

当增加或者减少"。该条款实际上废除"同命不同赔"的做法，人不分男女、地不分东西，统一适用标准；具体数额的确定，则根据被侵权人的年龄、收入状况等因素，在法律规定的中间线，适当增加或减少。其中关于地区经济差异问题，概括在"收入状况"一项内容中。该条款终因争议过大而昙花一现，立法机关在此后的《侵权责任法草案》及表决通过的《侵权责任法》中对死亡赔偿金的赔偿标准采取回避态度，即"目前由法律对死亡赔偿金的标准作统一、具体的规定较为困难，侵权责任法暂不规定为好，宜由法官在司法实践中，根据案件的具体情况，综合考虑各种因素后，确定死亡赔偿金的数额"。[1]

本书认为，基于死亡赔偿之财产损害赔偿的性质，死亡赔偿金的计算标准不宜采用全国"一刀切"的算定标准，主要理由如下：

首先，死亡赔偿金是对被侵权人近亲属因被侵权人死亡所遭受的消极财产损失的赔偿，因此，死亡赔偿金的计算宜采"以被侵权人死亡时的劳动收入为"标准的"一案一决"模式。那种不考虑被侵权人年龄、收入等个体性的定型化模式，在学者看来"不过是另一场'共产风'——'死亡共产风'！"[2]

其次，死亡赔偿金采"一刀切"的计算标准难以确定。若以城市人的年工资收入为标准，对高收入者的遗属来说是极不公平的，而对于身居农村的死者之近亲属甚为"公平"，但却严重违背侵权法之"损害填补"的基本理念。若以农村人的年收

---

〔1〕 王胜明主编：《中华人民共和国侵权责任法解读》，中国法制出版社 2010 年版，第 78 页。

〔2〕 这是张新宝教授在其《侵权责任法立法研究》的"后记"中对全民平等的死亡赔偿金计算标准的辛辣评论。请参见张新宝：《侵权责任法立法研究》，中国人民大学出版社 2009 年版，第 499 页。

人为标准，对于身居城市的受害人的遗属而言，则严重不公。

最后，户籍不宜成为死亡赔偿金算定标准的确立依据。尽管《人身损害赔偿解释》承认了人与人之间的收入差异，实现了类型化、差别化效果，但这是以城镇居民与农村居民之间基于人均收入差距为依据来确认不同赔偿数额的做法。过分地将户籍作为算定死亡赔偿金的依据，却忽略当今社会城镇居民、农村居民各自相互间的差异而凸现城乡差距，会导致死亡损害赔偿额在城镇居民和农村居民间呈现巨大反差，从而触动当前那根关于公平的最敏感神经。[1]改革开放以来，中国经济高速发展，社会收入普遍提高，但伴随着工业化、城镇化进程的加快，城乡差距日益突出、同一区域内不同社会阶层的贫富分化愈发明显。此外，越来越多的农村富余劳动力转移到城市就业，并长期在城市工作、生活和居住。尽管按户籍，他们是农民，但按职业和经常居住地，他们大多数时间生活在城市，形成户籍与职业区隔的、颇具中国特色的"农民工"现象，使得长期以来的"城市居民—农村居民"城乡二元化结构模式逐步演化为"城市居民—农民工—农村居民"的城乡三元结构，导致了城乡差别这一问题的复杂化。因此，单纯以受害人生前的户籍为标准，来确立死亡赔偿金的赔偿标准，对于那些已经脱离农村、长期工作和生活在城市里的"农民工"来说，显然是不公平的。

（二）以"区域内类型化"为死亡赔偿之赔偿标准

本书认为，死亡赔偿金的理想赔偿标准，可以借鉴《关于审理涉外海上人身伤亡案件损害赔偿的具体规定（试行）》第4

---

〔1〕 周可、喻志耀："对同命不同价案的法哲学思考"，载《边疆经济与文化》2007年第4期。

条确立的"收入损失"使用的差额赔偿和主观计算方法，即以死者生前的年收入为依据，按余命年岁计算赔偿额。[1]为了平衡被侵权人近亲属和侵权人之间的利益，死亡赔偿金数额还应当有上限和下限。这个限额的确定标准是客观化的，即支付的死亡赔偿金"应满足被侵权人生前负有法定扶养义务的被扶养人必要的生活费用，亦即近亲属因亲人死亡产生的未来利益损失应当得到赔偿，以维持其在亲人去世后的一定物质生活水平"。[2]而在被侵权人为未成年人的特殊情形中，由于被侵权人既没有被扶养人，也没有收入，为了平衡被侵权人近亲属和侵权人的利益，应当以被侵权人居住地居民年收入乘以被侵权人死亡时的年龄来确定死亡赔偿金，在抚慰金数额的确定上适当向被侵权人近亲属倾斜为宜。

尽管前述个体"收入损失"差额赔偿计算法有效地保障了死亡近亲属的损害赔偿请求权实现的最大化，但是可能因受害人的收入差异极大，致使侵权人难以预测其行为后果，从而不当地限制其行为自由。例如，受害人为一穿着乞丐服的亿万富翁，因机动车交通事故被撞身亡，将导致侵权人倾家荡产亦难以赔偿；而若死亡为一流浪汉，亦走向赔偿甚少之极端。因此，本书建议，由最高人民法院或由其授权各高级人民法院出台司法解释，依据各省区的总体经济情况和行业状况，按照被侵权人生前所从事行业的收入水平确定死亡赔偿金的赔偿标准。此外，若被侵权人能证明赔偿标准与受害人生前的财产收入相距

---

〔1〕　第4条第1项规定："死亡赔偿范围和计算公式：①收入损失。是指根据死者生前的综合收入水平计算的收入损失。收入损失＝（年收入－年个人生活费）×死亡时起至退休的年数＋退休收入×10。死者年个人生活费占年收入的25%～30%"。

〔2〕　张新宝："侵权死亡赔偿研究"，载《法学研究》2008年第4期。

过大或死亡赔偿金之赔偿标准较之受害人生前财产收入相差过高，可由赔偿权利人或侵权人承担要求法院酌情增加或减少死亡赔偿金数额的举证责任。

五、结论

侵权死亡赔偿制度主要调整侵权人与死者近亲属之间的损害赔偿关系，死亡赔偿金是死者近亲属遭受的逸失利益的损失，由此实现了死亡赔偿金与精神抚慰金、丧葬费等相关财产损失赔偿的合理界分。死亡赔偿金的赔偿内容是死者近亲属的财产损失赔偿，而不是对死者生命本身的价值赔偿。这是破解"命价"与"赔偿"关系的关键。

但是，侵权责任法作为私法，对生命权本身无法完成损害同质救济，具有极大的局限性，诱发了社会上关于"撞伤不如撞死"的诘问。此外，《人身损害赔偿解释》第29条所确定的死亡赔偿金之城乡二元赔偿标准，激起了社会各界特别是农村居民对城乡二元体制的强烈不满，产生"同命同价"与"同命不同价"的关于"命"与"价"的大讨论。而对死亡赔偿金的性质定位、制度定位和赔偿标准设定的不同认识，折射出法学理论与普通民众朴素的法感情之间的背离，到底是法理迁就伦理，还是伦理迁就法理，尚需立法者的政策考量。

此外，在《侵权责任法》实施不足1年之际，对该法所确立的死亡赔偿金制度做过多地褒扬或批驳，均不可取。对此所应采取的务实态度是在《侵权责任法》适用过程中，裁判者应运用民法解释学理论对既有的侵权死亡赔偿规范进行阐释，以弥合死亡赔偿制度的立法缺陷并促进侵权死亡赔偿规则的发展，方为妥当之策。

第二节　精神损害赔偿

一、基本案情

2005 年 10 月 4 日下午，带女儿进城买书的退休教授晏某（74 岁）、郑某（58 岁）一家，乘坐北京巴士股份有限公司的 726 路公交车回家。晏某 13 岁的女儿因车票价格问题与已下班的女售票员朱某发生口角，司机韩某、售票员吴某未予制止。争吵过程中朱某掐住晏某女儿的脖子致使其当场昏迷，后经抢救无效身亡。2006 年 5 月，朱某被法院以故意伤害罪判处死缓。刑事案终结后，晏某、郑某夫妇另行提起民事诉讼，要求赔偿损失，其中仅精神损害赔偿就要求 300 万元。2007 年 5 月，北京市海淀区法院一审判决朱某与北京巴士股份有限公司共同赔偿晏某、郑某夫妇 55.3769 万元，其中精神损害赔偿为 10 万元。晏某夫妇不服判决，提起上诉。2007 年 11 月 16 日，北京市第一中级人民法院作出终审判决，将精神损害赔偿从 10 万元提高至 30 万元，加上死亡赔偿金、丧葬费、医疗费等赔偿，晏某夫妇共获赔偿 75.3769 万元。[1]

二、精神损害赔偿概述

（一）精神损害的界定

侵权责任法的宗旨和制度设计决定了并非所有的法律上的损害都可纳入侵权法调整范围。而规定哪些损害属于侵权责任法上的损害，则是侵权责任法为调和"被害人权益保护"和"加害人行为自由"两项基本利益所作的价值判断。因此，侵

---

〔1〕　案件详情请参见北京市海淀区人民法院［2007］海民初字第 5766 号民事判决、北京市第一中级人民法院［2007］一中民终字第 9064 号民事判决。

权责任法中的"损害"概念应包含受侵权责任法保护的民事权利或法益被侵害的要素。[1]本书认为，损害是指民事主体因他人之权益侵害而遭受的具有法律救济性的不利益。

而精神损害，是指自然人因其人身权益遭受不法侵害而遭受的，由法律法规或司法解释规定可以以金钱赔偿作为救济方式的精神、心理方面的不利后果。由此可知，精神损害具有以下特点[2]：①精神损害的本质是精神、心理、感情等人格利益方面的损害；②精神损害与财产损失无直接关联，没有直接财产利益内容；③精神损害在存在状态上具有整体性和单一性[3]；④精神损害的认定，通常需要采取主观和客观相结合的判断标准。⑤精神现象为自然人所特有。精神损害仅发生在自然人受不法侵害的情况。法人有一些人格权，但是没有自然人所特有的心理和精神现象，当然也不存在精神损害问题。

(二) 精神损害赔偿的界定

精神损害赔偿，顾名思义，就是以金钱的方式对精神损害予以救济。换言之，所谓"精神损害赔偿"，也称非财产损害赔偿，是指自然人的人格权、受法律保护的人格利益、特定的身份权以及与精神利益有关的特定财产权利遭受侵害时，受害人及其他赔偿权利人依法享有的、要求赔偿义务人承担支付精神损害抚慰金的法律救济。[4]

就法律性质而言，精神损害赔偿是财产赔偿责任，因为赔偿精神损害，只能通过财产的方式进行。至于停止侵害、恢复

---

〔1〕 杨立新等编著：《精神损害赔偿》，人民法院出版社1999年版，第57页。

〔2〕 参见张新宝：《侵权责任构成要件研究》，法律出版社2007年版，第240～242页。

〔3〕 曾世雄：《损害赔偿法原理》，中国政法大学出版社2001年版，第313～314页。

〔4〕 程啸：《侵权行为法总论》，中国人民大学出版社2008年版，第498页。

名誉、消除影响、赔礼道歉，不能称为精神损害赔偿，它们只是承担民事责任的具体方式，与赔偿无关。

精神损害赔偿主要具有以下两项基本功能：

（1）损害填补功能。这是精神损害赔偿最主要的功能，强调精神损害的物质赔偿是以填补受害人或者死者近亲属所遭受的精神损害为最基本的目的，补偿损害为其最基本的功能，而对加害人的惩罚主要应归于刑法和其他法律，这是近代民、刑法律分离的必然结果。

（2）抚慰功能。通过对精神损害的物质赔偿，在一定程度上抚慰了受害人或者死者近亲属的精神痛苦，使其痛苦得到一定程度的缓解。

三、精神损害赔偿的适用范围和责任构成

（一）精神损害赔偿的适用范围

精神损害的赔偿范围，是指哪些民事权益受到侵害可以请求赔偿精神损害。《侵权责任法》第22条将精神损害赔偿范围限定在"侵害他人人身权益"。所谓人身权益，是指人身权利和人身利益的总称。而依照《侵权责任法》第2条第2款以及《精神损害赔偿解释》相关规定可知，精神损害赔偿主要适用以下侵害人身权益的情形：①自然人的人格权和人格利益。所谓"人格"，是指人之所以为人的尊严和价值。人格具有自然属性和社会属性，前者表现为人的生命、身体和健康，后者表现为名誉、荣誉、姓名、肖像、人格尊严和人身自由等，是与特定民事主体的人身不能分离的固有的人格利益，当其被法律确认为民事权利时，就是人格权。[1]这些人格权包括生命权、健康

---

〔1〕 唐德华主编：《最高人民法院〈关于确定民事侵权精神损害赔偿责任若干问题的解释〉的理解与适用》，人法院出版社2001年版，第7页。

权、身体权、姓名权、名誉权、肖像权、隐私权。②自然人的身份权。在我国现行民事法律体系中，身份权利通常基于婚姻家庭关系产生，内含特定的人格和精神利益。这种特定的人格和精神利益遭受侵害，同样属于"非财产上损害"，具体包括婚姻自主权、荣誉权、监护权。③自然人的人身利益，包括人格尊严、人格自由等。④按照传统的民法理论，自然人的权利能力始于出生，终于死亡，死者是不具有人格权的。但由于近亲属间特定的身份关系，自然人死亡以后，其人格要素对其仍然生存着的配偶、父母、子女和其他近亲属会发生影响，并构成生者精神利益的重要内容。对死者人格的侵害，实际上是对其活着的配偶、父母、子女和其他近亲属精神利益和人格尊严的直接侵害。因此，侵害死者的人格利益，包括姓名、肖像、名誉、荣誉、隐私和遗体、遗骨等，属于精神损害赔偿的适用范围。

依据我国现行法律和司法解释，以下几点不得请求精神损害赔偿：①法人的人格权遭受侵害时，请求精神损害赔偿不受法院支持；②当事人基于违约之诉，不得提起精神损害赔偿；③虽然遭受人身权益侵害，但是未造成严重精神损害的。

（二）精神损害赔偿的构成要件

精神损害赔偿责任与财产损害赔偿责任，两者同属侵权损害赔偿，因此精神损害赔偿具有损害赔偿责任的共同要件，如存在加害行为、造成损害后果、加害行为与损害后果之间存在因果关系等，但是依据《侵权责任法》第22条的规定可知，精神损害赔偿也具有其特殊的构成要件：

（1）行为人有侵害他人人身权益的行为。这表明精神损害赔偿仅适用侵权责任领域。并且，请求精神损害赔偿不要求行为人主观存在故意。精神损害赔偿作为一般的损害赔偿责任，适用《侵权责任法》第 6 条的过错责任原则。此外，《侵权责任法》第 22 条没有将侵权人的主观心理状态限制在故意或过失，这意味着若法律未明文规定无过错责任领域可以适用精神损害赔偿的，亦可适用。

（2）被侵权人遭受严重精神损害。并非只要侵害他人人身权益被侵权人就可以获得精神损害赔偿，只有"造成他人严重精神损害"才能够获得精神损害赔偿，"严重精神损害"是构成精神损害赔偿的法定条件。至于何为"严重精神损害"后果，这是适用本条的难点。最高人民法院采取以下观点：①凡是造成受害人死亡的，受害人近亲属遭受的精神损害就是严重的精神损害，就属于"造成严重后果"的情形。②凡是造成受害人残疾的，无论伤残等级如何，受害人所受的精神损害就是严重的精神损害，就属于"造成严重后果"的情形。伤残等级越高，精神损害越严重。③对于受害人既没有死亡，也没有残疾的，对于造成的精神损害是否属于"造成严重后果"的情形，要视具体情况而定。[1]

（3）侵害他人人身权益的行为与被侵权人遭受的严重精神后果之间存在因果关系。此因果关系的证明责任由被侵权人承担。

四、侵权死亡案件中的精神损害赔偿

（一）侵权死亡赔偿的性质界定

死亡赔偿的性质，是指死亡赔偿究竟是对谁作出何种损害赔偿，关系到死亡赔偿的赔偿项目的选择、死亡赔偿计算标准的设置以及死亡赔偿请求权主体的确定等。

---

〔1〕　最高人民法院民事审判第一庭编著：《最高人民法院人身损害赔偿司法解释的理解与适用》，人民法院出版社 2004 年版，第 273 页。

在死亡赔偿的性质上，学界存在精神抚慰说和"逸失利益"赔偿说两种观点。世界各国法律多数学说和立法例认为，死亡赔偿绝非对死者的财产损害的赔偿，而是对与受害死者有关的一些亲属的赔偿。[1]原因在于，根据民事主体权利能力的基本原理，自然人的权利能力始于出生，终于死亡。被侵权人因遭受他人侵害生命权而死亡，其权利能力和主体资格随之消灭。对死者来说，损害赔偿已无实际意义。因此，有学者指出，"侵权死亡赔偿的金钱不是用来与人的生命进行交换或者对生命权的丧失进行填补的。……损害赔偿，包括对受害人一方相关财产损失的赔偿、对死者近亲属精神损害的赔偿和对被抚养人抚养费的赔偿及死亡赔偿金，都不过是用来填补近亲属的财产损失或抚慰其精神损害的。"[2]

（二）精神损害赔偿是侵权死亡的赔偿项目

侵权死亡赔偿制度的目标不在于救济死者，而是对于与死者有关联的生者因死亡事实造成的精神损害和物质生活条件恶化的赔偿。[3]《侵权责任法》第16条规定："侵害他人造成人身损害的，应当赔偿医疗费、护理费、交通费等为治疗和康复支出的合理费用，以及因误工减少的收入。造成残疾的，还应当赔偿残疾生活辅助具费和残疾赔偿金。造成死亡的，还应当赔偿丧葬费和死亡赔偿金。"依照本条规定，在侵权死亡赔偿案件中，如果被侵权人立即死亡的，侵权人仅须支付丧葬费和死亡赔偿金；如果被侵权人生前发生医疗救治的，侵权人还应当支

---

〔1〕 这个法律界的共识，足以说明"同命同价"或"同命不同价"的说法是错误的，其本身就是个"伪命题"，赔偿的既然不是死者的生命，何来"命价"的"同"与"不同"的问题呢?!

〔2〕 张新宝："侵权死亡赔偿研究"，载《法学研究》2008年第4期。

〔3〕 参见张新宝："侵权死亡赔偿研究"，载《法学研究》2008年第4期。

付由此产生的医疗费、护理费、交通费等为治疗和康复支出的合理费用，以及因误工减少的收入。

但是，这绝不意味着，《侵权责任法》上的侵权死亡赔偿项目不包括抚慰金，或者死亡赔偿金涵括了抚慰金。我们需要结合《侵权责任法》第22条和《精神损害赔偿解释》和《人身损害赔偿解释》来进一步完善侵权死亡赔偿项目。《侵权责任法》第22条规定："侵害他人人身权益，造成他人严重精神损害的，被侵权人可以请求精神损害赔偿。"依据此条文，只要满足"侵害他人人身权益""造成他人严重精神损害"这两个构成要件，被侵权人就可以请求精神损害赔偿。在侵权死亡案件中，被侵权人的近亲属罹患丧亲之痛，可谓遭受了"严重精神损害"，并且此"严重精神损害"是因侵权人侵害被侵权人生命权造成的，并且依据《侵权责任法》第18条第1款前段"被侵权人死亡的，其近亲属有权请求侵权人承担侵权责任"的规定，被侵权人的近亲属有权就其因被侵权人死亡所造成的严重精神损害请求侵权人支付抚慰金。因此，抚慰金是侵权死亡的赔偿项目。

（三）侵权死亡精神损害赔偿是请求权主体

《侵权责任法》第18条就该问题也作出了原则性规定，即"被侵权人死亡的，其近亲属有权请求侵权人承担侵权责任。被侵权人为单位，该单位分立、合并的，承继权利的单位有权请求侵权人承担侵权责任""被侵权人死亡的，支付被侵权人医疗费、丧葬费等合理费用的人有权请求侵权人赔偿费用，但侵权人已支付该费用的除外"。本条第1款确定了被侵权人的近亲属就被侵权人死亡而产生的死亡赔偿金等逸失利益和具有抚慰"严重精神损害"性质的抚慰金享有法定请求权。本条第2款确定了实际支出丧葬费、医药费等被侵权人死亡前后合理费用的人享有法定请求权。

具体而言，因被侵权人死亡遭受严重精神损害的被侵权人近亲属有权请求侵权人支付抚慰金（精神损害赔偿）。死者近亲属提出要求赔偿抚慰金的依据，在于"死者近亲属遭受了精神损害，而不是死者遭受的精神损害"[1]。因此，在侵权死亡案件中，被侵权人近亲属的抚慰金请求权是源发性请求权，是基于其自身因被侵权人死亡所遭受的严重精神损害而提起的。从这个意义上来说，精神损害抚慰金请求权是自然人人身权的延伸。[2]在侵权死亡案件被侵权人近亲属的"严重精神损害"的举证方面，法律对被侵权人近亲属是否遭受严重精神损害的事实宜采取法律推定的方式，这是因为"亲人的亡故，近亲属经受生离死别的痛苦历程，他们因此而遭受精神损害"。[3]

至于侵权死亡案件中，被侵权人生前经历了严重的精神痛苦，是否有权提起诉讼，则应作具体分析。如果被侵权人生前已经就侵权人向人民法院提起抚慰金赔偿之诉或者侵权人承诺支付抚慰金，在被侵权人死亡后，其近亲属可以依据《人身损害赔偿解释》第18条第2款受让被侵权人的抚慰金请求权。而在其他情形中，尽管被侵权人可能遭受极其严重的精神损害，但是随着其死亡，抚慰金请求权也随着其主体资格的丧失而灭失。这也是"精神损害抚慰金的请求权，不得让与或者继承"的应有之义。

（四）侵权死亡精神损害赔偿数额的确定

由于精神损害是侵权人侵害被侵权人的人身权益所造成的

---

〔1〕 参见最高人民法院民事审判第一庭编著：《最高人民法院人身损害赔偿司法解释的理解与适用》，人民法院出版社2004年版，第268页。

〔2〕 最高人民法院民事审判第一庭编著：《最高人民法院人身损害赔偿司法解释的理解与适用》，人民法院出版社2004年版，第277页。

〔3〕 参见张新宝："侵权死亡赔偿研究"，载《法学研究》2008年第4期。

生理和心理上的痛苦，难以像财产损失那样，可以以金钱的方式准确地进行估价，因此，精神损害赔偿数额的确定，成为司法实践中一大难题。

关于国外一般精神损害数额的确定标准，有学者将其归纳为八种：参照医疗费用比例法、日标准赔偿法、限定最高额赔偿法、定型查表法、分类计算赔偿法、酌定概算法、综合全部因素法、折中赔偿法等等。[1]鉴于精神损害赔偿的基本功能是补偿受害人所受的精神损害，抚慰受害人遭受的精神痛苦，精神痛苦的个案差别是比较典型的，统一确定赔偿数额没有科学依据，也难以实现个案的公平正义赔偿数额，只能在个案当中斟酌确定，具体平衡。因此，我国最高司法机关认为，确定一个精神损害赔偿的数额，要遵循三条原则：①要考虑法院确定的精神损害赔偿数额能否补偿受害人或者死者近亲属所受的精神损害，能否起到抚慰的作用。②要考虑法院确定的精神损害赔偿数额对加害人是否能够起到制裁的作用。③要考虑法院确定的精神损害赔偿数额能否对社会有一般的警示作用。[2]

《精神损害赔偿解释》第10条规定，精神损害的赔偿数额根据以下因素确定：①侵权人的过错程度，法律另有规定的除外；②侵害的手段、场合、行为方式等具体情节；③侵权行为所造成的后果；④侵权人的获利情况；⑤侵权人承担责任的经济能力；⑥受诉法院所在地平均生活水平。法律、行政法规对残疾赔偿金、死亡赔偿金等有明确规定的，适用法律、行政法规的规定。

---

〔1〕　关今华：《精神损害的认定与赔偿》，人民法院出版社1996年版，第161页以下。

〔2〕　参见最高人民法院民事审判第一庭编著：《最高人民法院人身损害赔偿司法解释的理解与适用》，人民法院出版社2004年版，第274页。

值得注意的是，《侵权责任法》第20条将侵害精神性人格权（如名誉权、隐私权）造成的损害商品化，借鉴知识产权侵权的赔偿模式，作出了如下的规定："侵害他人人身权益造成财产损失的，按照被侵权人因此受到的损失赔偿；被侵权人的损失难以确定，侵权人因此获得利益的，按照其获得的利益赔偿；侵权人因此获得的利益难以确定，被侵权人和侵权人就赔偿数额协商不一致，向人民法院提起诉讼的，由人民法院根据实际情况确定赔偿数额。"

五、对本案的具体处理意见

本案一审判决精神赔偿10万元，终审判决将精神损害赔偿提升至30万元。在不到6个月的时间内，两级法院对同一案件确定的精神损害赔偿数额存在20万元的差别。这使得本案的精神损害赔偿数额如本案案情那样，受到社会公众的高度关注。

在终审判决中，北京一中院明确列举了判定30万元精神损害赔偿额考量因素：①老来得女不容易。法院认为此案与一般案件不同，晏某夫妇是老年得女，却又失去，并且今后将无法再生育。这种后果对他们的精神刺激是巨大的，使其遭受的精神痛苦异常剧烈，必须予以充分的抚慰。②晏某夫妇目睹了爱女被害的全过程。北京市一中院认为，在整个事发过程中，晏某夫妇目睹、经历了独生女儿被害死亡的全过程。法院相信这种痛苦确实是到了无法想象的地步。就像晏某所说，"噩梦不断、惊恐万状，不敢看小学生上学、不敢见到女儿的同学、不敢再坐公交车，甚至不敢看到电视上女孩子的脖子"。③凶手破坏了公众信心。北京市一中院认为，人们生活于社会之中，是对于社会的正常秩序抱有信心，也是对于善良的社会风俗抱有一定信心，这是一个社会赖以存在的基础。朱某面对13岁的小女孩，没有一点对于乘客、对于他人的尊重，犯罪性质极其恶劣。而且案发场所是在公共汽车上，案发时间是人们欢度国庆黄金周的时候。朱玉琴的行为恰恰破坏了这种信心，侵犯了社会的和谐与稳定。因此，必须予以惩罚，以警示违法分子，昭示社会正义。这也是精神抚慰金所应起到的作用之一。[1]

从本案判决中，我们可以对侵权死亡精神损害赔偿得出以下启示[2]：①精神损害赔偿的损害填补与精神抚慰的功能是确定精神损害赔偿数额的前提；②精神损害赔偿的精神抚慰性，决定了其数额确定与作为财产性损失赔偿的死亡赔偿金不同，应体现"同命同价"原则，因为近亲属对被侵权人因侵权而死亡所遭受的精神损害大致相当，而不应当过于考虑地域和经济因素；③在坚持精神损害赔偿数额"同命同价"的基础上，尚需考虑其他考量因素，如加害人的过错程度、近亲属对被侵权人死亡遭受的精神打击程度以及地域经济发展水平；④在我国，由于未成年被侵权人死亡，没有被扶养费这一赔偿项目，必定导致死亡赔偿数额的减少，为了维持成年被侵权人与未成年被侵权人之间赔偿数额的相对平衡，应当发挥精神损害赔偿的调节功能。

第三节 侵权损害赔偿中的赔偿限额制度

侵权损害赔偿中的赔偿限额制度是全额赔偿的例外规则，它主要适用于危险责任领域。赔偿限额制度的主要功能在于：

---

〔1〕 参见中国法治报道："北京：售票员掐死女孩案终审改判精神赔偿为30万"，载 http://vsearch.cctv.com/plgs_play.php? ref = CCTV12_20071128_2521741，2009 年 1 月 20 日访问。

〔2〕 参见张新宝、郭明龙："侵权死亡精神损害赔偿的数额算定——以北京（2007）一中民终第 9064 号判决为素材的分析"，载《判解研究》2008 年第 40 期。

缓解加害人的巨额赔偿数额的压力，保留其经济实力；提高加害人对从事事业风险的预见性，鼓励从事经营的信心；明确风险的范围，以便通过保险制度进行分散；对以优质产业和社会公益为目的的活动进行维护。对赔偿限额制度主要存在着支持说和质疑说两种观点。侵权损害赔偿中赔偿限额制度之存废与否实际上涉及加害者和受害者的利益冲突问题。国际公约以及我国对赔偿限额在特定的领域均有规定。赔偿限额制度适用和完善应该在立法模式、适用范围、法律渊源、变动性规则以及限制性规则的设计等方面予以特别关注。

一、赔偿限额的概念、类型及制度功能

（一）赔偿限额的概念

侵权损害赔偿中的赔偿限额，是指在确定侵权损害赔偿数额的时候，确定一个法定的赔偿最高限额或者最低限额，高于这个法定数额或者低于这个数额的均不予赔偿的制度。从国内外法律规定来看，多对最高限额加以规定，故本书中如无特别说明，均为最高限额。但是需要注意的是，"限制赔偿与赔偿限额制度尽管有着密切的联系，但并不完全等同。限制赔偿原则是相对于全部赔偿原则而言的。全部赔偿指的是，一方面，就损害的种类而言，责任人既要赔偿受害人遭受的各种损害，包括财产损害（包括直接损失与间接损失）与精神损害，甚至还要赔偿经济损失；另一方面，就责任的数额而言，责任人要进行全额赔偿。限制赔偿既可能表现为责任范围的限制，也可能表现为责任数额的限制（即赔偿限额）。所以，赔偿限额仅是限制赔偿的一种方式。"[1]"赔偿限额制度一般在特殊侵权中适

---

〔1〕 王利明主编：《中华人民共和国侵权责任法释义》，中国法制出版社2010年版，第386页。

用，是指对损害赔偿义务人的赔偿责任以法律的形式确定赔偿限额，也即不按照实际损失全部赔偿，是对全部赔偿原则的修正与衡平。"[1]可见，赔偿限额制度是损害赔偿中一般规则——全部赔偿原则的例外规则，这是必须明确的。赔偿限额制度主要适用于无过错责任（或危险责任），目前尚未见到过错责任中有赔偿限额的立法例。赔偿限额制度具有悠久的历史，有学者认为："早在罗马法中，针对动物侵权的危险责任就设定了最高赔偿限额原则，即将加害动物交付给受害人（*noxae datio*），动物的饲养人即可以免除全部责任，间接体现了最高限额的赔偿原则。在德国 1909 年的《机动车法》中，第一次引入了最高赔偿限额。危险责任的最高限额被视为是弥补违宪责任中无过错严苛后果的重要措施。"[2]现代民法的危险责任中，赔偿限额已经颇为常见。

（二）赔偿限额的类型

根据不同的标准，赔偿限额制度可以作不同的分类。根据限额的标准是最高标准还是最低标准，赔偿限额可以分为最高赔偿限额（Caps）和最低赔偿限额（Thresholds）。根据现行对赔偿进行限额的国家的立法，对赔偿数额作出规定的主要是对赔偿的最高数额做出限制，极少数国家规定了最低赔偿限额，如德国《产品责任法》对物质损害的最低限额的规定。

根据赔偿限额的表现形式，可以分为数额形式的赔偿限额与比例形式的赔偿限额。前者是指对赔偿的数额限定一个特定

---

〔1〕 梅夏英：《中华人民共和国侵权责任法讲座》，中国法制出版社 2010 年版，第 326 页。

〔2〕 "Korrelat zur Verschuldensunabhängigkeit"，BT-Drucks，14/7752，S. 17. 转引自：[德] 布吕格迈耶尔：《中国侵权责任法学者建议稿及其立法理由》，朱岩译，北京大学出版社 2009 年版，第 118 页。

的赔偿数额；后者是指对赔偿的数额确定一定的比例。目前绝大多数国家的赔偿限额是规定一定的赔偿数额，如德国、法国、西班牙等。后者，根据笔者的资料，仅仅只有中国《道路交通安全法》第76条的规定。我国的《道路交通安全法》没有规定一个具体的赔偿限额，而是规定"机动车一方没有过错的，承担不超过10%的赔偿责任。"这种比例形式的赔偿限额模式是我国立法的特色。[1]

根据赔偿限额性质的不同，可以分为侵权法中的赔偿限额与保险法中的赔偿限额。前者一般是指规定在侵权法的渊源中的对侵权损害赔偿的数额进行限制的赔偿限额，它一般由法律加以明确的规定。后者一般是指规定在保险法的渊源中的旨在对保险赔偿的数额进行限制的赔偿限额。例如，我国的道路交通事故中交强险赔偿限额的规定［参见：《中国保监会关于调整交强险责任限额的公告》（2008年1月11日）］。二者虽然都为赔偿限额但是性质迥异，前者针对的是侵权损害赔偿，后者针对的是保险公司的赔偿责任。另外，二者的目的也具有明显的不同。

根据限额的对象作为标准，可以分为针对财产损害的赔偿限额和针对人身损害的赔偿限额。"从比较法上看，世界各国有关危险责任的最高限额规定主要针对人身损害赔偿，而不是财产损害赔偿。例如各国在产品责任法中普遍规定了有关人身损害赔偿的最高限额。"[2]

（三）赔偿限额的制度功能

关于赔偿限额的制度功能，学者多有论述。"危险责任之损

---

〔1〕 王利明、周友军、高圣平：《中国侵权责任法教程》，人民法院出版社2010年版，第550页。

〔2〕 ［德］布吕格迈耶尔：《中国侵权责任法学者建议稿及其立法理由》，朱岩译，北京大学出版社2009年版，第118页。

害赔偿常有一定最高金额限制，立法意旨在使负担危险责任者，可预见并预算其所负担之危险责任，而依其经济能力，从事保险。"[1]"首先，赔偿义务人没有过错也需要承担责任，因此责任容易成立。加之适用危险责任的侵权行为造成的损害往往非常巨大，受害人众多，为了避免使赔偿义务人承担过重的负担，以致面临经济上的毁灭性打击，法律上一般都要限制危险责任的最高赔偿额度，以缓解赔偿义务人的压力。其次，对最高赔偿限额的规定，也能使得那些负担危险责任之人，预见并预算其所负担的危险责任，从而依据其经济能力，评估风险与收益，确定是否从事此项危险活动。再次，由于危险责任需要与责任保险制度相配合，方能合理地分散损害，如果赔偿范围漫无边际，使得保险公司因害怕承担过重的责任，无法预见风险，而拒绝承保，由此将导致危险事业无法正常开展，这对于国家科技与经济的发展显属不利。"[2]

笔者认为，上述观点无疑均是有其合理性的。简言之，限额赔偿制度的功能主要在于：缓解加害人的巨额赔偿数额的压力，保留其经济实力；提高加害人对从事事业风险的预见性，鼓励从事事业的信心；明确风险的范围，以便通过保险制度进行分散；对以优质产业和社会公益为目的的活动进行维护。

二、赔偿限额的比较法分析

（一）国际公约的相关规定

首先，核损害方面。1960 年《巴黎公约》、1963 年《布鲁塞尔补充公约》、1963 年 5 月《维也纳公约》都规定了赔偿限额制度。2004 年 2 月 11 日，经济合作与发展组织/核能机构

---

〔1〕　王泽鉴：《民法学说与判例研究》（第五册），中国政法大学出版社 2005 年版，第 226 页。

〔2〕　程啸：《侵权行为法总论》，中国人民大学出版社 2008 年版，第 122 页。

（OECD/NEA）与国际原子能机构（IAEA）签署了有关第三方赔偿责任的《巴黎公约》及《布鲁塞尔补充公约》的修改议定书。修改议定书提高了现行的损害赔偿额度（最低责任限额），把核设施运营者的最低责任限额提高到 7 亿欧元，把低风险设施和运输事故的最低责任赔偿额分别提高到 7000 万欧元和 8000 万欧元。由核设施运营者的核损害赔偿的保险支付赔偿额提高到 7 亿欧元（若保险金不足，则由国家补偿）；由核设施所属国（或运输者所属国）官方支付的国家赔偿额提高到 5 亿欧元；由巴黎公约缔约国援助的损害赔偿共同基金支付的国际赔偿额提高到 3 亿欧元。该议定书的签署使核损害赔偿额由原来的 3 亿 SDR（特别提款权，约 3.5 亿欧元）提高到 15 亿欧元，增加了 3 倍多。其次，在国际油污损害方面。《1992 年国际油污损害民事责任公约》第 5 条规定了对船舶所有人在任一油污事件，应承担的赔偿责任限额：按照《1969 年国际船舶吨位丈量公约》附则 I 计算吨位。（a）不超过 5000 总吨的油轮，油污赔偿责任限额为 300 万 SDR（特别提款权）；（b）超过 5000 总吨以上的油轮，每增加 1 总吨，增加 420 SDR；但任何情况下，赔偿总额不得超过 5970 万 SDR。2001 年的《2001 年燃油污染损害民事责任公约》对赔偿限额也作了相关规定。再次，在航空运输方面。1929 年 10 月 12 日，德、意、日、美、法等国在波兰签订了《华沙公约》，第一次对国际民用航空进行私法调整，公约规定了承运人的责任限额。后来 1963 年生效的《海牙议定书》，将承运人对旅客的法定责任限额提高了一倍。与华沙体制相比，2003 年 11 月 4 日生效的《蒙特利尔公约》的最大特点是规定了承运人对旅客的双梯度责任制度，对于因旅客死亡或者身体伤害而产生的损失，无论承运人是否有过错，都要对旅客的死亡或者身体伤害承担 100 000 SDR 限额的赔偿责任。另外《欧共体产品责任指令》对赔偿限额也有相关的规定。

（二）典型国家或地区的规定

1. 德国

德国的多数严格责任法律包含固定的或灵活的最高限额来限制具体损害的损害数额。在下列法律中是真实的：《环境责任法》第15条：死亡、身体伤害／健康的损害：共60 000 000马克；财产损失：共60 000 000马克。《产品责任法》第10条：死亡、身体伤害／健康的损害：共80 000 000欧元；财产损失：无限制。《航空交通法》非在运输期间所致损害的赔偿，第37条：质量低于1000kg的飞机：425 000欧元（各种类型损害的赔偿）；质量介于1000kg到2000kg的飞机：425 000欧元＋对于超过1000kg的部分每千克325欧元（各种类型损害的赔偿）；质量超过2000kg的飞机：750 000欧元＋对于超过2000kg的部分每千克100欧元（各种类型损害的赔偿）；对每一个受伤的人：250 000欧元（各种类型损害的赔偿）。《基因工程法》第33条：各种类型损害的赔偿：80 000 000欧元。《联邦采矿法》第117条：死亡／人身伤害：250 000欧元或者是150 000欧元每年（养老金）财产损失：通常价值。[1]另外，《核能源法》《赔偿责任法》《道路交通法》《药品法》也有相关的赔偿最高限额的规定。

2. 法国

根据法国1968年10月30日的法律对核装置经营者和核潜艇的经营者的危险责任的规定，核装置经营者所承担的侵权责任是5000万法郎，超过的部分，在必要时由国家承担，但国家承担的责任范围不超过6亿法郎，核潜艇经

---

〔1〕　B. A Koch／H. Koziol：*Unification of tort law：strict Liability*，p. 167，168.

营者所承担的侵权责任范围不超过 5 亿法郎。[1]一些类型的严格责任受到最高限额的限制。核事故、航空事故、海上油运输就是这样的例子。然而，总的来说，最高限额并不是严格责任的固有特点。因此，庞大的无过错制度给受害人提供了充分的赔偿。这些都是事实，不仅在法官创造的制度中（物件的行为，不可量物、违反安全义务的合同责任），还在最近的成文法中，例如 1998 年的产品责任法，它并没有采用欧洲指令中的条款，根据它的规定，被相同的项目导致的死亡或人身伤害将会受到特定的数额的限制。[2]

3. 瑞士

瑞士通常反对最高限额和最低限额而且避免它们，只要国际法律没有要求国内的立法者遵守这些规则。该国基本的考虑是，一个确定的形式的责任是否完全地有正当性理由或者根本不具有正当性理由。这个原则在核电站责任中被以一种非常激进的方式适用，根据该领域的国际协定，先前的 1958 年法令引进了一个最高限额（那时是 40 000 000 法郎，1977 年是 200 000 000 法郎）。这个制度在 1983 年通过采用一个新的和特别的有关核电站的法律而得以改变，它重新确立了无限制的责任制度。[3]

4. 我国台湾地区

台湾地区"核子损害赔偿法"第 24 条规定："核子设施经营者对于每一核子事故，依本法所负之赔偿责任，其最高限额为新台币 42 亿元。前项赔偿限额内，不包括利息及诉讼费用""关于危险责任，应否限制其赔偿金额，系立法政策的重大问题。在核子损害，对每一核子损害有最高限额。在民用航空器

---

〔1〕 张民安：《现代法国侵权责任制度研究》，法律出版社 2007 年版，第 252 页。

〔2〕 B. A Koch/H. Koziol：*Unification of tort law：strict Liability*，p. 140.

〔3〕 B. A Koch/H. Koziol：*Unification of tort law：strict Liability*，p. 343.

责任，得由'交通部'规定损害赔偿额。与其他情形，未设最高赔偿数额的限制"。[1]"铁路行车及其它事故损害赔偿暨补助费发给办法"第2条规定："死亡者，最高金额新台币120万元。重伤者，最高金额新台币80万元。非重伤者，最高金额新台币40万元。托运人托运之货物、行李、包裹，按铁路运送规则之规定赔偿，旅客未托运之随身携带物品，除依照规定之免票孩童不予补偿外，每一旅客最高金额不超过新台币1万元。前款以外非运送财物毁损丧失者，由双方协议定之。""汽车运输业行车事故损害赔偿金额及医药补助费发给办法"第3条规定："死亡者，最高金额新台币250万元。重伤者，最高金额新台币140万元。非重伤者，最高金额新台币40万元。财物毁损、丧失之赔偿金额由双方协议定之。"另外民用航空器所有人的责任也有责任限额的规定。

(三) 中国大陆的规定

我国的现行立法中也有关于赔偿限额的相关规定。《侵权责任法》第77条规定："承担高度危险责任，法律规定赔偿限额的，依照其规定。"根据我国的现行有效的规定，"法律规定赔偿限额的"主要有：《国内航空运输承运人赔偿责任限额规定》(2006)第3条规定："国内航空运输承运人应当在下列规定的赔偿责任限额内按照实际损害承担赔偿责任，但是《民用航空法》另有规定的除外：①对每名旅客的赔偿责任限额为人民币40万元；②对每名旅客随身携带物品的赔偿责任限额为人民币3000元；③对旅客托运的行李和对运输的货物的赔偿责任限额，为每公斤人民币100元。"《国务院关于核事故损害赔偿责任问题的批复》(国函〔2007〕64号)第7项规定："核电站的营运

---

[1] 王泽鉴：《侵权行为》，北京大学出版社2009年版，第3页。

者和乏燃料贮存、运输、后处理的营运者，对一次核事故所造成的核事故损害的最高赔偿额为 3 亿元人民币；其他营运者对一次核事故所造成的核事故损害的最高赔偿额为 1 亿元人民币。核事故损害的应赔总额超过规定的最高赔偿额的，国家提供最高限额为 8 亿元人民币的财政补偿。"

（四）比较分析

将我国的规定与国际公约以及其他国家或地区的有关侵权损害赔偿的限额规定进行比较的目的在于揭示一般规律，并寻找我国相关制度的差距，并采取适当的措施对这些差距进行弥补。从上述国际公约、主要国家以及我国有关侵权损害赔偿的限额规定来看，主要存在着这样几个特点：其一，关于适用范围。从上述规定来看，虽然各国的规定有明显的不同，例如德国关于赔偿限额的规定的适用范围就明显比较宽泛，适用于多数的适用危险责任作为归责原则的侵权损害赔偿。但是，关于赔偿限额的规定主要存在于核事故损害、油污损害、航空运输等"异常危险"所导致损害的领域。其二，关于赔偿限额的数额。国际公约以及国外主要国家规定的赔偿限额的数额较于我国来说一般较高。其三，赔偿限额的数额是应该随着社会经济发展而不断调整的。根据比较法研究得出的上述结论值得我们在立法过程中思考和借鉴。

三、关于赔偿限额的观点分歧

关于赔偿限额主要存在两种观点，一种是支持说，即认为赔偿限额具有其合理性根据；一种是质疑说，该说对赔偿限额的合理性以及功能均提出了质疑，但是也并没有完全否认赔偿限额制度的功能。

（一）支持说

根据学者的观点，赔偿限额的正当性理由主要有：

（1）缓和无过错责任的严格性。有学者认为无过错责任与限额赔偿制度具有紧密的关系，二者的关系必须理顺，"基于不同归责原则的法律基础而产生的侵权请求权，应当具有不同的赔偿内容。基于加害人的过错产生的侵权损害赔偿请求权实行全部赔偿原则；而基于加害人无过错而产生的侵权损害赔偿请求权则应当实行限额赔偿原则，并不是全部赔偿的请求权"[1]"在德国侵权法中，长期以来将最高限额视为危险责任的一个必然制度。有关危险责任的最高限额最早体现在德国1909年的机动车道路交通法（Kraftverkehrsgesetz）中，针对机动车保有人设定了最高赔偿限额。当时设定此种最高限额的立法根本原因体现为：必须遏制急剧上升的机动车保有人的责任保险保费，从而使机动车保有人有能力支付此种强制的责任保险。受到德国法的影响，欧共体在1986年通过的产品责任指令也借鉴了此种最高限额的立法模式。目前在中国，很多学者也主张在危险责任中必须规定最高责任限额，原因就在于平衡无过错责任的严格性"[2]"从侵权法的理论上看，侵权法实行'全额赔偿'原则，即加害人应当就其行为或者危险实现所引发的全部损害承担赔偿责任。但是，由于危险责任建立在'风险归责'基础上，即从事'合法'危险活动的行为人承担了极为'严格'的责任，因此现代各国侵权法中针对危险责任普遍规定了最高赔偿限额范围。"[3]可见，缓和无过错责任的严格性是应当采纳赔偿

---

〔1〕 杨立新："规定无过错责任应当着重解决限额赔偿问题"，载《绍兴文理学院学报》2009年第2期。

〔2〕 ［德］布吕格迈耶尔：《中国侵权责任法学者建议稿及其立法理由》，朱岩译，北京大学出版社2009年版，第117页。

〔3〕 ［德］布吕格迈耶尔：《中国侵权责任法学者建议稿及其立法理由》，朱岩译，北京大学出版社2009年版，第117页。

限额制度的重要理由。

（2）有利于提高加害人对损害的可预见性，加速其经济能力的恢复，促进经济的持续发展。"从保护加害人的角度出发，设立最高限额可以使得加害人可以通过合理的成本外化——投保的方式分散风险，即使在自己承担赔偿责任的情况下，也具有一个可以理性预见的边界。这对于促进工商业发展具有积极的意义。"1940 年的《德国机动车交通法》在立法中提出了规定此种最高限额的理由有二：其一，只有最高限额才能够具有可保险性；其二，最后规定最高限额，对责任人才具有经济上的可承受性。"当然，此种针对危险责任设定的最高赔偿限额责任与危险责任的发展历史具有密切关系。在过错责任统治下的传统侵权法体系中，让立法者以及具有经济强势的企业接受无过错的危险责任的代价，就是将其责任范围限定在可以预见到的范围内。"〔1〕可见赔偿限额制度不仅涉及加害人的利益，而且涉及社会经济的持续发展。

（3）可以保证对受害人的赔偿得到切实的实现。现实生活中，远远超过加害人赔偿能力的损害赔偿不仅会置加害人于破产的境地，而且会导致受害人赔偿的虚幻性，无异于画饼充饥。因为，从实际效果的角度出发，只有当责任成立与责任填补之间具有完全比例关系时，危险责任才具有意义。否则规定加害人在法律上承担全部责任，而其实际赔偿能力远远达不到，对于受害人鲜有意义。"与许多其他欧洲国家法律制度相比较而言，德国法律的特点是：严格责任原则不是在德国民法典中予以确定的，而是大多在各种特别法中予以规定。

---

〔1〕 Kötz, AcP 170 (1970), S. 1, 36 f. 转引自 ［德］布吕格迈耶尔：《中国侵权责任法学者建议稿及其立法理由》，朱岩译，北京大学出版社 2009 年版，第 118 页。

这些严格责任原则不允许类推适用（因为这些严格责任原则被认为是一般过错责任原则的例外），而且几乎所有的严格责任原则规定都提供了赔偿金的最大数额限制（最高数额或上限），以便将可能的赔偿数额限制在规定的数额之内。隐含在这一概念背后的深层次原因是存在这样一种观念：根据严格责任原则取得的'利益'（作为一般过错原则的例外）不能无限予以满足，这也是为了保证这些'利益'能够得到实现。"[1]可见，从受害人得到现实的救济的角度来看，赔偿限额制度亦有其合理性。

（二）质疑说

虽然赔偿限额在很多国家有关危险责任的立法中已经多有规定，但是对于赔偿限额质疑的声音仍然是客观存在的。其主要理由有：

（1）赔偿限额制度违反损害赔偿法之全额赔偿的一般法理，造成对受害人的不公平。全额赔偿乃民事侵权损害赔偿的最基本法理之一。但是，"现代侵权法理论反对针对危险责任采取赔偿限额的立法模式，一方面，最高限额的规定违反了侵权法'全额赔偿'的原则，导致区别对待过错责任和无过错责任；另一方面，既然现代侵权法已经承认过错责任和无过错责任的双轨制归责原则，就没有必要延续在单一过错归责原则下针对危险责任设立的弥补机制——最高限额。而且最高限额对受害人不公，违反了'个别正义'的要求。在比较法中，许多国家都放弃了最高限额，如 1975 年的瑞士道路交通法。虽然欧盟在 1986 年通过的产品责任指令中规定了最高限额，

---

[1] 刘海鸥："当代侵权法的发展趋势——以德国侵权法的变革为视角"，载《求索》2007 年第 2 期。

但成员国中只有德国、西班牙和葡萄牙在内国法律中作出了此种规定。"[1]可见赔偿限额制度与全额赔偿的冲突是质疑说的有力论证武器。

（2）相关的责任人完全可以通过责任保险等其他损害分散机制进行分散。现代社会的这些特点给传统侵权法带来了极大的压力和严峻的挑战。一方面，它使侵权法的补偿功能更加突出，另一方面，这些压力对于侵权法来说使其负担了不能承受之重。……因此有必要建立针对损害的综合补偿体系，来解决社会生活中大量存在的事故灾害的补偿问题。[2]"法律政策上看，甚至应当考虑取消最高限额；因持有人负有订立责任保险的义务，因此这些最高金额无论如何都不能被正当化了。"[3]可见，现代风险社会的特点需要加害人通过综合补偿体系，即社会保障制度、责任保险、赔偿基金等对巨额的损害进行分散。从现实生活中看，社会已经提供了多元化的综合补偿体系，因此在现有制度下对加害人来说的巨额损害并非没有途径予以分散。

（3）不符合侵权责任法从维护行为自由到关注受害人权益保障转变的发展趋势。"受害人一方的权益与可能的加害人一方的行为自由之间的矛盾，是侵权责任法所调整的一对基本矛盾。"[4]二者的关系在不同的历史阶段，侧重点是不同的，"在1896年时，《民法典》是立法者将保护行为自由视为当务之急

---

〔1〕［德］布吕格迈耶尔：《中国侵权责任法学者建议稿及其立法理由》，朱岩译，北京大学出版社2009年版，第118～119页。

〔2〕王利明：《侵权行为法研究》（上卷），中国人民大学出版社2004年版，第148页。

〔3〕［德］迪特尔·梅迪库斯：《德国债法分论》，杜景林、卢谌译，法律出版社2007年版，第719页。

〔4〕张新宝：《侵权责任法立法研究》，中国人民大学出版社2009年版，第8页。

的法律政策，并对此给予了更多的关注。一百多年后的今天，可以肯定，侵权行为法所倾向的重点已随着时间的推移而发生了变化。若探求责任法律制度领域的最新发展至当前形态的动力，则我们不能回避公民对安全的要求以及由此产生的对社会安全（soziale Sicherheit）的需求。人们期待侵权行为法和损失赔偿法能有助于保护个人的基本生存，并以此建立相应的社会化国家机制。"[1]在加害人行为自由和受害人权益保障冲突关系协调方面，赔偿限额制度很显然较为关注加害人的行为自由，而对受害人权益的保障做出了一定的限制，这与现代侵权责任法的发展趋势是相悖的。

（4）即便缺少赔偿限额制度也不会阻碍责任保险的贯彻实施。支持赔偿限额的一个理由是，规定最高限额可以使损害赔偿具有可保险性。但是，需要注意的是，"保险所提供的保护并不系于是否具有责任最高限额。任何一个责任保险原则上都仅仅在一定承保范围内提供保护。在法律没有明确规定的情况下，责任保险通常规定，风险大小程度与保费属于责任保险合同磋商的内容。"[2]可见，从最高限额可以使损害赔偿具有可保险性的角度论证赔偿限额的合理性似乎也不充分。

另外，有学者认为，不同的归责原则所保护的权益范围是相同的，没有理由基于归责原则的不同给予不同的赔偿范围。"个人的过错责任、准严格的企业责任与危险责任应当在责任范围、赔

---

〔1〕［德］马克西米利安·福克斯：《侵权行为法》，齐晓琨译，法律出版社2006年版，第4页。

〔2〕Taschner, Begrenzung der Gefährdungshaftung durch Haftungshöchstgrenzen?, in: Schlechtriem/Leser（Hrsg.），Zum Deutschen und Internationalen Schuldrecht, 1983, S. 75. 引自：［德］布吕格迈耶尔：《中国侵权责任法学者建议稿及其立法理由》，朱岩译，北京大学出版社2009年版，第119页。

偿范围上一致，没有任何能够令人满意的理由去说服我们针对危险责任保留特殊的责任范围，即一般性的最高限额的规定。"〔1〕

可见，针对侵权赔偿中的赔偿限额制度既有支持的观点，也有质疑的观点，而且均有相关的根据。支持说主要站在加害者利益和社会公众利益的角度进行论证，质疑说侧重于保护受害人的权益。显然，侵权损害赔偿中的赔偿限额制度存废与否实际上涉及加害者和受害者的利益冲突问题。应该在法律中做出怎样的选择以及如何做出良好的制度设计是解决利益冲突的关键。

四、关于赔偿限额制度适用及完善的思考

虽然各国法律中对危险责任领域的侵权损害赔偿类型多有赔偿限额制度，但是其合理性现在仍不无争议，如台湾学者王泽鉴先生认为："限额赔偿非无过失责任的本质，赔偿限额的合理性，应有检讨的必要。"〔2〕在现行的立法体系下如何对赔偿限额制度进行解释适用以及如何进行完善应该是思考的主要方向。下面针对赔偿限额制度的适用及完善谈几点浅见。

（一）关于赔偿限额制度的立法模式

从国内外关于赔偿限额的立法模式来看，均采取个别立法模式，即在特别法中对赔偿限额加以规定。笔者认为，这种立法模式应该加以继承，不宜对赔偿限额采取一般规定的立法模式。如有学者认为，"危险责任不应当包括最高限额的一般规定，但不妨碍在具体的危险责任形态中……"〔3〕其原因在于：填补损害乃侵权损害赔偿之第一目标，其最基本的规则就是完

---

〔1〕 〔德〕布吕格迈耶尔：《中国侵权责任法学者建议稿及其立法理由》，朱岩译，北京大学出版社2009年版，第119页。

〔2〕 王泽鉴：《侵权行为》，北京大学出版社2009年版，第560页。

〔3〕 〔德〕布吕格迈耶尔：《中国侵权责任法学者建议稿及其立法理由》，朱岩译，北京大学出版社2009年版，第119页。

全赔偿原则。赔偿限额制度从本质上讲是与侵权损害赔偿的一般规则相冲突的，这注定了它仅仅只能作为特别的例外性规则，而不应该作为一般规定的规则，否则将会产生逻辑上的悖论。

（二）关于赔偿限额制度的适用范围

所谓赔偿限额制度的适用范围，一方面是指赔偿限额制度适用于哪些侵权案件；另一方面是指限额赔偿适用于哪些赔偿项目，即是包括财产损害，抑或是包括人身损害，还是也包括精神损害？关于第一个方面，正如上文比较法分析中所述，赔偿限额的规定主要存在于核事故损害、油污损害、航空运输等"异常危险"所导致损害的领域。这主要是因为这些领域的损害不发则已，一旦发生损害，损害的数额就是非常巨大的，如果不加以适当的限制就很可能导致加害者受到重创甚至破产，而且可能导致加害者的风险过大使保险公司不敢承保，最终导致这个行业的萎缩。但是必须注意的是，这种赔偿限额毕竟是以受害人的权益得不到完全的救济作为代价的，故必须对其适用范围严加限制。在将赔偿限额制度适用于新的侵权类型之前必须加以充分的实际论证，以避免赔偿限额制度成为合法的侵权工具。关于第二个方面，笔者认为赔偿限额应该仅仅适用于人身损害和财产损害的赔偿，因为：其一，这两种损害是可以计算的实际损害，国外立法例也仅对二者的赔偿限额进行限制；其二，精神损害的赔偿数额是难以实际计算的，只能法院酌情加以判断，不存在全额赔偿问题，故不宜适用赔偿限额。这就意味着，虽然受害人受到的人身损害和财产损害受到最高赔偿限额的限制，但是并不妨碍受害人根据民法的相关规定请求精神损害赔偿。

（三）关于赔偿限额的法律渊源

从国外有关赔偿限额的法律渊源来看，多规定在特殊侵权的法律中，如德国的《环境责任法》《航空交通法》《产品责任法》《基因工程法》《联邦采矿法》等，虽然属于特别的单行立法，但是均具有较高的法律位阶。但是我国有关赔偿限额的规定多规定在部门的规章、规定、批复中，这些显然在法律渊源体系中居于较低的位阶。笔者认为，这种现象亟需改变，因为在我国目前部门之间争取利益、推诿责任的现象屡见不鲜，在立法中同样表现得较为明显。把赔偿限额这种直接关系到受害人切身利益的制度设计交给与其具有利益冲突的部门手中，显然是较为危险的。有学者认为，"《侵权责任法》第 77 条虽然认可了无过错责任的赔偿限额，但其中的'法律'应当作狭义解释，限于全国人大及其常委会制定的法律"[1]"从字面解释以及保护受害人的角度看，应对'法律'作狭义理解，尤其是不能允许各种规章从部门或地方利益出发来设定责任限额制度。"[2]笔者赞同上述学者从解释论的视角得出的结论，这也是克服立法滞后性而又期待裁判妥当性的明智之选。另外，赔偿限额原则上应该是法定的或者具有强制性的规则，特别是对人身损害的赔偿限额应该坚持法定性或者法律强制性。当然这并不代表加害人和受害人不可以对损害赔偿限额加以约定，但是对于该约定应该不低于法定的赔偿限额，否则将是无效的，这样可以避免加害人利用其优势地位作出损害受害人权益的约定。

---

〔1〕 王利明、周友军、高圣平：《中国侵权责任法教程》，人民法院出版社 2010 年版，第 686 页。

〔2〕 王利明主编：《中华人民共和国侵权责任法释义》，中国法制出版社 2010 年版，第 388 页。

（四）关于赔偿限额的变动性规则的设计

立法中赔偿限额的设计是与当时的经济发展水平、消费水平等紧密相关的。随着社会经济的发展，赔偿限额的设计必然需要因社会经济的变迁做出适时的调整。例如，《国内航空运输承运人赔偿责任限额规定》中关于赔偿限额的数额从原《暂行规定》的 7 万元提高到了 40 万，并且明确规定了相应的调整机制，其中第 4 条规定："本规定第 3 条所确定的赔偿责任限额的调整，由国务院民用航空主管部门制定，报国务院批准后公布执行。"这种充分考虑到社会经济发展，而设计赔偿限额的变动性规则的做法是值得肯定的。德国 2002 年的侵权法改革同样遵循了这一思路。"此次德国侵权行为法改革并没有改变此类德国法律特性，但是增加了侵权损害赔偿金的数额，对各法之间广泛存在的赔偿限额不一致的规定也进行了统一。德国联邦统计局发布的生活费用指数和零售价格指数等统计数据表明，德国以前法律规定的最高赔偿金额已经再也不能为受害人提供充分的保障。新法规定的赔偿数额与旧法规定的赔偿数额相比几乎翻了一番，以适应目前的物价水平和生活水平。"[1]但是，应该承认的现实是我国对于赔偿限额的规定普遍较低，且与经济发展水平难以同步，已经难以满足填补受害人损害的需要，故应该及时更新立法，进一步提高赔偿责任限额。

（五）应当注意赔偿限额的限制性规则的设计

赔偿限额的主要目的之一就在于缓和危险责任的严格性，但是如果是因加害人具有故意或者过失造成的，那么这个目的就不应该再加以实现，这实际上是对赔偿限额的反向限制。其

---

〔1〕 刘海鸥："当代侵权法的发展趋势——以德国侵权法的改革为视角"，载《求索》2007 年第 2 期。

原因在于：此时加害人的责任已经没有必要再予以限制，否则，一方面会纵容加害人的故意或者过失行为，另一方面不利于受害人权益的保护。我国的《民用航空法》第132条就有此类的规则："经证明，航空运输中的损失是由于承运人或者其受雇人、代理人的故意或者明知可能造成损失而轻率地作为或者不作为造成的，承运人无权援用本法第128条、第129条有关赔偿责任限制的规定；证明承运人的受雇人、代理人有此种作为或者不作为的，还应当证明该受雇人、代理人是在受雇、代理范围内行事。"笔者认为，这种规则设计是非常必要的也是科学的，应该在类似的法律中进行该类限制性规则的设计。

第七章

精神打击法律救济

本章导言

精神损害应给予救济在现代侵权法中已经基本没有争议。精神打击（Nervous shock）就是自然人因精神上遭受严重的打击或者持久的刺激而导致的，独立于身体权、健康权等权利损害的且非一般可容忍的可辨别性损害。对于独立于身体伤害的精神打击所致损害应否给予救济？特别是第三人遭受精神打击应否予以救济？在学界和司法实践中则不无争议。本书对英国对该类案件的法律救济以及改革的努力和进展做一梳理，以期对我国的立法和司法有所启示。

第一节　精神打击的内涵及一般类型

一、精神打击的内涵

严格地说，精神打击不是一个法律概念，而仅是一个生活概念。在英美法系和大陆法系对之称谓也有所不同。有的学者称之为神经损害（Psychiatric injury or harm），具体指的是对自然人的神经所造成的损害和打击。神经损害与对人身的实质性损害同属于对自然人的人身或曰身体的损害，其不同在于，对人身的实质性损害可以说是对自然人的肉体及其他器官组织（不含神经组织）的损害或伤害，而神经损害却是专指对自然人的神经组织所给予打击或伤害。[1]神经损害在出现之初及相当长时期一直被称为"神经震撼"（Nervous shock），[2]但现在在正式场合已被神经损害一词所取代，但在非正式场合，仍有不少人尤其是律师仍然会使用神经震撼一词。[3]但是根据作者的考察，现在英国的侵权法著作仍然使用"Nervous shock"一词，也有称为"Psychiatric illness"。[4]美国学者一般不用"Nervous shock"，多用"Emotional distress""Psychiatric injury or harm""Mental disturbance""Mental harm"等。

台湾地区学者对其称谓也有不同。王泽鉴教授在其著作中直接使用英文"Nervous shock"，[5]曾世雄教授将"Nervous shock"称为"第三人休克损害"，第三人休克损害系一学说上之名辞，意指损害事故发生后，被害人之外之第三人，因当时目击（Augenzeuge）或嗣后闻知（Empfang der Nachricht）损害

---

〔1〕 胡雪梅：《英国侵权法》，中国政法大学出版社 2008 年版，第 93 页。

〔2〕 关于"Nervous shock"的翻译，国内学者有所不同，如杨立新教授称之为"震吓的精神损害赔偿"，参见杨立新教授起草的《中华人民共和国侵权责任法草案专家建议稿》第 177 条；张新宝教授称之为"精神打击"，参见张新宝、高燕竹："英美法上'精神打击'损害赔偿制度及其借鉴"，载《法商研究》2007 年第 5 期；王仰光等翻译的《阿蒂亚论事故、赔偿及法律》将之翻译为"精神震惊"，中国人民大学出版社 2008 年出版。

〔3〕 胡雪梅：《英国侵权法》，中国政法大学出版社 2008 年版，第 93 页。

〔4〕 ［英］约翰·库克：《侵权行为法》，法律出版社 2003 年版，第 48 页；［英］阿拉斯泰尔·马里斯、肯·奥里芬特：《侵权法》，法律出版社 2003 年版。THE LAW COMMISSION. Item 2 of the Sixth Programme of Law Reform：Damages ：Law Com No 249 Liability for Psychiatric Illness（1998） 称为"Psychiatric Illness"；Mark Lunney, Len Olipant, *Torts Law*, *Text and Materials*：Oxford University Press, p. 336.

〔5〕 王泽鉴：《侵权行为》，北京大学出版社 2009 年版，第 202 页。

事故发生之事实，受刺激而致心神崩溃或致休克等情形所遭受之损害。[1]但是需要注意的是："不管如何表达，原告必须证明其所受到的损害高于或远超过一般的伤心或焦虑。"[2]陈聪富教授将精神打击称为"情绪悲痛（Emotional distress）"。[3]潘维大教授称之为"第三人精神上之损害"。[4]

侵权法领域的比较法大作《欧洲比较侵权行为法》中也翻译为精神打击。"……将我们引向了在许多欧洲国家争论极为激烈的精神打击损害问题。争论的核心是：当事人能否以及在何种条件下可以就其因他人受伤或死亡而遭受的精神痛苦要求损害赔偿。此类案件中的原告通常说，他遭受了'精神上的打击'。这种精神打击不能被误解为像事故的直接受害者通常会遭受的那种有生命危险的身体上的休克（如在严重失血的情况下的血休克），也不是指那些发生在虽未受任何伤害但却被直接卷入事故之当事人（如载重车的同乘者）身上的类似危险情况，如作为血衰竭先兆的血压下降，脉搏缓慢等。它指的是某种介于死者近亲属丧失生活乐趣、歇斯底里反应和严重情况下甚至是精神病之间的一种突然、剧烈的情绪震动。"[5]

中国大陆也有学者将精神打击称为震惊损害，并将其作为纯粹精神损害的一种类型，并指出："所谓纯粹精神损害，是指

---

〔1〕　曾世雄：《损害赔偿法原理》，中国政法大学出版社 2001 年版，第 342 页。

〔2〕　［英］约翰·库克：《侵权行为法》，法律出版社 2003 年版，第 48 页。

〔3〕　陈聪富："情绪悲痛（Emotional Distress）与损害赔偿——美国最高法院 Consolidated Rail Corp. v. Gottshall 判决之检讨"，载陈聪富：《因果关系与损害赔偿》，北京大学出版社 2006 年版，第 216 页。

〔4〕　潘维大："第三人精神上损害之研究"，载《烟台大学学报（哲学社会科学版）》2004 年第 1 期。

〔5〕　［德］克雷斯蒂安·冯·巴尔：《欧洲比较侵权行为法》（下卷），焦美华译，法律出版社 2001 年版，第 87 页。

作为民事主体的自然人在其民事权利未受侵害情况下的精神利益损害。在形式上，由于受害人民事权利没有直接受到损害，纯粹精神损害有点类似于间接损害，但纯粹精神损害是侵权行为的直接结果，是一种直接损害，这与间接损害有本质的区别。""一般来说，震惊损害是指由于行为人的故意或过失行为导致直接受害者或者第三人遭受纯粹精神损害，即医学上可确认的精神性疾病。"[1]笔者赞同上述将精神打击界定为纯粹精神损害的观点。

综上，虽然学界对概念的称谓不同，但是精神打击应该包含几层含义：其一，精神打击是一种由突发的、剧烈的事件或者是较长时间的、逐渐的刺激所致的损害。其二，精神打击属于不同于一般的身体损害（Physical Injury）的损害，也不以身体损害（Physical Injury）为行使请求权的前提，一般是在身体、健康等未受损害时所受到的损害。其三，精神打击是一种比较剧烈的难以容忍的损害，不同于一般的烦躁、焦虑等，这个一般需要在诉讼中加以证明。至此，我们可以对精神打击下一个粗略的定义：所谓精神打击是指自然人因精神上遭受严重的打击或者持久的刺激而导致的，独立于身体权、健康权等权利损害的且非一般可容忍的可辨别性损害。

二、精神打击的一般类型

根据加害人的主观状态，可以将精神打击分为基于故意造成的精神打击和基于过失造成的精神打击。其中基于故意造成的精神打击的赔偿存在的争议较少，而基于过失造成的精神打击的赔偿存在较多的争议问题，因为其中涉及注意义务的判断、因果关系等法律难题和复杂的法律政策分析。

---

[1] 鲁晓明："论纯粹精神损害赔偿"，载《法学家》2010 年第 1 期。

根据受害人的不同，可以将精神打击的类型分为直接受害人（Primary victims）和间接受害人（Secondary victims）所受到的精神打击两种类型。所谓直接受害人是指其受害人本身在遭受到身体伤害的同时亦受到精神打击，这种情况下的救济相对比较容易解决，因为这种情况下，直接受害人由于受到身体伤害，其救济比较容易找到请求权基础。精神打击赔偿中最为复杂的问题是间接受害人的损害赔偿问题，所以探讨精神打击的赔偿问题一般以间接受害人的精神打击损害赔偿为现实模型。精神震惊的间接受害人的典型表现是，一个人由于亲眼目睹他所认识的人在一次事故中受到伤害或者死亡而受到精神震惊，因此起诉对此次伤亡事故应当承担责任的人要求精神损害赔偿。[1]这种区分的实益在于一般直接受害人的损害能够得以救济，间接受害人所受到的损害难以得到救济。

第二节　英国法中精神打击救济制度的演变

一、司法态度的演变过程

（一）拒绝赔偿——理由：无身体接触，损害遥远

在 19 世纪，当被告由于过失的行为而导致原告 Nervous shock 时，法院并不判决原告以赔偿。法院对于不能以肉眼观察出的损害是持怀疑态度的，因此由于 Nervous shock 而导致的损害赔偿是不能给予救济的，例如在 Coultas 诉 Victorian Railways Commissioners 一案中法院就否定了原告的诉讼请求。在该案中，被告是铁路公司，被告的员工允许原告驾车经过通道口，结果发生了惊险的

---

〔1〕〔澳〕彼得·凯恩：《阿蒂亚论事故、赔偿及法律》，王仰光等译，中国人民大学出版社 2008 年版，第 91 页。

一幕，火车正好擦肩而过。但是并没有任何事实上的身体接触和身体上的伤害，仅仅是擦肩而过，而原告认为她受到了精神打击，并且导致了流产。[1]"尽管其所持理由是该损害太遥远，但法律界一致认为，影响法院判决的其实是诉如洪水的政策考虑，即顾虑在没有发生实质性损害的情况下，单独就神经损害进行赔偿将引发不可控制的滥讼之灾，而如此考虑的主要理由是：该损害的表现形式难以客观确凿认定，因此存在虚构之极大风险。此外，该损害的潜在对象可能非常庞大。因此，该案否定了神经损害可以单独被诉"。[2]

（二）给予赔偿——限制条件：自身伤害的担忧方可

法院对精神打击致人损害的态度在 1901 年的 Dulieu 诉 White & Sons 一案中发生了改变。在该案中，原告是一个孕妇，当她在一个公共场所的酒吧工作的时候，一辆马车突然进入了该酒吧，致使原告受到精神打击，并且导致了胎儿早产。法院认为原告有权获得赔偿，因为打击是由于她对自身安全的担心产生的，虽然她并没有受到实质性的人身伤害。[3]在该案的附带意见里，Kennedy J 法官陈述道：精神打击的责任受到这样条件的限制，即"必须是出于对自身伤害的合理的恐惧所导致的打击"。如果接受这样的观点将会阻碍像目睹者或者对另外一个人的合理担忧的获得赔偿。[4]这为精神打击的救济迈出了关键的一步。

（三）给予赔偿——限制条件的缓和：对他人伤害的担忧亦可

然而 Kennedy J 法官的意见很快被 1925 年的 Hambrook 诉

---

〔1〕 Victorian Railways Commissioners v Coultas（1888）13 App Cas 222.

〔2〕 胡雪梅：《英国侵权法》，中国政法大学出版社 2008 年版，第 95 页。

〔3〕 Dulieu v White & Sons〔1901〕2 KB 669.

〔4〕 Mark Lunney, Len Olipant, *Tort Law*, *Text and Materials*：Oxford University Press, 2008, p. 337.

Stokes 一案中绝大多数意见所否认。在 Hambrook 诉 Stokes 案中，被告在没有刹车的情况下将他的货车留在山坡上，货车溜下山去，随后发生撞击。原告看到一辆没有司机的汽车从山上朝他放置孩子的地点冲下来，她虽然不能够看到她的孩子，但是她害怕孩子也许会遭到伤害。随后原告听到下边发生事故的消息，而且描述的情况和她的孩子特征极为相似，原告当即受到精神打击，导致流产随后因此死亡。法院清楚地说道，如果她因为对于孩子合理的担心而受到精神打击，她有权获得赔偿。Atkin LJ 法官说道："他将会造成法律上的这样的一个状态，一个母亲由于自己受到的威胁而得到赔偿，而当她的孩子在她的面前被杀害，其受到的打击却不能够得到赔偿。一个母亲抱着一个孩子穿越高速路时，如果是由于她自己的恐惧而受到惊吓，她可以得到赔偿，然而当通过间接途径获知惊吓真正是因为她的孩子时，却不能够得到赔偿。"[1] 在这个案件中实际上抛弃了 Dulieu 诉 White & Sons 一案中 Kennedy J 法官的观点，虽然原告所遭受的精神打击在合理预见的范围内，但是基于对他人的担心而引发的精神打击也可以获得赔偿。"在这个案件后，在确定一个人对精神打击是否有注意义务的时候，两个因素变得非常重要：一是原告和事故之间的紧密度和被告意识到原告的在场；二是受到精神打击的人和处于危险之中的人之间的关系。很明显，紧密的家庭关系，如父母和子女之间的关系或配偶之间的关系足可以满足。"[2]

后来的判例表明，即使除上述关系以外的其他关系也可以基于各种各样的理由获得赔偿。在 Dooley 诉 Cammell Laird and

---

〔1〕　Hambrook v Stokes［1925］1 KB 141.

〔2〕　［英］约翰·库克：《侵权行为法》，法律出版社 2003 年版，第 48 页。

Co. Ltd. 案中，原告正在操纵着起重机，这时由于一个人的过失（原告的雇主负有代理者的责任）起重机上的吊索掉进了船的货舱。原告担心他的正在操纵着轮船的工作伙伴遭受伤害，对于伙伴的担心致使他受到精神打击。法院认为，雇主应该有责任赔偿，因为雇主有理由预见到处于原告位置的人可能会受精神打击。[1]在 Chadwick 诉 British Railways Board 案中，Chadwick 先生在 Lewisham 的一起火车碰撞事件后参与了救助工作。后来，由于这个灾难的恐怖，Chadwick 先生受到了精神打击。法院认为，救助者有权利根据精神打击获得赔偿，因为被告应该有理由预见到对于直接受害者和救助者的伤害。[2]

但是对于与直接受害人没有任何关系的旁观者一般不给予法律救济。在 1943 年的 Bourhill 诉 Young 一案中，原告听到事故的噪音并且后来看到路上血淋淋的事故场面。但是她不是主要受害者也和事故的受害者没有任何关系，毫无疑问，结果是她没有赢得精神打击损害赔偿的诉讼。这样的伤害被认为是没有被理性的预见到，但是这个案件同样可以根据政策进行解释。她不是一个旁观者，对她来说被告没有任何注意义务，虽然她并不是以此为根据被驳回的。[3]

（四）给予赔偿——限制条件：时间、空间、关系

然而，英国法院对于精神打击的法律救济的探索并没有停止。在 20 世纪 80 年代，依循着 McLaughlin 诉 O'Brian 一案中上议院的决定，原告成功请求赔偿的条件看起来有些宽松，并且

---

[1] Dooley v Cammell Laird & Co Ltd [1951] 1 Lloyd's Rep 271

[2] Chadwick v. British Railways Board [1967] 1 W. L. R. 912：[1967] 2 All E. R . 945.

[3] Bourhill v Young [1943] AC 92.

法律看起来转向合理预见证明的方向。[1]原告 McLaughlin 夫人，在一个导致她的丈夫和三个孩子严重受到伤害的案件中受到严重精神打击，其中她的孩子受到的伤害是致命的。当事故发生的时候 McLaughlin 夫人在距事故两公里的家中，但是事故发生的消息在大约一小时左右通过朋友传到了她那里。她在大约距离事故发生两个小时后被送到了医院，在医院里她见到了那悲惨的场面，这个场面致使她受到严重的精神压抑甚至导致了个性的变化。她的诉讼请求遭到了法庭和上诉法院的拒绝，于是她上诉到上议院。[2]上议院一致认为被告对原告应该负有注意义务，这很显然对当时的法律作了一定的拓展，因为 McLaughlin 夫人当时并不在事故的现场。但是他们的观点各不相同。Bridge 勋爵和 Scarman 勋爵仅仅采用了可预见性测试规则。在评价合理的预见性时，空间、时间、距离、伤害的性质和受害者的关系等因素均被衡量，但这些不是法律限制。从政策考虑应该拒绝，因为这对于法院来说是不合适的。Edmund-Davies 勋爵和 Wiberforce 勋爵认为对法院来说政策问题是非常正当的。Wiberforce 勋爵认为在一个诉请中应该有三个因素：首先是原告和受害人之间的关系，具有紧密的家庭关系的人将被认为是满足要求的。仅仅是旁观者是不被注意义务考虑在内的。关系的认定应该在个案与个人之间进行各自的检视。其次是原告必须和事故在时间和空间上具有紧密性。为了胜诉，原告必须亲眼看见或者亲耳听到事故或者是紧接其后（就像 McLaughlin 夫人那样）。最后，精神打击如果是被第三人传达事故所造成的将不会得到赔偿。至于电视同步直播是不是满足视觉和听觉的要求则另当别论。[3]

〔1〕　［英］约翰·库克：《侵权行为法》，法律出版社 2003 年版，第 51 页。
〔2〕　McLaughlin v. O'Brian［1982］2 All ER 298.
〔3〕　［英］约翰·库克：《侵权行为法》，法律出版社 2003 年版，第 52 页。

但是上议院在 McLaughlin 诉 O'Brian 一案中确立的规则还远没有解决精神打击致人损害责任的问题。"这仅仅是上议院在处理精神打击诉讼请求的现代路径里四个决定中的第一个而已（在 Alcock，Page 和 White 案件中均有展现），McLaughlin 案留下一些未决的问题，其中一个绝对的基础性问题就是法院对精神打击责任是否应该采取限制性或者拓展性路径"。[1]

（五）精神打击"普遍性"规则的确立——Alcock 案

在 Alcock 诉 Chief Constable of South Yorkshire Police 一案前，关于精神打击的法律观点是零碎而又充满争议的，虽然该案确立的一些规则仍然没有从根本上解决精神打击的问题，也很难说属于真正的普遍性规则，因为这个领域仍然存在那么多的争议和问题，但是 Alcock 案确立的规则对于司法实践规则的系统化起到了积极的作用。1989 年 4 月 15 日，在英国的谢菲尔德 Hillsborough 体育馆举行一场 FA 杯足球半决赛，现场设置了现场直播设备。结果六分钟后比赛被迫结束，因为警察让太多的人进入体育场，导致体育场部分坍塌，以致发生严重践踏事故，共造成 95 人死亡和 400 多人住院治疗。数千人目睹了这个恐怖、惨烈的场面，数十万人在电视直播中或者在收音机中听到了该消息，他们中的很多人的挚爱在其中。不可避免地，很多人受到了精神打击，一系列诉讼案件随之产生，Alcock 案只是本次系列案件中的一个。[2]但是这些案件中的绝大多数都被基层法院、上诉法院以及上议院一致驳回。原告请求的根据是：在精神打击案件中注意义务的唯一根据是对于这些疾病是否是合理

---

〔1〕 Mark Lunney, Len Olipant, *Tort Law: Text and Materials*, Oxford University Press, 2008, p. 340.

〔2〕 Alcock，Page 和 White 案分别指：Alcock v Chief Constable of South Yorkshire Police〔1992〕1 AC 310.

预见的。但是上议院拒绝该观点，偏向于支持 Wiberforce 勋爵在 McLaughlin 诉 O'Brian 案中的观点：单独的可预见性不能产生注意义务。

上议院清楚地表明：他们在追随 Wiberforce 勋爵在 McLaughlin 诉 O'Brian 案中的观点，虽然早些时候在一两个地方有拓宽救济路径的暗示。很明显，精神性的疾病被认为比其他方式的个人损害更加具有限制性。上议院制订了一系列的明确的、必须满足的近因要件，这些要件在处理由于目睹创伤事件而导致精神疾病的案件中必须要满足。这些要件可以被称为：亲属关系的紧密性，时间和空间的紧密性，感知的紧密性。[1]上议院认为：精神打击案件中注意义务的要件是：和主要受害者有爱和感情的关系，就使被告合理预见到原告可能会遭受精神打击，如果他们担心主要受害者已经或者可能会被伤害。和事故的紧密性或者是紧随其后，可以表明在时间和空间上的足够紧密。他们亲眼看到或者亲耳听到或者是紧随其后被认为是受到精神打击。[2]当然，法律对间接受害人的精神损害赔偿是有许多限制的：第一，间接受害人必须受到"震惊"，而此震惊符合一般人的判断标准。第二，间接受害人所受的精神创伤并非是由于个人的特质所致的对事故极端或反常的反应。第三，作为一般人规则，间接受害人必须与受到人身伤害或死亡的人有特定情感上的关系。第四，作为一个非常确定的规则，间接受害人所受的精神震惊仅仅是由于听到亲历事故者对事故过程或结果的

---

〔1〕 Mark Lunney, Len Olipant：*Tort Law：Text and Materials*，Oxford University Press，2008，p. 345.

〔2〕 ［英］约翰·库克：《侵权行为法》，法律出版社 2003 年版，第 56 页。

转述或是道听途说，其赔偿请求将得不到法院支持。[1]

需要注意的是在 Alcock 案中上议院区分了直接受害者和间接受害者，直接受害者一般是由于原告对于自己的身体或者财产受到伤害而产生恐惧而受到精神打击的人。精神打击案件中的直接受害人并不包括那些受到实质性伤害的人，"具体言之，直接受害人包括两种人，第一种是从客观上可以认定为是'差一点'就出事或者说'侥幸逃过一劫（Near miss）'的人，如前面介绍的英国历史上第一起成功的神经损害之诉的原告 Dulieu 即可以判定为直接受害人；第二种是并不能从客观上认定是'侥幸逃过一劫'的人，但却担心自己的人身安全受到威胁，而这种担心又是合理的"。[2]而间接受害者一般是指偶然被卷入事故之中而受到精神打击的受害者，如旁观者，救助者，雇员，亲戚和朋友受到伤害而受到精神打击的人。需要注意的对直接受害者和间接受害者的处理规则是不同的。对于直接受害者的注意义务标准是事先确定的可预见性标准，上述这些规则均是针对间接受害者的，可见法院在处理间接受害人的精神打击案件时具有较多的控制机制（Control mechanism），并非一个合理的注意义务所能解决。

二、法律委员会的改革及结果

（一）改革背景

英国法院针对精神打击问题已经作出了较多的试探和努力，但是这一领域的法律仍然还是招致了诸多的批评。"几乎所有人都认为现行的法律远没有达到令人满意的程度，根据 Stapleton 的观点，这是侵权法中最糟糕的规则盛行的领域（Op. cit.，

---

〔1〕［澳］彼得·凯恩：《阿蒂亚论事故、赔偿及法律》，王仰光等译，中国人民大学出版社 2008 年版，第 92 页。

〔2〕胡雪梅：《英国侵权法》，中国政法大学出版社 2008 年版，第 98 页。

p. 95）。Todd 也发现法律是处于可怕的混乱状态（in a dreadful mess）（（1999）115 LQR 345 at 349）。Jones 认为，实践中结果是'一连串的反常现象'（a long list of anomalies）（（1997）13 PN 111 at 113）。甚至法院也承认，正如 Hoffmann 勋爵在 White 案中所指出的那样——'寻找原则'在这个法律领域已经被'取消'。上议院在那个案件中认为，直到目前为止这方面的法律远非法院能够修正，以至于唯一的明智的格言是在 Steyn 勋爵的表述里——'到目前为止，没有进一步'。"（也许有人想知道，这是否是一个优柔寡断的反应，考虑到是上议院自身应该对目前的混乱承担主要责任，而现在它却发现自己陷在里面。）[1]

现在关于精神打击的法律主要是上议院的一系列决定，这些案件的效力使得这个领域的法律充满争议和不确定。结果，法律委员会针对这个问题出台了一个建议，其题目是：精神打击的法律责任（法律委员会 1998 年 249 号）（Law Commission No 249（1998）'Liability For Psychiatric Illness'）。[2]在对"精神疾病赔偿责任"（liability for psychiatric illness）这个问题进行长时间的咨询和全面的考虑后，法律委员会把它的建议局限于间接受害人（secondary victim）的场景，而其他的案件则留给法院在他们认为必要的时候进行进一步的发展。[3]

（二）改革方案

改革方案共分为四大部分：第一部分为总体介绍和现行法

---

〔1〕 Mark Lunney, Len Olipant：*Tort Law*：*Text and Materials*，Oxford University Press, 2008, p. 368.

〔2〕 ［英］约翰·库克：《侵权行为法》，法律出版社 2003 年版，第 53 页。

〔3〕 Mark Lunney, Len Olipant：*Tort Law*：*Text and Materials*，Oxford University Press, 2008, p. 371.

律；第二部分为医学背景；第三部分为改革方案；第四部分为总结。

精神打击的法律责任（法律委员会 1998 年 249 号）提出了很多建设性的观点，其中法律改革的核心领域有[1]：

（1）在被告伤害到他人或者威胁到他人而不是原告时，致使原告遭受精神疾病的领域，在原告提起精神疾病诉讼请求时，超出合理预见性限制规则仍然应该适用。

（2）应该立法规定原告在因为与其具有爱和感情关系的人的死亡、伤害或者威胁而患有合理的可预见性精神疾病时，有权从具有过失的被告处获得赔偿，而不管原告和事故的远近（时间和空间）或者是紧随其后或者是原告获知它的其他途径。

（3）为了贯彻上述建议 2，应该做到：

第一，基于过失侵权的目的，我们的立法建议应该采用法定注意义务的方式（把它的要素依法定的方式阐述）以避免精神疾病。

第二，我们的立法建议应该实际上确立两种注意义务，第一种是原告不是直接受害者的通常情形，第二种是原告是直接受害者的罕见情形。

（4）立法应该规定被认为是具有爱和感情关系的存在的亲属关系的目录，然而，如果允许目录以外的人的话，原告需要证明在他或她与直接受害者之间存在着爱和感情的关系。下列亲属关系应该被认为是具有紧密的爱和感情关系的固定的亲属关系：配偶、父母子女、兄弟姐妹，连续共同居住两年以上的同居伴侣（也包括同性伴侣）。

（5）立法应规定在原告和直接受害人之间紧密的爱和感情

---

[1] Law Commission No 249（1998）Liability For Psychiatric Illness, pp. 122~126.

关系的要件可以被满足：或者是被告的行为或过失发生时，或者是原告的精神疾病发病时。

（6）当原告由于被告造成的他人（直接受害者）死亡、受伤或者是受威胁而患有精神疾病时，如果法院认定能够满足的话，我们建议不应该施加新的注意义务，因为这种施加将是不公平的和不合理的。或者是因为任何因素从本质上来讲并不导致被告对直接受害者承担注意义务，或者是因为直接受害者自愿地接受被告的行为或过失对他或她造成的死亡、伤害或者是威胁。

（7）立法应该规定，在下列情形下我们建议的注意义务不应适用：①原告自愿地接受患病的风险；②原告排除义务；③施加义务将是不公正或者不合理的，因为原告卷入的事故是违法的或是违背公序良俗的。

（8）没有必要通过立法规定，救助者、自愿参加者、旁观者、工作压力、财产受损、误传悲痛消息等所引发的精神疾病问题。

（9）我们建议的法定的注意义务应该取代普通法中的注意义务，乃至于达到覆盖它的程度。但是在没有被我们的法定规则覆盖的领域仍然适用普通法中的规则。

三、改革结果及其未来

2007 年，在一个宪法事务部门的咨询文件——赔偿法案（CP9/07）中否定了上述建议改革的方案，认为更为可取的方案是让法院继续完善这个领域的法律，根据政府的观点，法院已经对 Alcock 案中的要件作了"灵活而又灵敏"的解释。考虑到有关精神疾病的医疗知识还在发展过程中，这个咨询文件说道：从现在的阶段来看，立法很难能够把这个复杂的领域的各种不同的观点和论证同化为简单而统一的系统，这将需要在法院目前确立的原则上作进一步的改进。缺乏施加严格要件风险的历练，这将不能够适应医学知识和司法的发展，而且也没有为投机性的或者不适当的诉求扫平道路。咨询文件否定了法律委员会通过法律列举近亲属的观点，这很可能会允许并不欲满足的分别很长时间的配偶或很久都失去联系的兄弟姐妹诉求。通过暗示的方式，他也否定了法律委员会所提出的：应该抛弃时间、空间、感知的紧密性应该作为间接受害人责任的前提条件的建议。单独地依赖于近亲属的判断将会扩大潜在请求者的规模，并且导致保险费的明显增加。出于同样的理由，法律肯定了现行法律关于打击要件的规定，而且发现这可以作为一个因果关系测试的有效目的：没有打击，这类案件证据的复杂性将会增加，而且调查的成本也会增加。而且在确立原告的精神疾病是否是直接的由行为或过失造成的，还是由于其他的介入因素造成的方面会更加的困难。

从英国法中对精神打击法律救济的演变过程来看，给人以最大的感受就是：错综复杂。从拒绝赔偿到包含各种限制的给予赔偿、到一般性裁判规则的确立，再到法律委员会的改革方案的提出直至破产，可谓是千回百转。英国法对精神打击法律救济至今虽无一致性的结论，但其演变过程充分地反映了判例法国家司法灵活性的特点，更说明精神打击案件中所涉及复杂的法律政策考量：行为自由、权益保障、法官权利滥用的禁止与防范、诉讼洪流的担忧无不掺杂其中。我国在处理该类案件时也应该借鉴这样的思维方式，在作出个案裁判时要考虑到各方利益的平衡进行具体的法律政策分析，以便做出兼具公正性、妥当性的个案裁判。探寻精神打击的法律救济条件和限制机制应该是理论研究和司法实践解决的重要问题。

第三节 德、法、奥对精神打击的法律救济

一、德、法、奥的发展情况

（一）德国

德国在对精神打击给予赔偿的时候，特别强调精神打击必须达到健康损害时，方可给予救济。即必须达到《德国民法典》第823条第1款的规定：故意或有过失地不法侵害他人的生命、身体、健康、自由、所有权或其他权利的人，负有向该他人赔偿因此而发生的损害的义务。另外，根据《德国民法典》第253条：①仅在法律所规定的情况下，才能因非财产损害而请求金钱赔偿。②因侵害身体、健康、自由或性的自我决定而须赔偿损害的，也可以因非财产损害而请求公平的金钱赔偿。根据该规定，德国的非财产损害赔偿具有很强的封闭性，可以请求的范围以法律明文列举的为限。可见，德国对精神打击的处理态度是与其较为封闭的一般条款模式紧密相关的。

关于精神打击的法律救济问题，德国的司法实践中也同样发生过类似的案例。联邦最高普通法院民事判例集56第163页（BGHZ 56, 163）：原告的丈夫在一起由被告造成的交通事故中死亡，原告声称，对她丈夫在事故中死亡这一事件的处理过程，引发了她健康方面的损害，并就此要求赔偿损失。在这类案件中，有两个原则性的问题应当引起注意：第一个问题所要回答的是，何种情况下，存在一个与得知不幸消息相联系的健康损害。当得知与自己关系密切的人死亡或重伤的消息时，不同的人会以极其不同的方式作出反应，这些反应可能表现为痛苦、悲伤、暴怒、直至血液循环系统崩溃、心肌梗塞以及长时间处于抑郁的病态。因此，这里的问题就在于，是否其中的每一种

反应都符合损害健康的事实要件。第二个复杂的问题涉及引发健康损害的事件的意义，以及当事人与该事件的关系的密切程度。[1]德国联邦最高法院1971年5月11日的判决具有决定性意义，也是关于上述条款的很好例子：原告（50岁）的丈夫（64岁）在一起交通事故中受伤致死。原告听到这一死亡的消息时表现出——如上诉法院描述的——"精神上的严重打击导致性格上体现出沮丧的转变，极度的激动，失眠，易落泪及稍微激动就颤抖"。然而最高法院却认为，"还不足以构成民法典823条第1款意义上的'真正的健康损害'；不幸的消息通常会因内心深处的忧郁对当事人的健康完好状态产生轻微的影响，但原则上不构成损害赔偿意义上的独立诉因；精神打击必须有病理上的效果，如官能症或精神病的症状；此案的上诉法院须被说服：原告对该死亡消息的反应已经超越了通常的悲伤、忧郁和挫折感而构成了身体或精神健康上的'损伤性'伤害"。根据这一判决，精神打击损害，只有当他表现为"第一性损害"而导致的第三人身体或健康损害时，才具有可赔偿性。由此可见，心理上的痛苦只有在两种情况下能获得损害赔偿，即要么他是真正意义上的本人身体受伤害所导致的；要么在缺乏这种身体伤害时，他可以被认定为精神上的疾病。德国联邦最高法院至今仍坚守这一判例，下级法院也毫无保留地遵循了最高法院的决定。[2]可见，德国法院很难跳出民法典规定的侵权法列举式权益范围模式，要想获得赔偿要么是本人的身体受到伤害，要么在缺乏身体伤害时要达到精神上疾病的程度，除此以外的情形都不能获得赔

---

〔1〕〔德〕马克西米利安·福克斯：《侵权行为法》，齐晓琨译，法律出版社2006年版，第21页。

〔2〕〔德〕克雷斯蒂安·冯·巴尔：《欧洲比较侵权行为法》（上卷），张新宝译，法律出版社2001年版，第91页。

偿。其理由在于："看到可怕的交通事故场景是日常生活中的常见风险。"[1]

为了弥补这种列举式立法模式的弊端，《德国民法典》第823条第1款中保护的权益范围已经随着判例法的发展变得异常灵活和丰富。按照 Mertens 的表述，"由第823条第1款所发展出来的判例法，已经会使《民法典》历史上的原立法者无法识别出该条的原貌了""另外，更值得引起我们注意的恐怕当属身体和健康这两项法益的含义的扩展趋势，判例和学说对他们下定义时，已经将其特征规定得十分宽泛，从而有可能对它们实施范围广泛的法律保护。这种保护不但涉及人的肉体的存活，还及于人的健康的心理因素，在后一种情况中，法益损害的确定较前者更加困难。这种扩大身体和健康的含义的方案，集中表达了现代社会对人所赋予的含义，即人的存在是肉体和心理因素的统一体。在这一点上，我们可以赞同 Deutsch 总结历史经验而对未来进一步强化对健康的保护所作的预测，他认为，损害健康的含义将大大突破单纯对肉体的损害"。[2]德国民法中的健康的内涵比较丰富。侵害健康是指任何身体机能不利的反常情况产生或加重，而是否导致痛苦或身体状况的重大改变并不重要，简而言之，就是"侵扰了一个人生理、心理或者健康的正常状况，使其产生了病态"。典型的侵害健康就是"导致疾病"，使人传染上疾病也符合侵害健康的事实要件。[3]笔者认为，德国法中对

---

[1] [德] 马格努斯主编：《侵权法的统一：损害与损害赔偿》，谢鸿飞译，法律出版社2009年版，第146页。

[2] [德] 马克西米利安·福克斯：《侵权行为法》，齐晓琨译，法律出版社2006年版，第5~6页。

[3] [德] 马克西米利安·福克斯：《侵权行为法》，齐晓琨译，法律出版社2006年版，第12~13页。

健康的扩大解释，虽然形式上仍然是在民法典列举的法益保护范围内行动，但事实上已经实现了对精神打击的救济。

德国在对该类损害救济的司法权衡过程中，还注意用条文保护的目的来进行考察。即"使责任成立的法益损害行为的归责，必须符合加害人行为所违反的条文的保护目的。"[1]"联邦最高普通法院肯定了因蒙受精神痛苦而产生的损害赔偿的可能性，但前提是，这种精神损害是（自己的）身体或（自己的）健康受到损害而产生的影响（见该判例集第 164 页、第 165 页）；即使这种反应由于此前的身体器官或心灵的脆弱而有异于常人，上述对精神痛苦进行损害赔偿的可能性仍然存在。"但是需要注意的并不是所有的损害都可以获得救济。"这种往往并非轻微的、人的健康所蒙受的负面影响，通常同一起令人悲痛的事件联系在一起，但这一负面影响却无法构成一个独立的损害赔偿请求权的基础。联邦最高普通法院在本案判决中并没有使用条文的保护目的这一概念，但是，毫无疑问，判决理由'不是采用传统的适当性公式'，是以条文的保护目的思考方式来说明排除请求权（的可能性）"[2]。王泽鉴教授在论述精神打击的案件时，一方面引用德国的观点，认为："德国判例一向认为此系因果关系之范畴，故应依此观点，决定加害人责任之有无。"但是王泽鉴教授又提出：须注意的是，此项问题，非纯属于因果关系之范畴。因目睹或闻悉损害事实受惊吓刺激而致健康遭受损害之人，能否请求赔偿，应参酌法规保护目的（Schutzzweck der Norm）而定，宜纵观案例，组成类型，以探求危险分配与责任

---

〔1〕［德］马克西米利安·福克斯:《侵权行为法》，齐晓琨译，法律出版社 2006 年版，第 80 页。

〔2〕［德］马克西米利安·福克斯:《侵权行为法》，齐晓琨译，法律出版社 2006 年版，第 82 页。

限制之标准，期能符合当事人之利益状态。[1]在发生震惊损害的情况下，着眼于请求权人的范围时，保护目的的学说也可以发挥起作用。显然，并不是所有听到坏消息的人都可以依据第823条第1款提起请求权……以保护目的的观点来看，在这类震惊损害的情况下，拥有请求权的人只限于近亲属。[2]

可见，德国关于精神打击的法律救济并没有采取单独立法的形式，而是通过灵活的法律解释方法（扩大对"健康"的理解以及考虑条文的目的的方法）在现有的法律框架内解决问题，具体言之，就是通过不断扩大对"健康"的理解来达到对新型民事案件解决的目的。德国法既不因存在相当因果关系就承认对精神打击损害的赔偿，也不像丹麦法院要求第三人本人也必须处于事故危险之中，而是将精神打击损害的可赔偿性主要与健康影响的强度联系起来，这一做法是合理的。它也避免了那些以加害人的侵权行为是否也针对了第三人或者仅针对第一受害人作为判断损害之可赔偿性的标准所必然带来的模糊性。[3]这样既能为具体案件的裁判寻找可以依赖的请求权基础，又保证了民法典的稳定性和权威性，也不失为一条解决问题的路径，但缺点在于受害人获得救济的可能性过于渺茫，事实上获得救济的案件是极少的。

（二）法国

作为一部革命性的法典，《法国民法典》对人的尊重是举世瞩目的。《法国民法典》第16条规定：法律确保人的至上地位，

---

〔1〕 王泽鉴：《民法学说与判例研究》（第1册），中国政法大学出版社2005年版，第79页。

〔2〕 ［德］马克西米利安·福克斯：《侵权行为法》，齐晓琨译，法律出版社2006年版，第82页。

〔3〕 ［德］克雷斯蒂安·冯·巴尔：《欧洲比较侵权行为法》（上卷），张新宝译，法律出版社2001年版，第93页。

禁止对人之尊严的任何侵犯，并且保证每一个人自生命开始即受到尊重。第1382条规定：人的任何行为给他人造成损害时，因其过错致该行为发生之人应该赔偿损害。应该注意的是：第1382条之规定使用的是"一般性表述"，既适用于物质损害，也适用于精神损害（最高法院民事庭，1923年2月13日）。"应当"并且"只需"所涉及的损害是个人的（本人的，personal）、直接的（direct）、肯定的（certain）损害，即适用第1382条之规定（最高法院第二民事庭，1977年5月23日）。[1]法国民法第1382条所谓损害（un dommage），包括财产上损害及非财产上的损害即精神损害在内，故得广泛地请求非财产上损害。[2]

较之德国，法国对精神打击的法律救济采取了比较宽松的态度，并不需要损害达到健康损害或疾病的程度。正如西班牙法所规定的，"令人痛苦的空虚"就足够了。法国和比利时的规定相同。这些法律制度下的请求权人也绝不限于配偶、父母及子女；也考虑了所谓的"生活伴侣"的利益。[3]"法国对神经受惊吓之类的损害赔偿问题从来没有争议。这可能是因为受害人的家属有权获得其精神痛苦的损害赔偿，这种精神损害赔偿的种类称为丧亲之痛的损害赔偿（le prejudice d'affection）。受害人近亲属（配偶、子女、父母和祖父母）以及所有与受害人有特殊关系的人［比如未婚妻或者与受害人一起生活的教子（godchild）］都有权获得赔偿"。[4]

---

〔1〕 罗结珍译：《法国民法典》（下册），法律出版社2005年版，第1081页。

〔2〕 曾隆兴：《详解损害赔偿法》，中国政法大学出版社2004年版，第25页。

〔3〕 ［德］克雷斯蒂安·冯·巴尔：《欧洲比较侵权行为法》（上卷），张新宝译，法律出版社2001年版，第89页。

〔4〕 ［德］马格努斯主编：《侵权法的统一：损害与损害赔偿》，谢鸿飞译，法律出版社2009年版，第123页。

在保护的民事权益的范围上，法国民法典也比德国民法典更加具有包容性。"因此，在法国，至少在侵权责任法建立在民法典第 1382 条和 1384 条第 1 款的基础上时，侵权责任法不仅允许法院对那些已经存在和认可的权利提供法律上的保护，而且也允许它们对那些成长的、尚未得到认可的权利提供保护"。法国的司法判例对精神打击的法律救济同样非常地积极。"法国司法通过适用《法国民法典》第 1382 条对主要的和次要的侵权受害人提供广泛的和慷慨的帮助，即便受害人提起的是无形的损害赔偿请求，法国司法亦毫不犹豫地加以保护[1]"。

从《法国民法典》的规定可以发现：法国立法对可以请求精神损害的情形，采取了极为开放的态度，概括且不以法律的规定为限。法国法广泛承认非财产上损害赔偿，即凡有非财产上损害之情形，均可请求赔偿。法国最高法院于 1931 年曾就非财产上之损害赔偿作出界限，认为非财产上之损害得请求赔偿者，除人格权受侵害外，应以亲属关系所引生之感情上利益受侵害为限，未婚夫妻关系、同居关系或朋友关系之感情上利益受侵害者，均不包括。虽然法国学者自认法国最高法院之见解与瑞士债务法之规定吻合，但却遭到不少批评。从其后之判决观察，上述最高法院之见解并未获致普遍支持。法国法乃维持其原貌，对于非财产上损害之赔偿依旧并无法律明文规定者为限之观念，凡有非财产上损害存在之情形，不问其系因人格权受侵害，或身份权受侵害，或是财产权受侵害，均得请求赔偿。[2] 可见，在法国法中，并不存在像德国法中所要求的受害人的

---

〔1〕 张民安：《现代法国侵权责任制度研究》，法律出版社 2007 年版，第 59 页。

〔2〕 陈聪富："情绪悲痛（Emotional Distress）与损害赔偿——美国最高法院 Consolidated Rail Corp. v. Gottshall 判决之检讨"，载陈聪富：《因果关系与损害赔偿》，北京大学出版社 2006 年版，第 322 页。

精神损害必须达到健康受损的程度方可获致赔偿的限制性规定。

（三）奥地利

奥地利对该问题上的做法与德国比较相似。奥地利法最近也开始向德国法方向发展。长期以来奥地利法对这一问题的解决方法和丹麦法一起被视为是最远离罗马法体系的方式。它不仅否认了对近亲属严重精神打击损害的赔偿，甚至作为事故目击者的近亲属也得不到赔偿。一方面，仅因为作为目击证人的近亲属只是间接受害就被排除在请求权人之外，且认为民法典第1327条及1325条排斥其他任何解释；而另一方面却又不仅将诸如妻子在事故中死亡自己严重受伤的丈夫，而且将因目睹高速公路上的事故而严重"受惊"而不得不取消演出的歌唱家都纳入了直接受害者的范围，并因此都能获得损害赔偿，这里的悖论不可否认。就后者而言，即使该歌唱家的"精神打击损害"已经达到了须接受治疗的程度，作者认为也不应获得赔偿；而仅因受害人是"间接受害人"就绝对排除其损害赔偿请求权又显得过于僵化。奥地利最高法院在最近的两个判决中改变了其观点，认为：如果一个人在"因母亲受伤且必须住院治疗或者同乘的近亲属死亡的事故中所遭受的不仅是精神上的痛苦，而且须接受治疗的精神上的疾病，他有权就该事故导致的精神疾病获得精神损害赔偿请求权。"[1]"如果某人遭受了惊吓，比如看到或者听到其近亲属或其他人遭遇了严重的事故，他本人遭受了身体损害的，他可以请求赔偿损失；但就非物质损害而言，他只能请求身体伤害受到的疼痛与痛苦的损失。"[2]可见，在奥

---

〔1〕 ［德］克雷斯蒂安·冯·巴尔：《欧洲比较侵权行为法》（上卷），张新宝译，法律出版社2001年版，第93～94页。

〔2〕 ［德］马格努斯主编：《侵权法的统一：损害与损害赔偿》，谢鸿飞译，法律出版社2009年版，第26页。

地利如果需要精神损害的赔偿显然需要以身体伤害为前提或者达到精神疾病或者达到损害健康的程度方可以获得赔偿，这与德国法的做法也是较为相似的。

在奥地利，作为纯粹精神损害的精神打击所致的损害难以得到赔偿。"但按照奥地利的主流观点，因看到某个事故或丧失陪伴的纯粹情感损失是不能赔偿的"[1]"但是上述有关财产损害与精神损害的区分在多数国家的法律规定中的意义体现在，针对精神损害赔偿，较之于财产损害赔偿，采取了极其保守的立场，并且纯粹的精神损害通常并不能够获得赔偿"。[2]

二、比较法分析及其启示

对于精神打击的赔偿问题，德、法、奥三国的态度并不相同。法国更多倾向于对精神打击给予救济，德国、奥地利一般为救济设置更多的障碍。"各国司法体系在这一问题上还远没有达成一致。受拿破仑法典影响的国家比较倾向于给予损害赔偿，而其他各国都为原告设置了重重障碍。"[3]其中的原因何在？笔者认为其中的原因主要有：

第一，从形式上分析，一般条款的设计模式不同。法国民法典关于侵权法一般条款的模式采取了极为抽象概括的规定，使之具有很强的包容性，容易给精神打击以救济；德国民法典、奥地利多对非财产损害赔偿规定有严格的限制性内容，造成在对精神打击给予救济时往往要对民法典的相关条款作扩大性解

---

〔1〕〔德〕马格努斯主编：《侵权法的统一：损害与损害赔偿》，谢鸿飞译，法律出版社 2009 年版，第 27 页。

〔2〕〔奥〕海尔穆特·库奇奥："损害赔偿法的重新构建：欧洲经验与欧洲趋势"，朱岩译，载《法学家》2009 年第 3 期。

〔3〕〔德〕克雷斯蒂安·冯·巴尔：《欧洲比较侵权行为法》（上卷），张新宝译，法律出版社 2001 年版，第 87 页。

释方可解决，故一般难以获得赔偿。一般条款的设计模式直接影响到法院司法的方法和结果。法国采取的是高度概括的一般条款的模式，这就给法院以广泛的法律解释空间，所以在司法时自由空间颇大。德国、奥地利所采取的是较为封闭的列举保护的权益范围的模式，所以在司法时必然面临着较多的障碍，这就造成了德国法院千方百计地将各种损害都往狭窄的权利列举中进行涵摄。

第二，从本质上分析，精神打击所侵害的客体（即精神利益）具有特殊性。在一般的人身伤害和财产损害中，侵害的都是法律所明确的权利或者利益，它们都属于明确的法律的保护范围。但是精神打击中并无直接的人身伤害，造成的仅仅是纯粹精神损害，而纯粹的精神损害所侵害的客体——精神利益，在侵权法中并不具有独立的权利地位，而是多附属于人身权利而存在，这就给法律救济带来了很大的障碍。这是因为，"受保护的利益的范围取决于利益的性质；价值越高，界定越精确、越明显，其所受保护就越全面。"[1]"利益的保护尤其取决于该利益的顺位、价值、是否可以界定以及其公示性。"[2]侵权法对那些价值位阶高、内外延界定清晰、具有明显公示性的利益给予更为全面的保护，这实际上涉及侵权法的利益平衡问题。

第三，从司法上分析，法律在考虑对纯粹精神损害进行赔偿时，面临许多绕不开的难题。正如学者所指出的："损害难于认定；损害赔偿可能过度泛化；可能出现对行为人不公的后果；难以找到进行赔偿的量化标准；若允许法院判决被告支付给未

---

〔1〕 欧洲侵权法小组：《欧洲侵权法原则》2：102条（1），载《欧洲侵权法原则：文本与评注》，于敏、谢鸿飞译，法律出版社2009年版，第4页。

〔2〕 ［德］布吕格迈耶尔：《中国侵权责任法学者建议稿及其立法理由》，朱岩译，北京大学出版社2009年版，第285页。

遭受实际权利损失的原告精神损害赔偿费，则将赋予法官过大的自由裁量权，很有可能成为司法专横的工具。"[1]这些担忧不无道理。

精神打击的法律救济涉及复杂的法律政策考量，最主要的是关系到受害人权益救济和行为自由保护的冲突与协调这一侵权法中最基本的矛盾。在协调二者的关系时必须通过一系列的制度设计实现二者利益的平衡，在司法实践中，一方面应该对于符合一定条件的纯粹精神损害给予救济；另一方面应该借鉴国外的经验设计一系列的限制手段，避免精神打击法律救济的滥用。正如有学者所言："纯粹精神损害赔偿可谓在精神损害赔偿附从性规则的铁幕上凿了一个孔，为受害人未受人身或财产权利损害情况下精神利益的保护开辟了一条新的路径。然而，基于前述原因，这注定是一条充满挑战和危险的路，对于纯粹精神损害赔偿可能带来的负面影响，各国都高度警惕并对其严格限制。"[2]故探寻精神打击的法律救济条件和限制机制应该是理论研究和司法实践需要解决的重要问题。

---

〔1〕 鲁晓明："论纯粹精神损害赔偿"，载《法学家》2010 年第 1 期。

〔2〕 鲁晓明："论纯粹精神损害赔偿"，载《法学家》2010 年第 1 期。

第八章

机动车交通事故责任

第一节　机动车交通事故责任概述

一、机动车交通事故责任的概念和特征

从一般意义上讲，机动车交通事故责任，即机动车交通事故引发的法律责任。这是最广义上的机动车交通事故责任。机动车交通事故是引起机动车交通事故责任的法律事实，也是理解机动车交通事故责任的关键所在。机动车交通事故，也称为道路交通事故。机动车交通事故实质上由"机动车""交通事故""道路"三个要素组成，现行《中华人民共和国道路交通安全法》（以下简称《道路交通安全法》）对上述三个概念都做了明确的界定。该法第119条第3项规定："机动车"，是指以动力装置驱动或者牵引，上道路行驶的供人员乘用或者用于运送物品以及进行工程专项作业的轮式车辆。第119条第5项规定："交通事故"，是指车辆在道路上因过错或者意外造成的人身伤亡或者财产损失的事件。第119条第1项规定："道路"，是指公路、城市道路和虽在单位管辖范围但允许社会机动车通行的地方，包括广场、公共停车场等用于公众通行的场所。

根据上述对"机动车""道路""交通事故"的界定，可以

得出，机动车交通事故是指以动力装置驱动或者牵引，上道路行驶的供人员乘用或者用于运送物品以及进行工程专项作业的轮式车辆，在公路、城市道路和虽在单位管辖范围但允许社会机动车通行的地方，因过错或者意外造成的人身伤亡或者财产损失的事件。由机动车交通事故引发的民事赔偿责任就是机动车交通事故责任。结合我国的相关法律规定，机动车交通事故责任一般具有以下几个特征：

（一）机动车交通事故责任本质上是民事赔偿责任

机动车交通事故责任，也有学者称为道路交通事故责任，并将道路交通事故责任分为广义的和狭义的道路交通事故责任。广义的道路交通事故责任，是指由于道路交通事故而发生的法律责任，这种法律责任包括三种：一是道路交通肇事人的刑事责任；二是道路交通事故肇事人的行政责任；三是道路交通事故责任人应当承担的民事赔偿责任。狭义的道路交通事故责任，是指由于道路交通事故而发生的责任人对受害人应当承担的侵权损害赔偿责任，即道路交通事故发生之后，造成了受害人的人身伤亡或者财产损失，事故责任人对受害人依照侵权责任法的规定，应当承担的侵权损害赔偿责任。该种观点认为，道路交通事故，是指机动车与非机动车驾驶人员、行人、乘车人以及其他在公路、城市道路和虽在单位管辖范围但允许社会机动车通行的地方，以及广场、公共停车场等用于公众通行的场所上，进行交通活动的人员，因违反《道路交通安全法》和其他道路交通管理法规、规章的行为，过失或者故意以外造成人身伤亡或者财产损失的事件。[1]我们认为，上述观点是正确的。从机动车交通事故的概念来看，因过错或者意外造成的人身伤

---

[1]　杨立新主编：《道路交通事故责任研究》，法律出版社2009年版，第42页。

亡或者财产损失的事件，故机动车交通事故责任指的是机动车交通事故所致的民事赔偿责任，而不包括机动车交通事故引发的刑事责任和行政责任。

（二）机动车交通事故责任是特殊侵权责任

机动车交通事故责任是特殊侵权责任主要体现在以下几点：首先，机动车交通事故责任适用法律有关特殊侵权责任的规定，它或者适用民法典中的特别规定，或者适用民事特别法的规定，或者二者兼而适用，但是不适用法律有关一般侵权责任的规定。例如，在我国，关于机动车交通事故责任既要适用《侵权责任法》第 6 章的规定，也要适用《道路交通安全法》的相关规定。其次，机动车交通事故责任适用特殊的归责原则。一般的侵权责任适用《侵权责任法》第 6 条第 1 款规定的过错责任原则，但是机动车交通事故责任的归责原则适用《道路交通安全法》第 76 条规定的多元化的归责原则。最后，机动车交通事故责任的免责事由、赔偿限额均有特殊性的规定。

（三）机动车交通事故责任是"机动车"发生在"道路"上的"交通事故"责任

"机动车""交通事故""道路"是构成"机动车交通事故"的三个要素，它们也是"机动车交通事故责任"的三个组成要素，机动车交通事故责任的界定以及构成不能脱离这三个要素而独立存在，缺少三个要素的任何一个要素都不属于机动车交通事故，也就谈不上机动车交通事故责任。例如，发生在封闭施工路段的事故责任[1]，就不属于《道路交通安全法》所规定

---

[1] 参见："王玲珠诉陈万龙、浙江省仙居安达汽车运输有限公司非道路交通事故人身损害赔偿案"，载国家法官学院、中国人民大学法学院编：《中国审判案例要览》（2006 年民事审判案例卷），中国人民大学出版社、人民法院出版社 2007 年版，第 373 页。

的"道路"的范畴，根据该法规定，"道路"，是指公路、城市道路和虽在单位管辖范围但允许社会机动车通行的地方，包括广场、公共停车场等用于公众通行的场所。而封闭施工的路段，既不属于公路，也不属于城市道路，亦不属于虽在单位管辖范围但允许社会机动车通行的地方。故由此引发的事故责任就不可认定为机动车交通事故责任，但是公安机关交通管理部门接到报案的可以根据《道路交通安全法》有关规定处理。[1]在民事赔偿上则按照一般侵权的规则进行处理。

（四）机动车交通事故责任与其他损害转移、分散制度具有异常紧密的联系

机动车交通事故责任仅仅是转移、分散机动车交通事故损害的一种途径，另外尚有机动车强制保险责任、商业性机动车第三者责任险、道路交通事故社会救助基金等。相对于一般的侵权责任而言，机动车交通事故责任与其他损害转移、分散制度的关系更加紧密。这是因为机动车交通事故损害具有严重性、广泛性的特点，仅仅依靠《侵权责任法》难以承担其对所有损害进行转移、分散的重任，故各国均构建了转移、分散机动车交通事故损害的多元化损害分担机制，以便民事损害的顺畅分流。我国《道路交通安全法》《侵权责任法》规定了保险公司多种情形下在责任限额内的赔偿责任、垫付责任。《道路交通安全法》《机动车交通事故责任强制保险条例》《侵权责任法》还规定了道路交通事故社会救助基金制度。另外，机动车的投保人还可以通过商业机动车责任保险制度对损害进行分散。机动车交通事故责任与机动车强制保险责任、商业性机动车第三者

---

〔1〕《道路交通安全法》第77条。1991年8月5日公交管〔1991〕96号公安部《关于道路外交通事故主管与处理问题的答复》（已失效）。

责任险、道路交通事故社会救助基金以及其他社会救济机制密切配合，形成了机动车交通事故损害转移、分散的救济体系。

（五）机动车交通事故责任的损害赔偿一般实行限额赔偿原则

在机动车交通事故责任实行无过错责任（危险责任）的国家，往往实行赔偿限额制度。有学者指出：关于危险责任，应否限制其赔偿数额，系立法政策的重大问题。[1]德国的多数严格责任法律包含固定的或灵活的最高限额来限制具体损害的赔偿数额。例如，《道路交通法》第12条中有一个特殊之处。这是因为依此规定，对于《道路交通法》上的责任，适用最高限额。其为补偿金钱贬值已经数次被改变。"从现在情况看，对于致人死亡或者致人伤害，最高金额为600 000欧元，并且是一次给付；或者为36 000欧元，系作为年度定期金；在数人的情形，通常总的仅为3000 000/180 000欧元；对于物的损害，最高金额为300 000欧元。"[2]我国的《道路交通安全法》没有规定一个具体的赔偿限额，而是在第76条第1款第2项规定："机动车一方没有过错的，承担不超过10%的赔偿责任。"这种比例形式的限额赔偿模式是我国立法的特色。

二、国外机动车交通事故责任的立法模式

国外对机动车交通事故责任立法的模式主要有两种：一种是民法典模式；一种是特别立法模式。

（一）民法典模式

所谓民法典模式，就是在民法典中规定机动车交通事故责任。其中又分为两种模式：一种是"专门设置机动车交通事故

---

〔1〕 Kötz, Zur Reform der Schmerzensgeldhaftung, Festschrift für v. Caemmerer (1978), S. 389. 转引自王泽鉴：《侵权行为》，北京大学出版社2009年版，第17页。

〔2〕 ［德］迪特尔·梅迪库斯：《德国债法分论》，杜景林、卢谌译，法律出版社2007年版，第718~719页。

责任的条文"模式；一种是"在危险物责任中提到机动车交通事故责任"模式。

其中专门设置机动车交通事故责任的民法典主要有：《意大利民法典》《葡萄牙民法典》《澳门民法典》《埃塞俄比亚民法典》我国台湾地区现行"台湾民法典"等。《意大利民法典》第2054条（车辆的运送）用4个条款分别规定了驾驶车辆的司机的责任；车辆相撞情形下的司机的责任；车辆的所有人或其代理人、用益权人、依保留所有权的条款取得车辆的人的责任以及上述主体对车辆的制造瑕疵或者缺乏保养所承担的赔偿责任。《葡萄牙民法典》在第503条（由车辆发生的损害）、第504条（受益者的责任）、第505条（免责事由）、第506条（车辆碰撞）、第507条（连带债务责任）、第508条（最高限额）[1]分别规定了机动车交通事故责任的各种制度。《澳门民法典》在第496条（由车辆造成之事故）、第497条（责任之受益人）、第498条（责任之排除）、第499条（车辆碰撞）、第500条（连带责任）、第501条（责任限额）分别规定了动车交通事故责任的各种制度。可见，澳门地区作为葡萄牙的殖民地，在机动车交通事故责任的立法方面受到了葡萄牙立法的直接影响。《埃塞俄比亚民法典》第2081条规定了所有人对车辆所致损害的赔偿责任；第2082条规定了保管人或代理人对占有期间的车辆所致损害的赔偿责任；第2083条责任的追偿；第2084条车辆碰撞的责任承担。我国台湾地区现行"台湾民法典"第191－2条规定："汽车、机车或其它非依轨道行驶之动力车辆，在使用中加损害于他人者，驾驶人应赔偿因此所生之损害。但于防止

---

〔1〕《欧洲侵权行为法》，洼田充见译，宏文堂1998年版，第576页，转引自于敏：《机动车损害赔偿责任与过失相抵——法律公平的本质及其实现过程》，法律出版社2006年版，第133页。

损害之发生，已尽相当之注意者，不在此限。"

其中，"在危险物责任中提到机动车交通事故责任"的国家主要有《俄罗斯联邦民法典》和《越南民法典》。《俄罗斯联邦民法典》第 1079 条规定了"对周围人群有高度危险的活动致人损害的责任"，该条把使用交通工具作为高度危险活动的典型类型。分别设置 3 款规定了高度危险活动的行为人的责任、高度危险来源的占有人的责任、高度危险的占有人因该来源的相互作用（如交通工具的碰撞）致使第三人受到损害的责任以及损害赔偿的依据问题。《越南民法典》第 627 条规定了"因高度危险源引起损害发生时的赔偿责任"，同样将机动车交通事故纳入高度危险源之中，分别设置 4 款规定了高度危险源的类型以及所有权人对高度危险源的义务、高度危险源的所有权人的赔偿责任，高度危险源的所有权人、占有人、使用人承担责任的归责原则以及免责事由，高度危险源被非法占有、使用时的损害赔偿责任。

（二）特别立法模式

所谓特别法模式是指在民法典以外制定专门调整机动车交通事故责任的法律法规。比较典型的有德国、法国、日本等。

德国早在 1907 年即制定《道路交通法》（Straβenverkehrs-gesetz），其规范结构的特色，系一方面规定汽车保有人（Halter）应负危险责任（Gefährdungshaftung，无过失责任），一方面设有强制汽车责任保险，并使两者结合一起，使受害人对保险人有履行给付义务的直接请求权。《德国交通法》第 7 条规定："因利用汽车致人死亡、身体、健康或财物损害，汽车保有人应对受害人负损害赔偿之责（第 1 项）。于事故系由非基于汽车构造上之瑕疵或机件上之障害之不可避免事故所致者，排除前项责任。可归责于被害人或未从事驾驶运行之第三人或动物之行为，且保有人及汽车驾驶均已遵守注意义务时，其事故之发生视为不可避免（第 2 项）。未经汽车保有人之同意而擅自使用汽车者，应代保有人负损害义务。如其使用汽车保有人有过失时，应与保有人连带负损害赔偿责任。本项第一句规定于使用人之驾驶汽车系受雇于汽车保有人或由保有人委托使用人驾驶或使用时，不适用之（第 3 项）。"[1]

　　在法国，1985 年之前，调整机动车交通事故责任的法律是《法国民法典》第 1382 条和第 1383 条，这实际上是根据过错责任追究侵权人的责任，如果受害人不能证明侵权人具有过错则无法获得赔偿，这对受害人来说是极其不公平的。另外，由于法律强制机动车投保，一旦发生机动车交通事故，法院便毫不犹豫地责令侵权人对受害人承担侵权责任，而不考虑受害人的过错，这在某种程度上也会产生不公平的结果。法国 1985 年制定了调整机动车交通事故责任的 Badinter 法（即《以改善交通事故受害人的状况促进赔偿程序为目的的法律》）。该法的制定有两个目的：其一，该法首次在法国建立起有关交通事故方面的特殊侵权责任规定；该法改进了交通事故受害人的赔偿程序，使当事人之间的公平和解更加容易，并对那些程序缓慢、并对那些成本高昂和效率低下的程序做了限制。[2]其二，该法对适用范围、非机动车司机性质的受害人所享有的损害赔偿的权利、机动车司机性质的受害人所享有的损害赔偿的权利、机动车交通事故受害人损害赔偿的担保都作了规定。可以说法国通过 Badinter 法建立起了独立于民法典的机动车交通事故责任的法律规范体系。

---

〔1〕　王泽鉴：《侵权行为》，北京大学出版社 2009 年版，第 505 页。
〔2〕　张民安：《现代法国侵权责任制度研究》，法律出版社 2007 年版，第 268 页。

在日本，在《机动车损害赔偿保障法》制定之前，对机动车交通事故责任是根据《日本民法典》中关于侵权行为的一般规定进行处理的。1955年（昭和30年）5月，在日本内阁会议上，《机动车损害赔偿保障法案草案》以全文91条的内容被确定为政府之法律提案，该提案于7月29日在国会正式通过，并于同年8月至翌年2月份分六个阶段在日本全国逐步实行。该法共7章91条，其分别规定了：总则、机动车损害赔偿责任、机动车损害赔偿责任保险、机动车损害赔偿责任互助、政府的机动车损害赔偿保障事业、杂则、罚则。[1]可以说，日本通过《机动车损害赔偿保障法》也建立了独立于民法典的机动车交通事故责任的法律规范体系。

另外，在英美法系国家，虽然并无机动车交通事故责任损害赔偿的特别法，但是通过机动车责任保险制度建立了无过失责任制度，实际上对机动车交通事故责任采取了特殊的侵权行为法处理。在美国，关于汽车事故，系采普通法上的过失侵权责任与任意责任保险结合的规范型态。为保护受害人，Keenton及O'connel两位教授于1965年提出"交通事故受害人基本保障"，设计所谓的强制保险的无过失补偿（No-fault Compensation），其特色系规定汽车事故受害人的基本补偿，在此限度内，不论加害人有无过失，对被害人的人身伤害予以补偿，并在此基本补偿限额内，废除普通法过失侵权行为的损害赔偿责任。美国各州最早实施此种汽车无过失补偿保险制度的系马萨诸塞州（1971年），其后亦为纽约州等所采用。[2]英国虽然也适用过失

---

〔1〕 李薇：《日本机动车事故损害赔偿法律制度研究》，法律出版社1997年版，第3~7页。

〔2〕 施文森：《汽车保险及其改进之研究》，转引自王泽鉴：《侵权行为》，北京大学出版社2009年版，第26页。

责任原则，但在机动车事故的领域里，例外的过失推定的法理占据着中心的位置。而且，学界也在不断提倡严格责任、无过失责任。[1]可见，英美法的主要国家虽然并无机动车交通事故责任损害赔偿的特别法，但是事实上也在适用不同于一般侵权责任的特殊侵权责任规则。

三、我国机动车交通事故责任的立法

我国对机动车交通事故责任的立法可以追溯到新中国成立后初期。新中国成立后，在每次民法起草工作中，也都没有忘记追赶世界的最新潮流，没有疏漏过对特殊侵权行为问题，特别是产业化大工业生产活动带来的危险作出规定。其中就包括机动车损害赔偿的内容。[2]但是，在《民法通则》颁布实施之前，我国处理机动车交通事故的主要依据是国家和党的政策、文件等，主要采用的是行政手段的方法。

改革开放以后，20 世纪 80 年代在进行民法典编撰的时候规定了有关机动车交通事故责任的相关条文。其中 1980 年 8 月 15 日全国人大常委会法制委员会民法起草小组制作的《中华人民共和国民法草案》（以下简称"草案"）第 456 条；1981 年 4 月 10 日民法小组《草案（征求意见二稿）》第 353 条；《草案（征求意见四稿）》第 433 条[3]均对机动车交通事故责任作了明确规定。但是，后来由于全国人大常委会认为"制定完整的民法典的条件还不成熟，只好先将那些急需的、比较成熟的部分，制定单行法"，故导致了民法

---

〔1〕 ［日］菅原胜伴："英国的机动车事故赔偿情况"，载日本交通法学会编：《世界交通法》，西神田编辑室 1992 年版，第 243 页。转引自刘士国等：《侵权责任法重大疑难问题研究》，中国法制出版社 2009 年版，第 218 页。

〔2〕 刘士国等：《侵权责任法重大疑难问题研究》，中国法制出版社 2009 年版，第 219 页。

〔3〕 何勤华等编：《新中国民法典草案总览》（上卷），法律出版社 2003 年版，第 244、429、483 页。

典制定的中止，而于 1986 年颁布了《民法通则》。

在《民法通则》颁布后，一般认为，机动车交通事故责任应该适用该法第 123 条的规定，即将机动车纳入高度作业的范畴。该法第 123 条将高度危险作业界定为"高空、高压、易燃、易爆、剧毒、放射性、高速运输工具等对周围环境有高度危险的作业"，其中机动车交通事故责任就被认为是高速运输工具的一种类型。例如，有学者认为：制定我国道路交通事故赔偿法，只能以现行《民法通则》第 123 条的原则规定为基础。毫无疑问，任何企图扩大免责范围甚至退回到过错责任原则的主张，都是与《民法通则》的立法精神相违背的，因而是有害的。[1]还有学者认为：机动车在道路上运行是一种高度危险作业，应该适用《民法通则》所规定的无过错责任。[2]这种观点实际上就是主张将机动车交通事故责任纳入高度作业责任的范畴。也有学者认为：将机动车与火车、飞机等并列，视为高速运输工具，并适用《民法通则》第 123 条的规定的无过错责任，是值得研究的。因为机动车危险性比火车、飞机要低，所以同等地看待机动车作业与其他高度危险作业是不适当的。[3]现在看来，我国的现行立法采纳了该种观点，区别了机动车交通事故责任与高度危险作业责任，将机动车交通事故责任单独加以规定。

国务院 1991 年 9 月 22 日发布了《中华人民共和国道路交通事故处理办法》（以下简称《道路交通事故处理办法》），这是我国第一部有关机动车交通事故责任方面的专门性行政法规。

---

〔1〕 梁慧星："论制定道路交通事故赔偿法"，载《梁慧星文选》，法律出版社2003 年版，第 279 页。

〔2〕 张新宝：《侵权责任法原理》，中国人民大学出版社 2005 年版，第 352 页。

〔3〕 王利明主编：《民法·侵权行为法》，中国人民大学出版社 1993 年版，第513 页。

该法规共设 8 章 50 条，分别是：第一章总则、第二章现场处理、第三章责任认定、第四章罚则、第五章调解、第六章损害赔偿、第七章其他规定、第八章附则。该法自 1992 年 1 月 1 日起施行。《道路交通事故处理办法》在当时对于处理机动车交通事故，发挥了非常重要的作用，但是其毕竟属于一部行政法规，并没有系统地规定机动车交通事故损害赔偿的具体可操作性规则。2003 年 10 月 28 日，第十届全国人民代表大会常务委员会第五次会议通过了《道路交通安全法》。该法是我国第一部系统的道路交通安全方面的法律，该法共分 8 章 115 条。该法第 76 条专门规定了机动车交通事故责任的基本法律规则。另外，在 2004 年又颁布了配合其实施的《中华人民共和国道路交通安全法实施条例》。2007 年 12 月 29 日第十届全国人民代表大会常务委员会第三十一次会议对该法第 76 条等规定又做了修订，该法的条文增加至 124 条。但是，上述法律法规是我国有关道路交通安全方面的法律法规，并不是用来专门调整机动车交通事故责任的。基于机动车交通事故责任的特殊性、多发性、严重性等特点，迫切需要制定专门的机动车交通事故责任方面的法律。

2009 年 12 月 26 日通过的《侵权责任法》在第 6 章规定了"机动车交通事故责任"。该法共设 6 条，对机动车交通事故责任的重大问题作了比较系统性的规定。这是我国第一次在民事法律中专门对机动车交通事故责任作出全面的规定，具有开创性意义。

第二节　机动车交通事故责任的归责原则

机动车交通事故责任的归责原则即确定机动车交通事故责任的基本根据，它是机动车交通事故责任中的基础性制度，归责原则的选择反映了立法者的价值取向，并直接决定着责任的构成要件、举证责任免责事由等核心问题。

一、国外立法的比较

在国外，关于机动车交通事故责任的归责原则也有不同的做法。有采纳无过失责任原则的，有采过错责任原则的，也有采纳多元归责原则的。

（一）德国

德国是最早规定无过失责任原则的国家之一，也有人称为"危险责任"。和其他危险责任的规定一样，《道路交通法》第7条第1款中的车主责任也是基于一个基本的观点，即因自己的利益创设了一个危险根源的人，应当对由此而可能产生的损害承担责任。《道路交通法》第7条针对所有交通运行的危险提供保护，而无论危险是如何变为损害现实的。这一规定的中心作用就是尽可能地为参与交通的人提供广泛的保护。[1]德国是最早制定特别法规定无过失责任原则的国家之一。该国在1952年制定了《道路交通法》，于2007年修订，其中第7条规定："如果机动车辆或者由其牵引的拖车在其运行时，致他人死亡或者侵害他人身体、健康或者损害某物时，那么该机动车辆的所有人对因此而发生的损害对受害人承担赔偿责任。如果该事故是因不可抗力所导致的，那么可排除其赔偿责任。"不过，德国法规定，实行无过失责任原则的道路交通事故损害赔偿是限额赔偿，不得超过法律规定的限额；如果受害人主张全额赔偿，则须按照《德国民法典》第823条规定，证明被告方对于损害的发生有过错，才能够获得支持。[2]可见，德国法中对机动车交

---

〔1〕［德］马克西米利安·福克斯：《侵权行为法》，齐晓琨译，法律出版社2006年版，第267页。

〔2〕杨立新："我国道路交通事故责任归责原则研究"，载《法学》2008年第10期。

通事故责任采纳的是无过失责任原则，但是在赔偿方面具有限额规定。

（二）法国

在 1985 年之前，法国调整机动车交通事故责任的法律是《法国民法典》第 1382 条和第 1383 条，这实际上是根据过错责任追究侵权人的责任。法国最高法院第二民事庭在 1982 年作出的判决认为，即便受害人有过错，交通事故的肇事者也仍然是其机动车的管理人，应当对受害人因为其机动车所导致的损害承担完全的侵权责任，但如果此种损害由于不可抗力导致的，则机动车司机不承担责任。此案的判决具有双重意义：此案将机动车司机因交通事故所承担的侵权责任建立在民法典第 1384 条第 1 款的基础上，从而建立起交通事故的危险责任制度；另一方面，此案将机动车司机的免责事由限制在不可抗力的基础上，排除了受害人的过错的考虑，使机动车受害人的保护过于僵硬，引起了人们的反对，从而加速了有关交通事故方面的法律改革的步伐。[1]1985 年 7 月 5 日通过的 Badinter 法（即《以改善交通事故受害人的地位并加速赔偿程序法》）进一步规定只有受害人犯了"不可原谅的过错并构成事故的唯一原因"才可免责，扩大了无过错责任的范围。[2]可见，法国对机动车交通事故责任实际上采纳的是无过失责任原则。

（三）日本

日本于昭和 30 年制定《自动车损害赔偿法》（简称《自赔法》），亦采侵权责任与责任保险结合模式。在侵权责任方面，《自赔法》第 30 条规定："为自己而将汽车供运行之用者，因其

---

〔1〕　张民安：《现代法国侵权责任制度研究》，法律出版社 2007 年版，第 268 页。

〔2〕　梁慧星：《民法学说判例与立法研究》，中国政法大学出版社 2003 年版，第 101 页。

运行而侵害他人之生命或健康时，就因而所发生之损害，应负赔偿责任。但证明自己及驾驶人关于汽车之运行未怠于注意，且被害人或驾驶人以外之第三人有故意或过失，以及汽车无构造上之缺陷或机能之障害者，不在此限。"其所规定的，系过失证明责任的倒置，实质上则为无过失、严格化的责任。[1]

（四）美国

在美国，机动车交通事故责任的归责原则是过错责任原则。理由是，随着技术的不断发展，汽车并不被认为是危险的交通工具，它已经受到完全的控制。不过，在美国实际生活中，汽车事故是通过交通事故保险解决，除非能证明是受害人自身的原因所致，否则，保险公司要承担赔偿责任。[2]

（五）英国

英国一直适用普通法侵权责任原则，损害赔偿责任的成立，必须以所有人或驾驶人一方有过错为要件，属于过错责任。于1930 年制定并经 1960 年修正的《道路交通事故法》对于交通事故的损害赔偿采过错责任原则。过错是承担责任的要件之一，这使得后来倾向于严格责任的相反发展趋势只能借助于其他手段实现；特别是违反法定义务，把过失侵权中的注意标准提高到了实际上难以达到的程度，以至于只有那些在严格责任制度中被称为意外事件的情形才不构成注意义务的违反。[3]

（六）台湾地区

台湾地区关于机动车交通事故责任的法律根据是"民法"第 191 - 2 条规定："汽车、机车或其它非依轨道行驶之动力车辆，在使用中加损害于他人者，驾驶人应赔偿因此所生之损害。

---

〔1〕 王泽鉴：《侵权行为》，北京大学出版社 2009 年版，第 506 页。
〔2〕 杨立新主编：《道路交通事故责任研究》，法律出版社 2009 年版，第 80 页。
〔3〕 张新宝：《侵权责任法原理》，中国人民大学出版社 2005 年版，第 350 页。

但于防止损害之发生，已尽相当之注意者，不在此限。"从该条规定来看采纳的是过错责任原则，但是采用过失推定。王泽鉴先生认为，台湾的交通事故侵权责任具有"四不主义"：①不设特别法加以规范，仅设"民法"第191条之二之规定。②不采无过失责任（危险责任）作为侵权责任的归责原则。③不将侵权责任与强制责任保险挂钩。④不以汽车保有人或运行供用者为责任主体。[1]

（七）意大利

根据《意大利民法典》第2054条第1款规定："驾驶任何无轨车辆的司机，不能证明已尽一切可能避免损害发生的（1227、2050、2947），应当承担车辆行驶造成的人身或财产的损害赔偿责任。"该条第2款规定："车辆发生相撞的，在出现相反的证据前，推定各方司机对各自车辆造成的损害共同负有同样的责任。（2055）"可见，根据《意大利民法典》，在一般的道路交通事故中，实行无过失责任原则，在机动车相撞造成的损害中，实行过错推定原则，采纳的是多元化的归责原则体系。

（八）欧盟私法：原则、定义和示范规则

"欧盟私法：原则、定义和示范规则"第三章"归责"之第二节"没有故意或过失的责任"之第3：205条"机动车造成损害的责任承担"①中明确规定：机动车辆的保有人就因为使用车辆造成交通事故而发生的人身伤害及其后果性损失、本编第2：202条（因受害人的人身伤害或死亡而造成的第三人损失）所规定的损失以及因财产损害造成的损失（对车辆及其运

---

〔1〕　王泽鉴：《侵权行为》，北京大学出版社2009年版，第506页。

输的货物造成的损害除外）承担责任。[1]该条无论是从文义解释还是从体系解释来分析均属于无过失责任原则。

二、国内学说观点与法律规定

(一) 国内学说

在《道路交通安全法》出台之前，关于道路交通事故责任的归责原则有三种观点：第一种观点认为适用一般过失责任；第二种观点认为应该适用过错推定原则，但过错推定没有脱离过错责任的轨道，只是适用过错责任原则的一种方法；第三种观点认为应该适用无过错责任原则，他们认为机动车在道路上的运行是一种高度危险作业，因此应该适用《民法通则》第123条规定的无过错责任。[2]也有学者认为究竟采纳何种归责原则须看请求权人所依据的请求权基础而定。从现实情况看，交通事故损害赔偿请求权人可以依据不同的法律规定提出自己的诉求。其所依据的法律规定不同，形成的归责也就不尽相同。如以《民法通则》危险作业为依据提出赔偿的，一旦法院认定所用运输工具属于高速运输工具，就可以依无过错责任归责；而如果这类纠纷不以机动车作为运输工具或发生在机动车之间，就可以过错责任归责。[3]

在上述观点中，无过错责任原则的影响较大，也是国外立法所广泛采纳的观点。关于无过错责任的理由或者是理论根据，学界多有论述。王泽鉴先生认为：危险责任的基本思想，不是对不法行为的制裁。危险责任的基本思想在于"不幸损害"的

---

〔1〕"欧盟私法：原则、定义和示范规则"，载梁慧星主编：《民商法论丛》（第43卷），法律出版社2009年版，第688页。

〔2〕张新宝：《侵权责任法原理》，中国人民大学出版社2005年版，第348页。

〔3〕李显冬主编：《侵权责任法经典案例释论》，法律出版社2007年版，第596页。

合理分配，乃基于分配正义的理念，至其理由，归纳四点言之：①特定企业、物品或设施的所有人、持有人制造了危险来源。②在某种程度上仅该所有人或持有人能够控制这些危险。③获得利益者，应负担责任，乃正义的要求。④因危险责任而生的损害赔偿，得经由商品服务的价格机能及保险制度分散。[1]

有学者认为，采纳无过错责任原则具有以下法理根据：一是报偿理论，即"谁享受利益谁承担风险"的原则。机动车的所有人、驾驶人在享受机动车带来的方便快捷的同时，自然应由他们承担因机动车运行所带来的风险。对报偿理论的正确理解是针对那些直接的、持续的享受利益者来说的，而非针对那些间接获得利益者。二是危险控制理论，即"谁能够控制、减少危险谁承担责任"的原则。机动车驾驶人在上路之前受过专业的训练，对于道路交通规则也很熟悉，因此，机动车的所有人、驾驶人能够最好地控制危险，能够尽可能避免危险；使其承担赔偿责任，能够促使其谨慎驾驶，尽可能避免危险，尽可能减少损害。三是危险分担理论，即"利益均衡说"。道路交通事故是伴随现代文明的风险，应由享受现代文明的全体社会成员分担其所造成的损害。在道路交通事故中，受害人经常被撞伤或撞死，而肇事者一般不会有人身伤害，此时要求肇事者分担一些经济上的损失仍不失公允。适用无过错（严格）责任的归责原则，体现了法律对人身权益保护的重视，与道路交通安全法所贯彻的"以人为本"的立法精神也是一致的。[2]

值得注意的是，根据《道路交通安全法》第76条的规定，目前我国学者对机动车交通事故责任多主张适用多元化的归责

---

〔1〕　王泽鉴：《侵权行为》，北京大学出版社2009年版，第15页。

〔2〕　张新宝："道路交通事故责任归责原则的演进与《道路交通安全法》第76条"，载《法学论坛》2006年第2期。

原则体系。有学者认为，道路交通事故责任的归责原则既不能简单地一概适用过错责任原则，也不能一概适用于无过错责任原则或严格责任原则，而应该确立一个归责原则体系，对于不同情况下的责任承担适用不同的归责原则。只有这样才最有利于对受害人的保护，同时也不至于科加给加害人过重的责任。具体而言：保险公司在第三者责任强制保险责任范围内承担无过错责任；道路交通事故社会救助基金对受害人抢救费用的先行垫付适用无过错责任；机动车之间的道路交通事故责任适用过错责任；机动车与非机动车驾驶人、行人之间的道路交通事故适用无过错责任或严格责任。[1]也有学者认为，三元制归责原则的过错责任原则、无过错责任原则和公平责任原则更适合我国道路交通事故损害赔偿。[2]

(二) 对《道路交通安全法》第 76 条的理解

《侵权责任法》第 48 条规定："机动车发生交通事故造成损害的，依照道路交通安全法的有关规定承担赔偿责任。"该条规定所指向的"道路交通安全法的有关规定"实际上指的是《道路交通安全法》第 76 条的规定。故我国现行的机动车交通事故归责原则的法律是《道路交通安全法》第 76 条的规定。该条规定："机动车发生交通事故造成人身伤亡、财产损失的，由保险公司在机动车第三者责任强制保险责任限额范围内予以赔偿；不足的部分，按照下列规定承担赔偿责任：①机动车之间发生交通事故的，由有过错的一方承担赔偿责任；双方都有过错的，按照各自过错的比例分担责任。②机动车与非机动车驾驶人、行人之间发生交通事故，非机动车驾驶人、行人没有过错的，

---

〔1〕 张新宝：《侵权责任法原理》，中国人民大学出版社 2005 年版，第 351 页。

〔2〕 管满泉："道路交通事故损害赔偿责任归责原则探析"，载《公安学刊（浙江警察学院学报）》2008 年第 5 期。

由机动车一方承担赔偿责任;有证据证明非机动车驾驶人、行人有过错的,根据过错程度适当减轻机动车一方的赔偿责任;机动车一方没有过错的,承担不超过10%的赔偿责任。交通事故的损失是由非机动车驾驶人、行人故意碰撞机动车造成的,机动车一方不承担赔偿责任。"对于该条的理解,学界的争议很大。

有学者认为,自从1978年改革开放以来,我国的道路交通事故责任的归责原则经历了以下五个发展时期:过错责任时期、无过错责任时期、过错推定时期、以无过错责任原则为主的多重归责原则时期、以过错推定原则为主的多重归责原则时期。该种观点,根据《道路交通安全法》第76条的规定,认为修订后的第76条,将机动车造成非机动车驾驶人或者行人人身损害的道路交通事故责任的归责原则确定为过错推定原则,其他的道路交通事故责任适用过错责任原则。[1]也有学者认为:机动车与非机动车驾驶人、行人之间发生交通事故,主要适用过错推定原则,同时,机动车一方还要承担一部分无过错责任。机动车一方没有过错的,承担不超过10%的赔偿责任。这是机动车在没有过错的情况下,也要承担一小部分的赔偿责任的规定。就此部分而言,机动车承担的是无过错责任。[2]

我们认为,从我国《道路交通安全法》第76条的规定来看,机动车交通事故责任实行的是过错责任和无过错责任相结合的二元化归责原则体系。

首先,对于"机动车之间发生交通事故"的归责原则实行

---

〔1〕 杨立新:"我国道路交通事故责任归责原则研究",载《法学》2008年第10期。

〔2〕 王胜明主编:《中华人民共和国侵权责任法解读》,中国法制出版社2010年版,第243~244页。

的是过错责任原则。这是因为：对机动车一方造成非机动车驾驶人或者行人人身损害的交通事故，实行过错推定原则，是为了改善非机动车驾驶人或者行人在道路交通事故责任中的不利地位，使其能够在举证责任上处于优势地位，更容易证明侵权责任构成而获得更多的赔偿机会，保障自己受到损害的权利得到及时、有效的救济。在机动车相互之间，都是机动车一方，发生交通事故造成相互损害，没有必要实行过错推定原则，由于双方都是具有较高的道路交通素质的机动车驾驶人，能够证明对方的过错，因此，实行过错责任原则是完全正确的。[1]

其次，"机动车与非机动车驾驶人、行人之间发生交通事故"的归责原则应该是无过错责任。根据《道路交通安全法》第76条第2款的规定："机动车与非机动车驾驶人、行人之间发生交通事故，非机动车驾驶人、行人没有过错的，由机动车一方承担赔偿责任；有证据证明非机动车驾驶人、行人有过错的，根据过错程度适当减轻机动车一方的赔偿责任；机动车一方没有过错的，承担不超过10%的赔偿责任。"根据上述规定，不论机动车一方是否具有过错，都要承担一定的赔偿责任。这符合《侵权责任法》第7条对无过错责任的界定，即"行为人损害他人民事权益，不论行为人有无过错，法律规定应当承担侵权责任的，依照其规定。"采纳无过错责任具有重要的意义：无过错（严格）责任是从整个社会利益之均衡、不同社会群体力量之对比，以及寻求补偿以息事宁人的角度来体现民法的公平原则的，它反映了高度现代化社会化大生产条件下的公平正义观，也带有社会法学的某种痕迹。无过错责任对于个别案件的适用可能有失公允，但它体现的是整体的公平和正义。机动车和行人、非机动车之间发生交通事

---

〔1〕 杨立新主编：《道路交通事故责任研究》，法律出版社2009年版，第73页。

故适用无过错责任原则或严格责任原则，是对所谓"行人违章撞了白撞"说法的否定。[1]只不过需要注意的是，无过错责任并不意味着承担全部赔偿责任。在非机动车驾驶人、行人一方具有过错的情况下，可以根据过失相抵相应减轻机动车一方的责任。即便是机动车一方没有过错的情况下也要承担责任，只不过赔偿比例受到一定的限制而已。

最后，从《道路交通安全法》中对"交通事故"概念的界定，也表明我国机动车交通事故责任的归责原则是过错责任与无过错责任相结合的二元归责体系。该法第 119 条第 5 项规定："交通事故"，是指车辆在道路上因过错或者意外造成的人身伤亡或者财产损失的事件。在这个概念中明确指出交通事故是"因过错或者意外"的事件，这与之前的《道路交通事故处理办法》第 2 条中对交通事故的界定仅仅限定为"过失"是不同的。而所谓的"意外事件"，是指非因当事人的故意或过失而偶然发生的事故，[2]其中显然并无过错的因素。故从我国法律法规中对机动车交通事故概念界定的演变，也可以看出机动车交通事故归责原则的变迁。

也有学者认为，保险公司在机动车第三者责任强制保险责任限额范围内的赔偿责任是无过错责任原则。诸如此类的还有道路交通事故救助基金对受害人抢救费用的先行垫付的无过错责任。这种观点是正确的。但是需要注意的是，这里的无过错责任原则与上述探讨的作为机动车交通事故责任归责原则的无过错责任原则具有本质的不同。这里的无过错责任指的是不论

---

〔1〕 张新宝："道路交通事故责任归责原则的演进与《道路交通安全法》第76条"，载《法学论坛》2006 年第 2 期。

〔2〕 王利明：《侵权行为法研究》（上卷），中国人民大学出版社 2004 年版，第 577 页。

被保险机动车一方是否具有过错，保险公司都要给予赔付，除非道路交通事故的损失是由受害人一方故意造成的，保险公司则不予赔偿。保险公司的赔偿所依据的基础是机动车强制责任保险，只要具备强制责任保险法定的情形，无论机动车一方是否具有过错都应该承担责任。这里归责的基础不是上文所讨论的作为机动车侵权责任归责原则的无过错责任原则，而是机动车强制责任保险中保险公司的法定赔偿义务。故保险公司对机动车第三者责任强制保险责任限额范围内的承担的无过错责任与作为机动车交通事故责任归责原则的无过错责任具有本质的不同，在法理上应该予以区别。

第三节　机动车交通事故责任的构成要件

侵权责任的构成要件，即行为人承担侵权责任的条件，换言之，即判断行为人是否应负侵权责任的标准。侵权责任的构成要件可以分为一般构成要件和特殊构成要件。所谓一般构成要件就是指适用过错责任的侵权行为的构成要件。侵权行为的一般构成要件是就一般侵权行为而言的，它主要应由损害、过错、因果关系三个要件构成。所谓特殊构成要件，就是指适用于各类侵权行为的构成要件，此类构成要件多由法律加以特别规定。[1]机动车交通事故责任属于特殊侵权行为责任的范畴，故应该适用法律规定的特殊侵权责任的构成要件。应该注意的是，根据我国《道路交通安全法》第76条的规定，机动车交通事故责任实行的是过错责任和无过错责任相结合的二元化归责

〔1〕　王利明：《侵权行为法研究》（上卷），中国人民大学出版社2004年版，第344~345页。

原则体系。侵权行为的归责原则与构成要件具有密切联系。归责原则属于更为基础的范畴，它解决的是加害人或其他赔偿义务人承担责任的依据问题，只有具备了承担责任的依据之后，才能对某人是否承担责任的问题进行具体的考量，考量的标准就是构成要件。因此可以说，归责原则的不同直接决定了构成要件的不同，不同的归责原则决定了应该具有不同的构成要件。机动车交通事故责任适用二元化的归责原则决定了其需要不同的构成要件。下列要件是需要注意的。

一、须是"机动车"造成的

（一）国外对机动车的界定

机动车的界定虽然是对一种物体物理性质的界定，但是它直接影响到法律适用的选择以及适用结果，故应该特别严谨和慎重。如有学者认为：关于机动车在物理性质上的定义性规定，在逻辑上应该尽量严谨，符合科学上定义的要求，在社会生活中，应该具有合理性，并便于人们掌握认识，因为这样才对交通安全，特别是行人和非机动车的安全发挥应有的作用。[1]不同国家或地区对机动车的界定并不完全一致：

在德国的《道路交通法》中，首先在第 1 条第 2 款对机动车的定义作了规定。根据这一规定，由机械力驱动的陆上车辆，没有和轨道联系在一起的所有车辆均为得适用本法的机动车。这里的机械力，无论是来源于汽油、酒精、焦炭、木炭等产生的内燃气体，还是电气、蒸汽能源动力均无问题；所谓无轨电车在不行走在轨道上的场合也包含在道路交通法所指的机动车中，并且机动两轮车和安装发动机的自行车也同样。并且，因

---

〔1〕　于敏：《机动车损害赔偿责任与过失相抵——法律公平的本质及其实现过程》，法律出版社 2006 年版，第 62 页。

为与以车辆移动还是以雪橇履带移动的形式无关，所以甚至坦克（*Tanks*）也在机动车的范畴之内。[1]2002 年 7 月 19 日颁布的《修改损失赔偿条文第二法》对《道路交通法》第 7 条作出了相当大的修改。危险责任的范围从机动车的运行扩展到了机动车牵引的拖挂车。另外，在第 7 条第 2 款规定的因所谓无法防止的事件的免责的理由，被不可抗力所取代。[2]可见，德国法中机动车范围是非常广泛的，而且有不断扩展的趋势。

在法国，根据 Badinter 法，将机动车称为"地面机动车辆"，所谓地面机动车辆是指在地面行驶，并装备了将不同性质的能量转化为机械能机件的所有运输工具。法国司法判例对地面机动车辆予以广义的解释和适用，认为 1985 年制定的 Badinter 法适用于包括拖车和半拖车，但是不包括那些在各自线路上运行的火车和有轨电车。[3]

日本的《机动车损害赔偿保障法》第 2 条第 1 款规定，所谓机动车是指《道路运输车辆法》第 2 条第 2 款规定的机动车（以供农耕作业用为目的制造的小型特殊机动车除外）以及第 2 条第 3 款规定的安装发动机的自行车。日本《机动车损害赔偿保障法》第 2 条第 1 款排除的"以供农耕作业用为目的制造的小型特殊机动车"是指所谓耕耘机，这种车辆本来就不是以在公共道路上运行为目的制作的车辆，而且发生事故的可能性也

---

〔1〕 于敏：《机动车损害赔偿责任与过失相抵——法律公平的本质及其实现过程》，法律出版社 2006 年版，第 64 页。

〔2〕 ［德］马克西米利安·福克斯：《侵权行为法》，齐晓琨译，法律出版社 2006 年版，第 267 页。

〔3〕 张民安：《现代法国侵权责任制度研究》，法律出版社 2007 年版，第 271 页。

很小，因而被排除了第 3 条的适用。[1]

"欧盟私法：原则、定义和示范规则"第 3：205 条第 2 款规定："机动车辆是指以机械动力驱动的用于路上行驶的任何车辆，不包括轨道交通工具以及不论是否拖曳有机动车辆的拖车。"[2]

在台湾地区，机动车被称为动力车辆。"民法"第 191 条之 2 系以"汽车、机车或其他非依轨道行驶之动力车辆"为责任客体，除汽车、机车外，包括消防车、垃圾车、联结车、牵引车等，盖以动力车辆较具危险性，驾驶人应为必要的防范。其非属"动力车辆"（如脚踏车）或依轨道行驶的动力车辆（如火车、捷运电车等），不适用第 191 条之 2，而应适用第 184 条或公路法相关规定（参阅"公路法"第 2 条、第 64 条）。[3]所谓"动力车辆"是指以引擎发动、运转之车辆，且必须是"非依轨道行驶"之动力车辆，汽车、巴士、机车及电动三轮车皆属之。至于火车、电车、捷运之电联车等系依轨道行驶之动力车辆，以及脚踏车、脚踏三轮车非动力车辆皆非属此观念。而挖土机、堆高机等工程用车虽符合要件，为其使用之目的为工程，并非运输，自立法意旨以观，显非本条规定所得适用。此系因为依轨道而行使之动力车辆，其目的均系提供公众运输，已有"铁路法""大众捷运法"等特别法规定其特殊侵权责任，故此次修订增订条文时而予以排除。[4]

---

〔1〕　［日］藤村和夫：《交通事故赔偿理论的新展开》，平文社 1998 年版，第 314 页。转引自刘士国：《侵权责任法重大疑难问题研究》，中国法制出版社 2009 年版，第 252 页。

〔2〕　"欧盟私法：原则、定义和示范规则"，载梁慧星主编：《民商法论丛》（第 43 卷），法律出版社 2009 年版，第 688 页。

〔3〕　王泽鉴：《侵权行为》，北京大学出版社 2009 年版，第 506 页。

〔4〕　林诚二：《民法债编总论——体系化解说》，中国人民大学出版社 2003 年版，第 195 页。

从上述对机动车的界定不难得出，机动车具有以下几个共同特点：其一，机动车须是由机械力驱动的动力车辆。这就把人力所推动的各种交通工具，如脚踏车、脚踏三轮车，以及牛、马等牲畜驱动的非动力车辆排除出机动车之外。其二，机动车一般属于非轨道运输车辆。轨道运输的车辆，如火车、有轨电车等排除在外。这主要是因为，这些轨道运输车辆一般有独立的调整其责任的特殊规则，不需要机动车方面的法律进行调整。其三，机动车属于陆上行驶的车辆，这就排除了轮船、汽艇等水上运输工具。这是因为水上运输工具有其独特的特点，适用于其特殊规定。其四，机动车一般以在公共道路上运输为目的。例如，日本就把"以供农耕作业用为目的制造的小型特殊机动车"耕耘机排除在外。

（二）我国对机动车的界定

我国法律对机动车与非机动车的界定也有明确规定。《道路交通安全法》第 119 条第 3 项的规定："机动车"是指是指以动力装置驱动或者牵引，上道路行驶的供人员乘用或者用于运送物品以及进行工程专项作业的轮式车辆。第 4 项规定："非机动车"，是指以人力或者畜力驱动，上道路行驶的交通工具，以及虽有动力装置驱动但设计最高时速、空车质量、外形尺寸符合有关国家标准的残疾人机动轮椅车、电动自行车等交通工具。公安部 2008 年 9 月 19 日发布，2008 年 10 月 1 日实施的《机动车类型、术语和定义》对机动车作了更详细的界定，其对机动车的界定是：机动车（power-driven vehicle），以动力装置驱动或者牵引，上道路行驶的供人员乘用或者用于运送物品以及进行工程专项作业的轮式车辆，包括汽车、有轨电车、摩托车、挂车、轮式专用机械车、上道路行驶的拖拉机和特型机动车。从上述规定来看，我国法律以及相关标准对机动车的界定具有如下几个特点：

其一，包含了"进行工程专项作业的轮式车辆"。国外和其他地区一般要求机动车是以运输为目的，不以运输为目的的车辆一般排除在机动车之外，如日本把耕耘机排除在外，台湾地区解释上把挖土机、堆高机等工程用车排除在外。这是其特色之一。

其二，包含了部分有轨车辆。国外和其他地区一般把轨道行驶的车辆排除在外，我国则把有轨电车包括在机动车在内，《机动车类型、术语和定义》规定机动车包括有轨电车，有轨电车是指以电动机驱动，设有集电杆，架线供电，有轨道承载的道路车辆。这可能主要是考虑到我国并无专门调整有轨电车的专门规定。这是其特色之二。

其三，把无动力的道路车辆"挂车"包括在机动车之内，反映了国外的立法趋势。《机动车类型、术语和定义》规定：挂车（trailer）就其设计和技术特性需由汽车或拖拉机牵引，才能正常使用的一种无动力的道路车辆，用于载运货物和特殊用途。这和德国2002年7月19日颁布的《修改损失赔偿条文第二法》比较相似，其对危险责任的范围从机动车的运行扩展到了机动车牵引的拖挂车的运行。其理由是：在立法理由书中，立法者提到了有载重拖挂车和拖挂房车时的严重事故，并指出，这些拖挂车的使用往往伴随着机动车危险的上升。另外，在大量的机动车牵拖挂车而发生的事故中，受害人可能只看到了后面拖挂车的牌照，并以此来确认加害人，但这一牌照与牵引的机动车的牌照是不同的。而这时，拖挂车的车主或其保险人往往可以以事故为由要求牵引机动车的车主或司机承担责任，并提出，自己根据《道路交通法》第7条，无告知或确认牵引机动车的义务，从而使自己从事故中解脱出来。所以，设立一项独立的拖挂车主的责任是必要的。即使损害不完全由拖挂车造成，对拖挂车车主危险责任的规定也是合理的，因为拖挂车与牵引的机动车构成了一个统一体，对于牵引的机动车而言，这一统一体表现出更大的运行危险。[1]台湾也有学者认为：拖车、脚踏车或人力车如与汽车、机车或其他动力车辆联结使用者，无论其是否已成为特别法规之联结车或半联结车，仍应认为系属于动力车辆，若于使用（行驶）中加损害于人，仍应依本条负损害赔偿责任。[2]可见，当挂车（拖车）与机动车相互结合使用时，挂车也可以认定为机动车。我国把无动力的道路车辆"挂车"包括在机动车之内，反映了国外的立法趋势，这是其特色之三。

可见，我国对机动车的界定与国外的规定多相一致，但也具有自己的特色——那就是一定程度上扩大了机动车的保护范围，这对于保护受害人的权益和公共安全是具有积极意义的。但是，这并不意味我国对机动车的界定就是完美无缺的，现实生活中仍有一些游离于法律之外的车辆类型，这对于社会公共安全是不利的。例如，超过一定时速的电动车，超过一定标准的残疾人使用的机动车（《道路交通安全法》第58条仍然将残疾人机动轮椅车、电动自行车作为非机动车进行规定）。国家相关部门对此也做了一定的努力，如，2009年6月国家标准委发布了《电动摩托车和电动轻便摩托车通用技术条件》等4项国家标准，标准规定："40公斤以上、时速20公里以上的电动自行车，称为轻便电动摩托车或电动摩托车，划入机动车范畴"。但由于考虑到目前电动摩托车是一个新兴的产业，制定好一系列相关配套政策还需要一个过程，故标准中涉及电动轻便摩托

---

〔1〕［德］马克西米利安·福克斯：《侵权行为法》，齐晓琨译，法律出版社2006年版，第270页。

〔2〕邱聪智：《新订民法债编通则》（上），中国人民大学出版社2003年版，第146页。

车的内容暂缓实施。另外，国家标准委还让相关标准化专业技术委员会，加快修订《电动自行车通用技术条件》国家标准，以便使该标准既能够符合产品在安全、环保和节能等方面法律法规的要求，又能够为产业健康有序发展留有空间。可见，机动车标准的制定和界定不仅是一个机动车交通事故认定的重要环节，而是攸关多个主体利益的重大问题。

二、须是机动车在"使用中"或"运行中"发生的交通事故

所谓的"使用中"或"运行中"是指机动车在发挥其功能的过程中，如果不是在发挥其功能的过程中致人损害，也不能适用该特殊侵权规定。如在车展中由于展台倒塌致使观众受到人身损害，此时车辆就不在运行中，应该适用一般侵权规定或者其他特殊侵权规定，而不能适用机动车交通事故责任的规定。又如，车辆停靠在路边自燃导致他人损害的也不适用机动车交通事故责任的规定。

国外的立法多有"使用中"或"运行中"的限定条件。在德国，《道路交通安全法》第7条中的请求权以机动车（《道路交通安全法》第1条第2款、第8条）运行时造成的法益损害为前提。[1]这种侵害必须发生在汽车运行之中，即必须与其特别危险性相关联。这应该在十分宽泛的意义上理解。这主要是因为车辆在发生事故时并不需要受到发动机的驱动；这相当于交通技术运营概念（不同于机械技术运营概念）。车辆甚至根本不需要处在运动之中，例如，如果车辆尚处在公共交通领域之内，那么在卸货时，运行仍在继续。纵使是因故障而出现的较长时间的停止，还可能属于运行。这是正确的，理由恰恰是停

---

〔1〕［德］马克西米利安·福克斯：《侵权行为法》，齐晓琨译，法律出版社2006年版，第268页。

止的车辆可以构成显著的危险。[1]

在日本，关于"运行"，《机动车损害赔偿保障法》第2条第2款的定义为"按照机动车的正常使用方法使用机动车这个装置，而无论用该装置运输个人还是运送货物"。整理迄今关于"运行"概念的各种学说，可以大致分为按照《机动车损害赔偿保障法》第2条第2款的规定划定"运行"的思维方法，和脱离《机动车损害赔偿保障法》第2条第2款的条文术语，实质地解释"运行"的思维方式。前者主要有下列学说：①发动机说：将所谓机动车的"运行"，解释为依靠发动机的力量使机动车移动。将"该装置"解释为发动机装置，在机动车是依靠发动机装置的运转移动的这一点上追究机动车所造成危险的特性。②行走装置说：所谓"该装置"不仅是指发动机装置，还有在机动车的构造上所设置操作、制动、机关以及其他与行走相关联的行走装置，不必要必须以自力行走，只要是依照本来的使用方法操作这些装置就相当于"运行"。③固有装置说：在"该装置"中，除机动车构造上所设置的各种装置外，还包括起重车的起重装置、翻斗车的翻斗、卡车的侧板和后板等该机动车所固有的装置。这些装置的全部或者一部分按照其目的进行操作，就相当于机动车的"运行"，判例也明言采取固有装置说。后者主要有：①从车库到车库说；②车辆自体说和机动车机能使用说；③危险性说；④物的危险性说。[2]

台湾学者王泽鉴先生认为："使用"不以行驶为限，应包括违规停车于巷道，停车时未注意后方来车而遽开车门，货车物

---

〔1〕 ［德］迪特尔·梅迪库斯：《德国债法分论》，杜景林、卢谌译，法律出版社2007年版，第717页。

〔2〕 于敏：《机动车损害赔偿责任与过失相抵——法律公平的本质及其实现过程》，法律出版社2006年版，第101～103页。

品掉落肇致事故等情形。[1]孙森焱先生也持类似观点：又所谓"使用中"并不以行驶中为限，例如停车时未注意后面来车，遽开车门，致撞伤机车驾驶；或在斜坡停车而未刹车，致滑行伤人之情形亦属之。货车装载不妥，致货物掉落伤人者，亦属使用中加损害于他人，若自车内将空罐掷出，致伤及行人，则为"民法"第184条规定侵权行为之问题。[2]

从我国现行法律规定来看，对机动车交通事故的并无"使用中"或"运行中"的明确限定，但是，这并不意味在我们国家在认定机动车交通事故责任时不须对这个要件进行限定。《道路交通安全法》第76条规定"机动车发生交通事故的……"其中并未提及"使用中"或"运行中"。但是在该法对"交通事故"的界定中似乎暗含着上述要件，该法第119条第5项规定："交通事故"，是指车辆在道路上因过错或者意外造成的人身伤亡或者财产损失的事件。我们认为，其中的"车辆在道路上"可以理解为对"使用中"或"运行中"的含蓄界定。在司法实践中，可以通过借鉴国外的学说对"使用中"或"运行中"进行界定。

三、须造成一定的损害

有损害才有赔偿。机动车交通事故责任中造成一定的损害是指机动车在使用中侵害他人权益造成损害。《侵权责任法》第2条对侵权责任法保护的权益范围作了明确规定："侵害民事权益，应当依照本法承担侵权责任。本法所称民事权益，包括生命权、健康权、姓名权、名誉权、荣誉权、肖像权、隐私权、婚姻自主权、监护权、所有权、用益物权、担保物权、著作权、

---

〔1〕 王泽鉴：《侵权行为》，北京大学出版社2009年版，第507页。
〔2〕 孙森焱：《民法债编总论》（上），法律出版社2006年版，第270页。

专利权、商标专用权、发现权、股权、继承权等人身、财产权益。"侵害上述民事权益所造成的损害当然属于救济的范围。但是，在机动车交通事故中侵害的主要是一些人身伤亡或者财产损失。

人身伤亡包括人的生命权、健康权、身体权等受到损害，财产损失包括积极的财产损失和消极的财产损失。具体的计算标准适用于一般侵权的人身损害、财产损害的计算标准。另外在计算损害时需要注意的是："损害不但为一事实上的概念，存在客观上的真实性与不利性，亦存在价值上的判断，并非道路交通事故造成的所有损害可予以赔偿，对于反射损害多数情况下不予赔偿，仅在少数情况下可以获得赔偿。微额损害为人类共同生活所不可避免，而且其发生颇为频繁，因此不能获得赔偿。"[1]

在机动车交通事故中导致受害人精神损害的，只要符合《侵权责任法》第 22 条及《精神损害赔偿解释》规定的条件也可以获得救济。在机动车交通事故责任中引进精神抚慰金请求权，被有的学者认为是机动车损害赔偿责任的新动向。其理由主要是：把抚慰金请求权限定在以故意、过失为要件的一般侵权行为类型缺乏逻辑上的必然性；在受害人保护的强化这一点上，抚慰金请求权向危险责任扩张当然是最理想的，而且从合目的性的观点来看，这种扩张也是最理想的。[2]但是，需要注意的是对于纯粹经济损失则原则上不能获得赔偿。王泽鉴先生认为，这里的他人的"权益"应从严解释，指人身及物等财产权，不包括"纯粹经济损失"在内，例如，甲在高速公路撞坏乙车时，应对乙负赔偿责任。丙等驾驶人因车祸交通阻塞，延

---

〔1〕 杨立新主编：《道路交通事故责任研究》，法律出版社 2009 年版，第 107 页。

〔2〕 于敏：《机动车损害赔偿责任与过失相抵——法律公平的本质及其实现过程》，法律出版社 2006 年版，第 176 页。

误行程所受经济上损失，非属受保护的利益，不得请求赔偿。[1]

四、须机动车事故与损害之间具有因果关系

机动车交通事故中的因果关系是指机动车交通事故与损害之间的引起与被引起的关系。机动车交通事故责任中因果关系的判断有条件说、必要因果关系说、相当因果关系说、法规目的说等，在我国司法实践中，多采取必然因果关系说和相当因果关系说，且相当因果关系说已经得到实务界广泛认可。

根据相当因果关系理论，因果关系分为责任成立的因果关系和责任范围的因果关系。这两种因果关系分两个层次进行判断：条件性和相当性。责任成立的因果关系首先是判断权利损害和侵权行为的条件关系，这种关系采取的"（若无，则不）But-For"的认定检验方式。"（若无，则不）"的程式是一种反证规则，旨在认定："若 A 不存在，B 仍会发生，则 A 非 B 的条件"。其次是判断权利损害与侵权行为之间的相当性，"关于相当性台湾地区的判例学说均采统一的认定公式：无此行为，虽不必此损害，有此行为，通常即足生此种损害者，是为有因果关系。无此行为，必不生此损害，由此行为通常以不生此种损害者，即无因果关系。"在责任范围的因果关系上同样采取上述条件性和相当性相结合的标准来认定。相当因果关系学说是一种比较可行的认定因果关系的标准，在一般的情况下能够准确地认定，作为大陆法系的通说，相当因果关系是由"条件关系"与"相当性"共同构成的。前者是事实判断，判断损害与侵权行为的客观联系性，而后者是价值判断，具有法律上归责的机制，试图达到合理转移、分散损害的目的。

需要注意的是，机动车与受害人是否发生碰撞虽然对因果

---

〔1〕　王泽鉴：《侵权行为》，北京大学出版社 2009 年版，第 507 页。

关系的判断不起到完全的决定性作用，但是也具有重要的影响。法国最高法院对机动车和损害事故之间的因果关系区分了碰撞与不碰撞的情形。其一，如果受害人与运动中的机动车发生碰撞（heurt），则此机动车与损害事故之间即有牵连关系，在此情况下，人们无须探究机动车在损害事故中所起的积极作用。其二，如果欠缺具体的接触，则运行中的机动车仅仅在事故的发生中已经起了作用才同损害事故的发生有牵连关系。[1]台湾学者曾隆兴认为：在未直接碰撞之交通事故亦即驾驶人之驾驶车辆未碰撞被害人之身体或被害人车辆之交通事故，驾驶人之过失与被害人之死伤，有无因果关系之认定，甚为困难及重要。在通常情形，车辆如未碰撞被害人身体或被害人乘坐之车辆者，应认为被害人之死伤与驾驶人驾车行为之间，并无因果关系。车辆之行驶，如有反常之不正当措施，致被害人死伤，虽非直接碰撞，有时亦应认有因果关系。[2]王泽鉴先生也指出：车辆的致害行为不以直接碰撞为必要。被害人为闪避违规超速的汽车，事出危急致跌倒受伤，或被其他车辆撞死者，仍得成立因果关系。[3]

五、在机动车之间发生交通事故的情形需要具有过错

我国机动车交通事故责任实行的是过错责任和无过错责任相结合的二元化归责原则体系。《道路交通安全法》第76条第1项规定：机动车之间发生交通事故的，由有过错的一方承担赔偿责任；双方都有过错的，按照各自过错的比例分担责任。可见，对

---

〔1〕 张民安：《现代法国侵权责任制度研究》，法律出版社2007年版，第273～274页。

〔2〕 曾隆兴：《详解损害赔偿法》，中国政法大学出版社2004年版，第164～165页。

〔3〕 王泽鉴：《侵权行为》，北京大学出版社2009年版，第508页。

于"机动车之间发生交通事故"的归责原则实行的是过错责任原则。

在机动车交通事故中对过错的认定多采用客观的认定方法，机动车驾驶人的注意义务的对于过错的认定具有至关重要的意义。关于机动车的注意义务和过错认定以下几点值得关注：

（一）法律、法规的规定和业务上的注意义务

《道路交通安全法》第22条规定：机动车驾驶人应当遵守道路交通安全法律、法规的规定，按照操作规范安全驾驶、文明驾驶。其中机动车驾驶人违反"法律、法规的规定""操作规范"都可以被认为是具有过错。该法第4章第2节还规定了"机动车通行规定"，这些通行规则都是认定机动车过错的客观标准，一般情况下，违反这些规则可以被认为是具有过错。故违反法律、法规的过错比较容易认定，因为法律规定已经为行为人提供了比较明确的行为标准。例如，《道路交通安全法》有关机动车适驾状态的规定（第13条的机动车安检制度、第14条的强制报废制度）；有关机动车驾驶人资格或行为标准的规定（第22条）；有关机动车通行规则的规定（第4章第2节的相关规定）；机动车载物限制的规定（第48条）。另外，还有一些其他业务上的注意义务也可以作为认定过错的标准。"其他业务上的注意义务要求，是指驾驶人员在从事驾驶机动车这项职业所要求的业务上的注意义务。概括地说，机动车驾驶行业的各项规章制度、操作规范、驾驶规范、行业惯行，以及作为一名机动车驾驶人，在学习驾驶的过程中学习到的所有知识、接受的所有教育，都是作为一名机动车驾驶人应当履行的业务上的注意义务的内容。其中，特别是科

学合理的行业惯行，是衡量业务上注意义务的基准之一。"[1]

（二）道路优先通行权与过错认定

优先通行权就是道路使用人优先使用道路的权利，而限制他方同时使用道路或者要求该他方承担避让义务。其确定优先使用权的标准，是车辆驾驶人员所驾驶的车型以及行人。优先通行权分为两种，即绝对优先通行权和相对优先通行权。绝对优先通行权是绝对地制止他方的通行而主张自己优先通行的权利。相对优先通行权是制止他方对自己的通行的妨碍行为而主张自己优先通行的权利。优先通行权的含义，在于优先通行权人期待着对方会尊重自己的优先通行权，使享有优先通行权的一方，在认定交通事故责任时，对自己更为有利。[2]

根据权利主体的不同，优先通行权还可以分为对各类机动车的优先通行权和对行人的优先通行权。前者如：警车、消防车、救护车、工程救险车等特种车辆执行紧急任务时的优先通行权（《道路交通安全法》第53条的规定）；养护、工程作业等车辆的作业通行权（《道路交通安全法》第54条第1款）；洒水车、清扫车等机动车的优先通行权（《道路交通安全法》第54条第2款）等。后者如：《道路交通安全法》第44条的规定，通过没有交通信号灯、交通标志、交通标线或者交通警察指挥的交叉路口时，应当减速慢行，并让行人和优先通行的车辆先行。该法第47条规定：机动车行经人行横道时，应当减速行驶；遇行人正在通过人行横道，应当停车让行。机动车行经没有交通信号的道路时，遇行人横过道路，应当避让。该法第64条第2款规定：盲人在道路上通行，应当使用盲杖或者采取其

---

[1] 于敏：《机动车损害赔偿责任与过失相抵——法律公平的本质及其实现过程》，法律出版社2006年版，第189页。

[2] 杨立新主编：《道路交通事故责任研究》，法律出版社2009年版，第121页。

他导盲手段，车辆应当避让盲人。

如果机动车没有遵循上述优先通行权的规定造成他人人身、财产损害的，可以作为认定过失的客观标准，这有利于保护受害人的权益，特别是作为弱者一方的非机动车以及行人的权益。可见，优先通行权的规定反映了法律以人为本，尊重私人权益，保护私人权益的价值理念。

另外，在行人有过失的情况下，可否减轻机动车驾驶人的注意义务？一般认为，行人有过失的情况，并非指机动车驾驶人可以降低自己业务上的注意义务程度，恰恰相反，此时正是机动车驾驶人应当更集中精力地履行自己业务上的注意义务的时刻。而且，如果机动车是在繁华区的街道上行驶，他就要以即使出现突然情况也能立即将车停住避免造成行人伤害的速度行驶。如果在交通事故过失认定中，忽视机动车驾驶人业务上注意义务的情况，不妥当地认定双方过失，不仅对受害人不公平，也不利于机动车驾驶人业务上注意义务的提高，从而给道路交通带来更多的安全隐患。[1]

第四节 机动车交通事故的赔偿责任主体

在机动车交通事故责任中，确定赔偿责任主体是至关重要的环节。确定机动车交通事故责任的赔偿主体对于维护受害人及其他赔偿权利人的合法权益具有重要意义。关于机动车交通事故的赔偿责任主体，是机动车的所有人？占有人？保有人？还是机动车驾驶人？还是其中的两个或三个均为赔偿责任主体？

---

〔1〕 刘士国等:《侵权责任法重大疑难问题研究》，中国法制出版社2009年版，第235页。

各国关于机动车交通事故赔偿责任主体的立法并不一致。

一、比较法分析

（一）德国及其类似国家

在德国，机动车交通事故责任一般由保有人（也有人译为持有人、车主）承担责任。《德国交通法》第 7 条第 1 款规定：因利用汽车致人死亡、身体、健康，或财物损害，汽车保有人应对受害人负损害赔偿之责。需要注意的是，"保有人"这个概念是一个外延较为广泛的概念。"依《道路交通法》第 7 条，责任者主要为车辆的持有人。在这里，持有人的概念以第 833 条相类似的方法确定：持有人是指为自己的计算使用车辆，并且拥有为使用所必要的事实上的处分力的人。这通常是汽车证书和执照上登记的所有权人（参见《道路交通管制规则》，第 24 条以下）。在较长时间内将车辆交付给另外一个人承担营运费用的人时，该他人即成为持有人；在较长时间丧失处分力的情形，亦同。然而，在通常的、为期仅为几日或者几周的车辆租赁的情形，仅应当将出租人视为持有人。持有人也可以是轮流使用车辆并且各自承担一部分费用的数个人。"[1]判例认为，机动车的保有人是指"为自己的计算而使用机动车，并对以这种使用为前提的机动车拥有处分权的人"，其中，"为自己的计算而使用机动车"是指获得运行利益并且支付运行费用的人，"运行利益"是指对机动车运行拥有自己的经济利益，这里的利益可以是单纯观念上的，还可以是某种便利。而"运行费用"不仅包括燃料费、车库费、驾驶员的报酬、修理费、保险金、税金等，还包括车辆折旧费、购买机动车费用的利益等，如果此等运行

---

〔1〕 ［德］迪特尔·梅迪库斯：《德国债法分论》，杜景林、卢谌译，法律出版社 2007 年版，第 715 页。

费用由数人共同支付，那么这数人就是机动车的共同保有人。所谓"拥有处分权"是指对机动车享有运行上的支配权。这个标准在机动车的买卖与让渡方面具有重要的意义。在所有权保留的买卖场合，买主就是保有人，而在将机动车借用给他人时，即便由借用人支付燃料费等，出借人仍然是机动车的保有人。在机动车的使用租赁中，由于承租人只是支付一定的租赁费而不支付运行费用，因此出租人是机动车的保有人。当机动车保有人将机动车交付给修理厂修理时，保有人的地位不因此发生改变，当然，如果在修理期间造成他人损害，保有人与修理厂要对受害人承担连带责任，保有人与修理厂的内部关系可以依据有关的规定解决。机动车销售公司对有购买欲望的顾客提供试驾机动车的场合，该销售公司处于保有者的地位。夫妇二人为了执行共同的业务而使用同一台机动车时，二者构成共同保有人。机动车销售公司为顾客提供试车服务时，保有人是该公司。[1]可见，在德国通常情况下，保有人就是交通工具的所有权人，但是保有人不限于所有权人，承租人以及其他合法使用权的占有人都可以是保有人。

奥地利、希腊、荷兰等欧洲国家的法律中对保有者的界定与德国法大致相同。《奥地利危险物改进法》第3条第1款第6项规定：保有者对机动车辆以自担风险的方式使用收益且拥有作为使用受益前提条件的支配力。《希腊机动车辆赔偿责任法》第2条第2款规定：机动车辆保有者是指事故发生时作为所有权人或基于合同而以自己的名义占用机动车辆者，或者任何自己独立控制机动车辆并以任何一种方式加以使用的人。《荷兰道

---

〔1〕　于敏：《机动车损害赔偿责任与过失相抵——法律公平的本质及其实现过程》，法律出版社2006年版，第75～77页。

路交通法》第 1 条第 1 款第 7 项的表达与此类似：保有者是对机动车辆或拖车部分①基于租赁买卖而占有者②使用受益者③以不同于所有权人或者占有人的其他方式持续使用者。[1]

（二）法国

根据 1985 年 7 月 5 日颁布的 Badinter 法，与机动车交通事故有牵连关系的责任人是机动车所有权人、机动车管理人、机动车司机以及机动车乘客。机动车的所有权人是最普通的责任人，无论是以司机的身份而通过个人行为所产生，还是以物的管理人的身份而通过物的行为所产生，还是以委托人的身份而因为别人的行为所产生。所谓物的管理人实际上就是对物予以使用、控制和管理的人。物的所有权人是物的推定管理人，但是，物的管理人可以以一定的方式将物的管理转让给第三人，物的管理人可以是机动车的司机也可以是司机的委托人，如果该名司机是委托人的雇员的话，在此种情况下，机动车的法定管理人是司机的雇主。但是，雇主和雇员可以承担共同的连带责任：雇员作为司机应对其个人行为承担责任，而雇主应以双重身份承担责任，即以雇主的身份就他人的行为承担责任，以物的管理人的身份对其物的行为承担责任。那些不谨慎的乘客也可能会因为不适时地开启机动车的车门而引起交通事故的发生。在此种情况下，乘客亦应承担责任。[2]

（三）日本

在日本，机动车交通事故的赔偿责任人一般称为运行供用者。日本《机动车损害赔偿保障法》第 3 条明确规定，机动车

---

〔1〕 张新宝：《侵权责任法立法研究》，中国人民大学出版社 2009 年版，第 463 页。

〔2〕 张民安：《现代法国侵权责任制度研究》，法律出版社 2007 年版，第 276 ~ 277 页。

损害赔偿责任的责任者是"将机动车供为自己的运行之用者"。这被称为"运行供用者责任"。日本关于"运行供用者"的意义的学说和判例理论概括起来有：基于危险责任和报偿责任法理的二元说认为，运行供用者是指对机动车有运行支配，并且是运行利益的归属者。关于"运行支配"的意义，不限于对运行自身存在直接的、现实的支配场合，而且，只要"处于事实上能够支配、管理机动车运行的地位"和"对机动车运行应该能够下指示、控制的地位"的场合即可确认为运行供用者，即这种认定是以间接支配或者有支配可能性为充足条件的。并且，对于"运行利益"，也是根据客观的外形性考察加以判断的。一元说以运行支配为基准，只要具有对运行的支配，即可认定。这种运行支配、运行利益概念抽象化、规范化的结果，使得人们很难找出作为适用于所有类型中的具体基准，而使按照类型构筑判断基准变得重要起来。并且，随着概念的抽象化、规范化，在机动车的所有者及其他有使用机动车权利的人与实际驾驶者不同的场合，有不少对该具体运行认定复数运行供用者，即认定"共同运行供用者"的情况。这样就使得在纷繁复杂的机动车运行支配关系中，可以经常较为容易、明确地确定机动车的运行供用者，即机动车损害赔偿责任的责任人，从而保障受害人能够得到及时的救济。[1]

（四）意大利

在意大利司机、车辆的所有权人或其代理人，用益权人、依保留所有权条款取得车辆的人都可能成为赔偿责任人。《意大利民法典》第2054条第1款规定：驾驶任何无轨车辆的司机，

---

〔1〕 于敏：《机动车损害赔偿责任与过失相抵——法律公平的本质及其实现过程》，法律出版社2006年版，第77~78页。

不能证明已尽一切可能避免损害发生的（1227、2050、2947），应当承担车辆行驶造成的人身或财产的损害赔偿责任。该法第3款规定：车辆的所有权人或其代理人，用益权人（978）、依保留所有权条款取得车辆的人（1523），不能证明车辆的行使与其意思相悖的，应当与司机共同承担连带责任。

（五）台湾地区

在我国台湾地区，机动车的驾驶人为责任主体。台湾"民法"第191－2条规定："汽车、机车或其它非依轨道行驶之动力车辆，在使用中加损害于他人者，驾驶人应赔偿因此所生之损害。但于防止损害之发生，已尽相当之注意者，不在此限。"现行"民法"第191条之2为何以驾驶人为责任主体，立法理由未见说明，或系为贯彻自己责任的基本规则，并鉴于现行法未采危险责任，且因"汽车保有人"或"运行供用者"非"民法"固有的概念，难以界定其范围。[1]台湾"民法"债编修正的过程中，也曾有人主张赔偿的责任主体应该予以适当扩大，曾经采取车辆的占有人同为责任主体的模式，并且明确规定其与车辆的驾驶人承担连带赔偿责任，但是后来该规定未被采纳。理由是：唯车辆肇事后，使占有人与驾驶人负连带责任，对被害人固有加强保护之作用，然对车辆占有人无法监督之意外事故，亦有令其负责之虞，为避免对社会结构产生重大冲击，或是对借车予人使用之情感交流活动产生重大变化，故肯定说之见解遂不被"立法院"所采，而被删除。[2]

从上述各国和地区的立法规定不难看出：其一，作为机动车交通事故的赔偿责任主体，保有人的范围是非常广泛的，且

---

〔1〕 王泽鉴：《侵权行为》，北京大学出版社2009年版，第507页。

〔2〕 林诚二：《民法债编总论——体系化概说》，中国人民大学出版社2003年版，第199页。

具有不断拓展的趋势，这有利于对受害人的救济。其二，机动车交通事故的赔偿责任主体与机动车交通事故的直接肇事者或者直接致害者人并不是完全一致的。直接致害人一般是机动车的驾驶人，但是由于机动车的所有与占有之间或结合或分离的关系，赔偿责任主体并不一定是直接致害者。例如，在个人雇佣他人驾驶自己的机动车辆的过程中肇事的，直接致害者是驾驶人，雇主是机动车的保有人，故赔偿责任主体是雇主。其三，认定保有者的核心特征是相似的：判断机动车保有者的标准是损害发生时对机动车拥有实际支配力并对其享有运行利益，即"实际支配力＋运行利益"。[1]

二、我国的立法与实践

（一）《侵权责任法》颁布之前

在《侵权责任法》颁布之前，我国有关机动车交通事故赔偿责任主体的规定是比较模糊、零散的。《道路交通安全法》第76条分别使用了机动车、非机动车驾驶人、行人这几个模糊概念，并无机动车保有人的概念。但是事实上已经采纳了大陆法系国家盛行的保有人的判断标准。

目前在我国，不管是理论界还是司法实务界都接受了运行支配和运行利益相结合的二元说。在交通事故损害赔偿案件中，对于赔偿责任主体把握不准是各地法院反映最强烈、最重要的问题。国外的立法在界定机动车损害赔偿责任的责任主体时，基本上都使用了以运行支配与运行利益之"二元说"作为判定基准。确定交通事故损害赔偿责任主体有两个标准：一是运行支配权，即谁对车辆的运行具有支配和控制的权利；二是运行

---

〔1〕 张新宝：《侵权责任法立法研究》，中国人民大学出版社 2009 年版，第463 页。

利益的归属，即谁从车辆运行中获得利益。[1] "根据危险责任思想和报偿责任理论来确定机动车损害赔偿的责任主体，具体操作就是通过运行支配和运行利益两项标准加以把握。所谓运行支配，通常是指可以在事实上支配管领机动车之运行的地位。而所谓运行利益，一般认为是指因机动车运行而生的利益。换言之，某人是否属于机动车损害赔偿责任的主体，要从其是否对该机动车的运行于事实上位于支配管理的地位和是否从机动车的运行中获得了利益两个方面加以判明。进一步说，某人是否是机动车损害赔偿的责任主体，以该人与机动车之间是否有运行支配和运行利益的关联性加以确定。"[2]

鉴于司法实践中不断涌现的案例，我国的司法机关对于机动车交通事故赔偿责任主体已经进行了较多的探索。最高人民法院1999年《关于被盗机动车辆肇事后由谁承担损害赔偿责任问题的批复》即采此种"实际支配力 + 运行利益"的观点，该《批复》规定："使用盗窃的机动车辆肇事，造成被害人物质损失的，肇事人应当依法承担损害赔偿责任，被盗机动车辆的所有人不承担损害赔偿责任。"最高人民法院于2000年发布的《关于购买人使用分期付款购买的车辆从事运输因交通事故造成他人财产损失保留车辆所有权的出卖方不应承担民事责任的批复》规定："采取分期付款方式购车，出卖方在购买方付清全部车款前保留车辆所有权的，购买方以自己名义与他人订立货物运输合同并使用该车运输时，因交通事故造成他人财产损失的，

---

〔1〕 祝铭山主编：《交通事故损害赔偿纠纷》，中国法制出版社2004年版，第298页。

〔2〕 杨永清："解读关于连环购车未办理过户手续，原车主是否对机动车交通事故致人损害承担责任的复函"，载《解读最高人民法院请示与答复》，人民法院出版社2004年版，第119页。

出卖方不承担民事责任。"2001年《最高人民法院关于连环购车未办理过户手续，原车主是否对机动车发生交通事故致人损害承担责任的请示的批复》规定："连环购车未办理过户手续，因车辆已经交付，原车主既不能支配该车的营运，也不能从该车的营运中获得利益，故原车主不应对机动车发生交通事故致人损害承担责任。但是，连环购车未办理过户手续的行为，违反有关行政管理法规的，应受其规定的调整。"可见，我国司法实践对机动车保有人的判断标准也明确采取了运行支配说与运行利益说。

（二）《侵权责任法》颁布之后

《侵权责任法》在总结以往立法、司法实践经验和学说的基础上对几种具体的机动车交通事故的赔偿责任主体作了明确规定，但是尚有不明确之处。《侵权责任法》也采纳了运行支配与运行利益之"二元说"作为判定基准。

1. 因租赁、借用等情形机动车所有人与使用人不是同一人时的情形

在现实生活中，机动车租赁和借用都是非常常见的现象。机动车租赁是指机动车所有人将机动车在一定时间内交付给承租人使用、收益，机动车所有人收取租赁费用，不提供驾驶服务的行为。机动车借用，是指机动车所有权人将机动车在约定时间内交给借用人使用的行为。[1]《侵权责任法》第49条规定："因租赁、借用等情形机动车所有人与使用人不是同一人时，发生交通事故后属于该机动车一方责任的，由保险公司在机动车强制保险责任限额范围内予以赔偿。不足部分，由机动车使用人承担赔偿责任；机动车所有人对损害的发生有过错的，承担

---

〔1〕　王胜明主编：《中华人民共和国侵权责任法解读》，中国法制出版社2010年版，第251页。

相应的赔偿责任。"根据本条规定，因租赁、借用等情形机动车所有人与使用人不是同一人时，发生交通事故后属于该机动车一方责任的，如何承担责任，主要注意以下三点：其一，先由保险公司在机动车强制保险责任限额范围内予以赔偿。根据《机动车交通事故责任强制保险条例》第2条的规定，作为机动车的所有人，应当为自己的机动车购买第三者责任强制保险。在发生交通事故后，先由保险公司在机动车强制保险责任限额范围内予以赔偿。其二，保险公司在机动车强制保险责任限额范围内予以赔偿后，不足的部分，由机动车使用人承担赔偿责任。作为机动车出租人、出借人的所有人，将机动车出租或者出借后，就丧失了对该机动车是否会给他人带来损害的直接控制力。机动车承租人和借用人作为机动车的使用人，具有直接的运行支配力并享有运行利益，成为赔偿义务的主体。因此，发生交通事故后，应由使用人承担赔偿责任。其三，机动车所有人对损害的发生有过错的，承担相应的赔偿责任。从这一点可以看出，机动车交通事故中无过错责任（或危险责任）的适用主体范围是有限制的，并非所有相关主体都适用无过错责任，一般只有保有者适用无过错责任。"将危险理论作为严格责任之基础者，就应该将机动车事故赔偿义务人认定为保有者。实际上，欧洲大部分国家不是将保有者规定为责任主体之一，而是规定为机动车危险实现时唯一的责任主体。在这些国家，其他人（如驾驶人、非保有人的所有人等）只承担过失责任（包括过失推定责任）。"[1]也有学者指出："对于并非机动车保有人的驾驶人而言，无论其在驾驶机动车的过程中造成的是其他机动

---

〔1〕 张新宝：《侵权责任法立法研究》，中国人民大学出版社2009年版，第463页。

车一方还是非机动车驾驶人、行人的损害，均应适用过错责任。驾驶人与保有人之间则可以依据雇主责任的规定由雇主承担责任，或者在作为雇员的驾驶人具有故意或者重大过失之时由雇主与雇员承担连带赔偿责任。"[1]这种观点实际区分了机动车的保有人与驾驶人所应该适用的归责原则，分别适用（无过错责任）危险责任与过错责任，这与上述欧洲多数国家的观点也是相一致的。我国《侵权责任法》第49条的规定很显然也采纳了欧洲大部分国家的观点，在"因租赁、借用等情形机动车所有人与使用人不是同一人时的情形"中认可使用人（保有者）是赔偿义务主体。所有人对损害的发生有过错的，方承担相应的赔偿责任。

还有一种情况是机动车融资租赁情况下的赔偿责任主体问题。融资租赁合同是出租人根据承租人对出卖人、租赁物的选择，向出卖人购买租赁物，提供给承租人使用，承租人支付租金的合同。《合同法》第246条规定：承租人占有租赁物期间，租赁物造成第三人的人身伤害或者财产损害的，出租人不承担责任。在机动车的融资租赁中，承租人属于机动车的保有人，其应就机动车致他人之损害承担赔偿责任。融资租赁合同不同于普通的使用租赁合同，出租人向承租人所收取的租金并非承租人使用租赁物的对价，而是出租人为购买租赁物所付出的成本及合理利润的分期偿还。首先，在机动车融资租赁中，出租人虽然是机动车的所有人，但是不对该机动车的运行享有利益，不是机动车的保有人。其次，融资租赁中出租人对于承租人如何使用租赁物更是难以控制和支配，出租人也只是负有保证承租人对租赁物的占有和使用的义务。故在融资租赁合同中，出租人不

---

〔1〕　程啸："机动车损害赔偿责任主体研究"，载《法学研究》2006年第4期。

是保有人，不应该由他对机动车所致损害承担责任。对此问题，在德国也有相同的理解：在融资租赁（Finanzierungsleasing）的情况下原则上承租人为车主（保有人：本书作者注释），因为他在约定的时间内，对被让与使用的租赁物具有无限制的处分权，并为此应当针对租赁物而偿还出租人的一切费用。如果某人行使机动车投入运行的决定权（处分权力——Verfügungsgewalt）的实际可能性不仅仅是暂时地被剥夺，则意味着他的车主地位的终结。[1]

2. 当事人之间已经以买卖等方式转让并交付机动车但未办理转移登记的情形

机动车是一种特殊的动产，其权利的移转实行类似于不动产移转的登记制度，其注册、变更、转移、抵押、注销等均需要履行法定的登记程序。《机动车登记规定》第 18 条第 1 款规定：已注册登记的机动车所有权发生转移的，现机动车所有人应当自机动车交付之日起 30 日内向登记地车辆管理所申请转移登记。《物权法》第 24 条规定：船舶、航空器和机动车等物权的设立、变更、转让和消灭，未经登记，不得对抗善意第三人。可见，机动车物权变动采纳登记对抗主义，在没有登记前，物权发生移转，但是不能对抗善意第三人。这就出现了机动车的登记所有人与实际所有人不一致的情况，故在发生交通事故后对其赔偿责任主体有必要进行确定。《侵权责任法》对此问题作了规定，该法第 50 条规定："当事人之间已经以买卖等方式转让并交付机动车但未办理所有权转移登记，发生交通事故后属于该机动车一方责任的，由保险公司在机动车强制保险责任限额范围内予以赔偿。不足部分，由受让人承担赔偿责任。"根据

---

〔1〕［德］马克西米利安·福克斯：《侵权行为法》，齐晓琨译，法律出版社 2006 年版，第 274 页。

本条规定，当事人之间已经以买卖等方式转让并交付机动车但未办理所有权转移登记，在机动车发生交通事故后，属于该机动车一方责任的，由保险公司在机动车强制保险责任限额范围内予以赔偿。不足部分，由受让人承担赔偿责任。这主要是因为受让人现在属于机动车的保有人，其对机动车具有直接的运行支配力并享有运行利益，应该成为赔偿义务人。

在附所有权保留特别约定的分期付款买卖机动车的情形下，如果机动车已交付购买人，虽然出卖人仍保留机动车所有权，但并不影响购买人取得机动车的实际支配力和使用收益。该所有权仅在购买人不依约定支付价金时才发生效力，即要求购买人返还出卖人享有所有权的机动车。因此，在发生道路交通事故后，应当由购买人承担赔偿责任，保留机动车所有权的出卖人不承担赔偿责任。《最高人民法院关于购买人使用分期付款购买的车辆从事运输因交通事故造成他人财产损失保留车辆所有权的出卖方不应承担民事责任的批复》对此有明确规定，已如上文所述。

3. 盗窃、抢劫或者抢夺的机动车发生交通事故造成损害的情形

机动车被盗窃或抢劫以后，机动车的所有人失去监管、支配机动车的能力，而因机动车产生的危险责任应由盗窃者或抢劫者承担。这是绝大部分欧洲国家法律制度的观点。[1]

《侵权责任法》第52条规定："盗窃、抢劫或者抢夺的机动车发生交通事故造成损害的，由盗窃人、抢劫人或者抢夺人承担赔偿责任。保险公司在机动车强制保险责任限额范围内垫付抢救费用的，有权向交通事故责任人追偿。"根据本条规定，盗

---

〔1〕 张新宝：《侵权责任法立法研究》，中国人民大学出版社2009年版，第463页。

窃、抢劫或者抢夺的机动车发生交通事故造成损害的，由盗窃人、抢劫人或者抢夺人承担赔偿责任，没有规定机动车所有人的赔偿责任。这主要是因为：一方面在机动车被盗窃、抢劫或抢夺后，机动车所有人丧失了对机动车的运行支配力，而这种支配力的丧失是盗抢者的违法行为造成的。另一方面在机动车被盗窃、抢劫或抢夺的情形下，多非出于所有人的意愿，与机动车发生交通事故没有相当的因果关系。因此，应当由盗抢者承担发生交通事故后的损害赔偿责任，机动车所有人不承担赔偿责任。参照《机动车交通事故责任强制保险条例》第 22 条的规定："被保险机动车被盗抢期间肇事的，由保险公司在机动车交通事故责任强制保险责任限额范围内垫付抢救费用，并有权向致害人追偿。"《侵权责任法》规定："保险公司在机动车强制保险责任限额范围内垫付抢救费用的，有权向交通事故责任人追偿。"

在盗窃、抢劫或者抢夺的机动车发生交通事故造成损害的情形中，如果机动车的所有人具有重大过失的，是否应该承担一定的赔偿责任？一般认为，在机动车所有人具有重大过失的情形应该承担相应的补充责任。主要理由是：其一，有利于受害人的及时救济。这样，受害人既可以请求直接的交通事故责任人承担赔偿责任，也可以请求机动车的所有人承担补充赔偿责任，其可以获得双重保障。全国人大法工委的民法草案中就规定："盗窃的机动车在运行中造成他人损害的，盗窃人应该承担侵权责任，但机动车的所有人对机动车的管理有过失的，应当承担补充赔偿责任。"其二，有利于督促机动车的所有人加强对机动车的管理。其三，从比较法的角度来看，国外也有相应的立法例。在日本，经过长期的讨论和争论，今天判例和学说的主流主张对有过失的保有者认定"运行供用者责任"。主要根据是：①在把运行支配、运行利益作为判断运行供用者性质标准的同时，认定保有者的过失行为（例如，不锁汽车门、发动机钥匙不拔等）是一种"客观上容许和认可"盗窃驾驶发生的行为，应该承担运行供用者的责任。②使运行供用者责任具有管理责任的意义，对在车辆管理上有过失的保有者，就与其过失有因果关系的事故，认定其运行供用者责任。这两种根据，前者被称为"客观容认说"，后者被称为"管理责任说"。[1]

4. 机动车挂靠情形下的赔偿责任主体

机动车挂靠经营是我国普遍存在的经营方式，法律对此没有明确的定义，一般是指，个人或合伙出资购买机动车，经具有运输经营资质的运输企业同意将车辆登记在该企业名下，以该运输企业名义从事运输经营的行为。其中，出资人被称为挂靠者，运输企业被称为被挂靠者。车辆挂靠经营关系一般是由挂靠者与被挂靠者缔结挂靠协议而确立的。挂靠者一般是不具有运输业经营资格的个人或企业，之所以要以被挂靠者名义从事经营活动，是因为运输行业的市场准入较为严格，需得到行政许可方能从业。因此，所谓机动车挂靠，更为确切的表述应为运输经营权的挂靠。[2]所谓机动车的挂靠主要是指，为了满足法律或地方政府对车辆运输经营管理上的需要，个人将自己出资购买的机动车挂靠于某个具有运输经营权的公司，向该公司缴纳或不缴纳一定的管理费用，由该公司为挂靠车主代办各种相应的法律手续。[3]在司法实践中，对于机动车挂靠情形下

---

〔1〕 于敏：《机动车损害赔偿责任与过失相抵——法律公平的本质及其实现过程》，法律出版社 2006 年版，第 82 页。

〔2〕 张新宝、解娜娜："'机动车一方'：道路交通事故赔偿义务人解析"，载《法学家》2008 年第 6 期。

〔3〕 程啸："机动车损害赔偿责任主体研究"，载《法学研究》2006 年第 4 期。

的赔偿责任主体的观点不一。

一种观点持有限连带责任说。该观点主张，应由挂靠人（车辆的真正所有权人或称车主）向第三人承担赔偿责任，由被挂靠人（通常是具有运输业经营权的运输企业）在收取的挂靠管理费范围内承担有限连带赔偿责任。《天津市高级人民法院关于审理交通事故赔偿案件有关问题的经验总结》第4条规定：被挂靠车辆在运行中造成他人损害的，按下列规定处理：①若被挂靠单位收取了管理费或得到了经济利益，由挂靠人承担赔偿责任，被挂靠单位在收取的管理费和得到经济利益总额内承担连带责任。②若被挂靠单位未收取管理费或未取得其他经济利益，仅仅是基于地方政府管理的要求挂靠或强制挂靠，被挂靠单位不承担赔偿责任。

另一种观点持连带责任说。该种观点认为：挂靠人与被挂靠单位个人承担连带赔偿责任，被挂靠单位个人承担责任后，有权向车辆实际所有人追偿。但是，如果车辆实际所有人能举证证明已向被挂靠单位个人交纳了管理费用，而后者没有履行挂靠合同约定的监督管理义务的，后者应自行承担一定责任。《安徽省高级人民法院审理人身损害赔偿案件若干问题的指导意见》第9条规定：挂户车辆发生交通事故造成他人伤害的，由挂户单位（个人）与车辆实际所有人承担连带责任。车辆挂户是指按口头或书面的协议，在机动车管理部门将车辆登记在他人名下。第10条规定：挂户单位（个人）承担责任后，有权向车辆实际所有人追偿。车辆实际所有人能举证证明已向挂户单位（个人）交纳了管理费用，但挂户单位（个人）没有履行挂户合同约定的监督管理义务的，挂户单位（个人）应自行承担一定责任。挂户单位（个人）收取管理费用，又与车辆实际所有人有"发生交通事故后不承担任何责任"等类似约定，要求车辆实际所有人承担全部责任的，不予支持。

我们认为，机动车挂靠情形下赔偿责任主体的确定应该在原则上坚持机动车保有者承担赔偿责任的基本法理，并且适当考虑被挂靠者是否受益从而进行区别对待。首先，在挂靠法律关系中，虽然被挂靠者是名义上的所有权人，但是车辆仍然由挂靠者进行运行支配并且享有运行利益，因此挂靠者是机动车的保有人，故原则上应该由挂靠者承担赔偿责任。特别是在被挂靠单位未收取管理费或未取得其他经济利益，仅仅是基于地方政府管理的要求进行挂靠或强制挂靠，被挂靠单位不应承担赔偿责任。其次，在挂靠人向被挂靠人交纳了管理费用，但被挂靠人没有履行挂靠合同约定的监督管理义务的，被挂靠人应承担一定的补充赔偿责任。因为，此时被挂靠人获得了一定的收益，根据报偿原理承担一定的责任乃属当然之理。另外，让被挂靠人承担一定的责任对受害人权益的救济也是有利的。但是，被挂靠人在收取管理费的场合应否承担连带责任则值得探讨。因为被挂靠人所收取的管理费的数额和挂靠人受益的数额是有较大的差距的，根据风险与受益相一致的原则，让被挂靠人承担连带责任是否公平？有学者认为，在被挂靠人收取管理费的场合，从运行利益角度和运行支配力角度，被挂靠单位对挂靠单位发生交通事故应承担适当的责任。被挂靠单位明知挂靠车辆的保有人不具有相应资质而接受挂靠，挂靠机动车发生交通事故致人损害的，被挂靠企业与机动车保有人承担连带责任；如果被挂靠单位疏于管理致使挂靠机动车发生交通事故致人损害，则应承担补充责任。[1]这种观点实际上是根据被挂靠人主观过错的不同区别承担不同的责任，具有合理性。

---

[1] 杨立新主编：《道路交通事故责任研究》，法律出版社2009年版，第197页。

第五节　机动车交通事故责任的赔偿权利人

一般情况下，在侵权损害赔偿法律关系中人身权益或者财产权益受到侵害的一方为受害人，是赔偿权利人。在《人身损害赔偿司法解释》颁布之前，我国常用"受害人"来表述有权获得损害赔偿的当事人。但是这样的表述具有相当的局限性。在人身损害赔偿案件中，多数情况下有权请求赔偿的人为直接受害人。但是赔偿权利人也有不是直接受害人的情况。故《人身损害赔偿解释》第 1 条使用了"赔偿权利人"这个概念。该条规定："本条所称'赔偿权利人'，是指因侵权行为或者其他致害原因直接遭受人身损害的受害人、依法由受害人承担扶养义务的被扶养人以及死亡受害人的近亲属。"在机动车交通事故赔偿法律关系中，由于发生交通事故的情形不同，各类交通事故中的赔偿权利人也不同。但是，在机动车交通事故损害赔偿法律关系中，机动车、非机动车和行人任何一方均可能称为赔偿权利人。从理论上，可以将赔偿权利人分为作为直接受害人的赔偿权利人和作为间接受害人的赔偿权利人。

一、直接受害人——"他人"

值得注意的是，各国的立法和判例对机动车交通事故赔偿法律关系中直接受害人的规定或者认识并不一致。但是所使用"他人"的概念。但是"他人"的具体内涵和外延则存在争议。下面撷取几个典型国家的做法以作说明。

（一）德国

通常情况下，在车辆运营时以某种方式被侵害的任何人，都可以作为赔偿权人。但依《道路交通法》第 8 条第 2 款，在车辆运营时的活动者，即主要是驾驶者，被排除在外。另外，截至 2002 年 7 月 31 日，根据《道路交通法》第 8a 条第 1 款第 1 句，因车辆而被运送者，即共同驾驶者和乘客，原则上亦被排除在外。但依《道路交通法》第 8a 条第 1 款第 1 句、第 3 句，对于这些人，于必要情形适用一个从属性例外，即在有偿营业性人员运送的情形，持有人的危险责任保持效力；那么依《道路交通法》第 8a 条第 2 款，其责任在合同上都不能被排除或限制。但自从 2002 年 8 月 1 日之后，依《道路交通法》第 8a 条，针对共同驾驶者和乘客，也适用持有人责任；在有偿、营业性人员运送的场合，其亦不能通过合同而被排除或者限制。对于由车辆运送的物品，仅在乘客自身携带物品（特别是衣服）之时，或者在同行性携带物品（特别是旅行行李）之时，始适用《道路交通法》第 8a 条第 1 款第 2 句的危险责任。直到 2002 年 7 月 31 日适用的规则、例外和例外中的例外，清楚地表明了所适用的利益评价，即对于由那些被许可的，但是危险性的车辆营运所产生的损害，车辆持有人应当承担责任。但针对自己——作为驾驶者——参与这种危险性营运的人，或者——作为共同驾驶者——从中受到利益的人，亦应当例外地不适用。只有有偿且营业性被运送的旅客，始被认为是应当受到保护的，致使法律为其利益又回到了通常的持有人责任，甚至对其进行了强制性的设计。而按照新法，被共同运送的人也应当享受持有人责任以及因此而存在的责任保险。[1]

（二）法国

法国将赔偿权利人分为作为非机动车司机性质的受害人和机动车司机性质的受害人。作为非机动车司机性质的受害人，

---

〔1〕〔德〕迪特尔·梅迪库斯：《德国债法分论》，杜景林、卢谌译，法律出版社 2007 年版，第 716 页。

在其人身或财产遭到交通事故的损害时，他们完全有权要求他人赔偿自己的损害，此种损害的赔偿并不要求以有牵连关系的人同其损害有因果关系为条件，只要机动车与其损害之间有牵连关系，即有获得赔偿的权利。根据学者的意见，非机动车司机性质的受害人，其种类多，构成要件不一样，但主要包括行人、自行车手以及旅客等。[1]另外，法国的 Badinter 法对特殊人群的受害者还给予优待。法国 Badinter 法的重要目的之一是尽可能为未成年人、老年人和残疾人提供良好的保护。这主要是因为未成年人易于冲动，而老年人和丧失劳动能力的人又行动不便，缺乏敏捷性，使他们更容易遭到交通事故的损害。[2]但是，在法国作为机动车司机性质的受害人的待遇远远不及于作为非机动车司机性质的受害人。虽然，机动车司机是交通事故的第一受害人，但是，人们往往更愿意将他们看作是损害的致害人，是损害赔偿的责任人。人们常说，司机不可能对自己承担法律责任。基于这些传统的观念，机动车司机在法国法中并没有得到强而有力的保护，"机动车司机在制定法中的地位仿佛远离民事侵权责任这种法定制度。"这表现在：法国 1985 年制定的 Badinter 法第 3 条规定：机动车司机以外的受害人的损害应当予以赔偿……而不能以他们的过错来对抗他们；第 4 条规定：机动车司机所实施的过错具有限制或排除他所遭受的损害赔偿的效力；法国保险法第 R211 - 8 条规定：保险责任不适用于机动车司机个人所遭受的损害的赔偿。[3]

（三）日本

日本《机动车损害赔偿保障法》第 3 条规定：为自己的利

---

[1] 张民安：《现代法国侵权责任制度研究》，法律出版社 2007 年版，第 281 页。

[2] 张民安：《现代法国侵权责任制度研究》，法律出版社 2007 年版，第 285 页。

[3] 张民安：《现代法国侵权责任制度研究》，法律出版社 2007 年版，第 285 页。

益运行机动车，而导致他人死亡或人身受到伤害的，该机动车运行人应该对受害人承担损害赔偿责任。该条中使用了"他人"的概念。"他人"的界定直接影响到赔偿权利人的范围，该概念的外延在立法中并未给出规定，对"他人"的理解是通过司法实践不断摸索，逐渐形成的。最高裁判所昭和 37 年 12 月 14 日判决指出，"他人"为运行供用者、驾驶者、辅助驾驶者以外的人；昭和 50 年 11 月 4 日的判决又指出，共同供用者中的受害人对车辆之运行较其他共同运行供用者，其支配程度属间接的、潜在的、抽象的场合，也应该作为"他人"予以保护。这两次判决，前者的意义在于明确地将运行供用者置于责任主体的位置上，而责任主体以外的人均可能具有"他人性"；后者的意义在于，将救济范围扩大到共同运行供用者，打破了对运行供用者和"他人"的传统理解，适应了由于车辆的增加以及运行供用者范围的扩大带来的如何扩大救济范围的现实问题。"他人"是对运行起直接的、显在的、具体的支配影响并享受其利益的运行供用者以外的人。"他人"的涵盖面可以包括行人、其他车辆上的受害人、事故当时未驾驶事故车的驾驶者或者辅助驾驶者、同乘的亲属、好意同乘者以及对运行起间接的、潜在的、抽象的支配影响的共同运行供用者等。[1]

（四）结论

从上述国家的立法和判例学说可以得出以下结论：其一，作为肇事机动车以外的行人、非机动车驾驶人作为赔偿权利人并无争议。其二，机动车交通事故责任的赔偿权利人有扩大的趋势。例如，一些共同驾驶者和乘客也逐渐称为机动车交通事

---

〔1〕 李薇：《日本机动车事故损害赔偿法律制度研究》，法律出版社 1997 年版，第 92 页。

故责任的赔偿权利人。其三，关于机动车交通事故责任中的赔偿权利人，即对"他人"的理解还存在着一些模糊的地带。例如，机动车的搭乘者，机动车驾驶人同乘的配偶或者亲属，机动车共同所有权人、使用人或驾驶人。[1]对于这些领域直接受害人的确定应该区别不同情况进行分析。

二、间接受害人

间接受害人是指侵权行为造成了直接受害人的人身损害，因此使人身权益受到间接损害的受害人。[2]间接受害人作为赔偿权利主体的情况主要是在直接受害人死亡情况下的相关主体。

（一）被扶养人和近亲属

所谓被扶养人，也称间接受害人，是侵权行为虽未直接造成其损害，但因加害人的行为侵害直接受害人的生命权或侵害直接受害人的健康权造成劳动能力丧失，因而导致其抚养请求权间接受到侵害并丧失的受害人。[3]根据《人身损害赔偿解释》第1条第2款的规定，直接受害人死亡情况下的赔偿权利主体主要有"依法由赔偿权利人承担扶养义务的被扶养人"以及"死亡受害人的近亲属"。根据《人身损害赔偿解释》第28条第2款的规定，这里的"被扶养人"是指受害人依法应当承担扶养义务的未成年人或者丧失劳动能力又无其他生活来源的成年近亲属。根据最高人民法院印发《关于贯彻执行〈中华人民共和国民法通则〉若干问题的意见（试行）》的通知第12条的规定：《民法通则》中规定的近亲属，包括配偶、父母、子女、兄弟姐妹、祖父母、外祖父母、孙子女、外孙子女。在道路交通事故责任中，直

---

〔1〕 杨立新主编：《道路交通事故责任研究》，法律出版社2009年版，第268~271页。

〔2〕 杨立新：《侵权损害赔偿》，法律出版社2008年版，第299页。

〔3〕 杨立新：《侵权法论》，人民法院出版社2005年版，第732页。

接受害人死亡的情况下，上述被扶养人、近亲属可以依法请求赔偿。

（二）胎儿

虽然从民事权利能力的角度，胎儿尚未出生，在享有请求权方面存有理论障碍。但是胎儿毕竟已经是一个潜在的生命。德国学者认为"如果严格遵循胎儿不具有权利能力这个基本原则，那么，如果父亲在婴儿出世前死亡，而婴儿活着出世，根据1923条第1款的基本原则，这个婴儿就不能继承其父亲的财产。为了避免这种不合理的结果，法律上依1923条第2款使用了一种假定：如在遗产继承时母亲已怀孕，且婴儿随后活着出生，婴儿在继承后果上就被视为继承开始前出生。联邦法院承认过一个孩子的损害赔偿请求。这个孩子的母亲在怀孕前因接受一个性病病人的输血，本人染上了性病，而在其怀孕过程中此病又传染给孩子。联邦法院还以同样的方式承认另一个孩子提出的损害赔偿请求。这个孩子在出生前因母亲受伤，其出生前的健康状况就受到损害。"[1]

我国已经有多个判决承认"交通事故发生已受孕但尚未出生的胎儿出生后可以在出生后请求赔偿生活费"。在"秦惠其等诉万泉公司道路交通及死者遗腹子抚养费赔偿案"中，法院认为："原告秦振华在事故发生时，虽然尚未出生，但应视为死者秦富军生前实际扶养的人，其要求被告赔偿生活费的诉讼请求，应予支持。"[2]在"王德钦诉杨德胜、泸州市汽车二队交通事故

---

〔1〕［德］卡尔·拉伦茨：《德国民法通论》（上），王晓晔等译，法律出版社2003年版，第126～127页。

〔2〕"秦惠其等诉万泉公司道路交通及死者遗腹子抚养费赔偿案"，载最高人民法院应用法学研究所编：《人民法院案例选》（总第38辑），人民法院出版社2002年版，第196页。

损害赔偿纠纷案"中，法院认为："《民法通则》第119条规定，侵害公民身体造成死亡的，加害人应当向被害人一方支付死者生前扶养的人必要的生活费等费用。'死者生前扶养的人'，既包括死者生前实际扶养的人，也包括应当由死者抚养，但因为死亡事故发生，死者尚未抚养的子女。原告王德钦与王先强存在父子关系，是王先强应当抚养的人。王德钦出生后，向加害王先强的人主张赔偿，符合《民法通则》的这一规定。由于被告杨德胜的加害行为，致王德钦出生前王先强死亡，使王德钦不能接受其父王先强的抚养。本应由王先强负担的王德钦生活费、教育费等必要费用的1/2，理应由杨德胜赔偿。"[1]

（三）间接侵害婚姻关系中的间接受害人

基于法律规定的配偶之间的同居义务，我国学者杨立新教授提出了"间接侵害婚姻关系"的概念，在其主持的《中华人民共和国侵权责任法草案专家建议稿》第51条规定："侵害配偶一方身体健康，造成性功能严重损害的，他方配偶可以就配偶间性利益的损害，请求赔偿精神损害抚慰金。"在立法理由中提出："法律明确规定夫妻之间的同居义务，这种法定义务也就是赋予配偶在婚姻关系存续期间可以生儿育女以及享受与配偶进行性生活而带来的兴趣，生理上的欲求及满足也成为婚姻关系的重要内容，而性生活的不和谐常常成为夫妻之间离婚的一个重要理由。因此，侵害配偶一方造成健康权损害，使之丧失性功能的，虽然没有直接侵害婚姻关系的故意，但客观上这种对配偶一方健康权的损害造成了配偶另一方性利益的损失，而且这种损失对于配偶之间的婚姻关系的稳定也造成了相当大

---

〔1〕 "王德钦诉杨德胜、泸州市汽车二队交通事故损害赔偿纠纷案"，四川省泸州市江阳区人民法院民事判决书。

的影响，因此，对于这种性利益的损害，法律上有必要对之进行救济，赋予配偶一方的损害赔偿请求权。"[1]

司法实践中已经有判例赋予间接侵害婚姻关系中的间接受害人请求精神损害赔偿的权利并索赔成功。在"张某某、王某某诉南京市建邺区环境卫生管理所人身损害赔偿案"中，法院指出："被告建邺环卫所驾驶员徐某在工作期间倒车时疏于观察，将原告张某撞伤，应负本案的全部责任。原告王某与张某系合法夫妻，因被告驾驶员徐某的侵害，致王某应有的夫妻性生活权利受到侵害。夫妻性生活权利是公民健康权的一个方面，王某在健康权受到侵害时，完全有理由要求加害人赔偿精神损失，故作为本案原告共同参加诉讼并无不妥。为了缓和及减轻原告王某因这种不健全的夫妻生活所遭受的精神痛苦，应给予适当的精神赔偿。"

（四）精神打击中的间接受害人

精神打击不是一个严格的法律概念，在英美法系和大陆法系的称谓也不同。英国的侵权法著作仍然使用"Nervous shock"一词，也有称为"Psychiatric Illness"。[2]美国学者多用"Emotional distress""Psychiatric injury or harm""Mental harm"等。台湾有称为"因损害延伸作用而发生之损害"，"在损害赔偿法上有所谓损害延伸作用者，即第三人目睹或知悉损害之发生因受刺激，致神经崩溃，健康遭受损害。"[3]也有将"Nervous

---

〔1〕　杨立新主编：《中华人民共和国侵权责任法草案建议稿及说明》，法律出版社 2007 年版，第 154 页。

〔2〕　如［英］约翰·库克：《侵权行为法》，法律出版社 2003 年版，第 48 页；［英］阿拉斯泰尔·马里斯、肯·奥里芬特：《侵权法》，法律出版社 2003 年版。

〔3〕　王泽鉴："第三人与有过失"，载《民法学说与判例研究》（第 1 册），中国政法大学出版社 2005 年版，第 78 页。

shock"称为"第三人休克损害",第三人休克损害（Schock-schaden dritter），系一学说上之名辞，意指损害事故发生后，被害人之外之第三人，因当时目击（Augenzeuge）或嗣后闻知（Empfang der Nachricht）损害事故发生之事实，受刺激而致心神崩溃或致休克等情形所遭受之损害。[1]在交通事故责任中，间接受害人受到精神打击的典型表现是：一个人由于亲眼目睹他所认识的人在一次交通事故中受到伤害或者死亡而受到精神震惊，因此起诉对此次伤亡事故应当承担责任的人要求精神损害赔偿。

对于精神打击所致损害的赔偿责任问题，大陆法系国家的态度并不相同。德国法既不因存在相当因果关系就承认对精神打击损害的赔偿，也不像丹麦法院要求第三人本人也必须处于事故危险之中，而是将精神打击损害的可赔偿性主要与健康影响的强度联系起来，这一做法是合理的。它也避免了那些以加害人的侵权行为是否也针对了第三人或者仅针对第一受害人作为判断损害之可赔偿性的标准所必然带来的模糊性。[2]德国在对精神打击给予赔偿的时候，特别强调精神打击所致损害必须达到健康损害时，方可给予救济。即必须达到《德国民法典》第823条第1款的规定：故意或过失地不法侵害他人的生命、身体、健康、自由、所有权或其他权利的人，负有向该他人赔偿因此而发生的损害的义务。较之德国，法国对精神打击致人损害的赔偿采取了比较宽松的态度，并不需要损害达到健康损害或疾病的程度。正如西班牙法所规定的，"令人痛苦的空虚"就足够了。法国法和比利时法的规定相同。这些法律制度下的请

---

〔1〕 曾世雄：《损害赔偿法原理》，中国政法大学出版社2001年版，第342页。

〔2〕 ［德］克雷斯蒂安·冯·巴尔：《欧洲比较侵权行为法》（下卷），焦美华译，法律出版社2001年版，第93页。

求权人也绝不限于配偶、父母及子女；也考虑了所谓的"生活伴侣"的利益。[1]在所保护的民事权益的范围上，《法国民法典》也比《德国民法典》更加具有包容性。"因此，在法国，至少在侵权责任法是建立在民法典第1382条和1384条第1款的基础上时，侵权责任法不仅允许法院对那些已经存在和认可的权利提供法律上的保护，而且也允许它们对那些成长的、尚未得到认可的权利提供保护。"[2]法国的司法判例对精神打击致人损害的救济同样持非常积极的态度。"法国司法通过适用《法国民法典》第1382条对主要的和次要的侵权受害人提供广泛的和慷慨的帮助，即便受害人提起的是无形的损害赔偿请求，法国司法亦毫不犹豫地加以保护"。[3]

英美法中对精神打击致人损害的损害赔偿早期采否定态度，后随着社会的发展逐渐采肯定的态度，但是在确定赔偿过程中仍然存在一定的限制，这些限制是法律政策考量的结果。例如，英国上议院认为：精神打击案件中的注意义务的要件是——①和主要受害者有爱和感情的关系，使被告合理预见到原告可能会遭受精神打击，如果他们担心主要受害者已经或者可能会被伤害。②和事故的紧密性或者是紧随其后，可以表明在时间和空间上的足够紧密。他们亲眼看到或者亲耳听到或者是紧随其后被认为是受到精神打击。[4]当然，法律对间接受害人的精神损害赔偿是有许多限制的：其一，间接受害人必须受到"震惊"，而此震惊符合一般人的判断标准。其二，间接受害人所受

---

〔1〕　[德] 克雷斯蒂安·冯·巴尔：《欧洲比较侵权行为法》（下卷），焦美华译，法律出版社2001年版，第89页。

〔2〕　张民安：《现代法国侵权责任研究》，法律出版社2007年版，第59页。

〔3〕　张民安：《现代法国侵权责任研究》，法律出版社2007年版，第59页。

〔4〕　[英] 约翰·库克：《侵权行为法》，法律出版社2003年版，第56页。

的精神创伤并非是由于个人的特质所致的对事故极端或反常的反应。其三，作为一般人规则，间接受害人必须与受到人身伤害或死亡的人有特定情感上的关系。其四，作为一个非常确定的规则，间接受害人所受的精神震惊仅仅是由于听到亲历事故者对事故过程或结果的转述或是道听途说，其赔偿请求将得不到法院支持。[1]可见，对于精神打击中的间接受害人的救济在一些情况下可以得到满足，但是需要受制于一定的法律政策所要求的限制的条件，以避免"诉讼洪流"的出现。

第六节　机动车交通事故责任的减免规则

一、机动车交通事故责任的减免规则概述

机动车交通事故责任的减免规则，是指减轻或者免除机动车交通事故民事赔偿责任的规则。基于机动车交通事故责任实行无过错责任原则以及其肩负的损害填补的要求，各国对机动车交通事故责任的减免规则实行严格的控制。但是由于各国或地区对机动车交通事故责任采取归责原则的不同，导致各自的减免规则也不尽一致。

在德国，根据过去的法律规定，如果事故是由于所谓"无法避免的事件"所造成的，则排除该条第 1 款中的责任。通过2002 年 7 月 19 日颁布的《修改损失赔偿法第二法》，上述排除责任的理由被放弃，取而代之的是"不可抗力"这一排除责任的理由。立法者对新规定的立法理由进行了详细论述。对于立法者来说，这一修改的核心理由是在法学理论方面。因为"无

---

〔1〕〔澳〕彼得·凯恩：《阿蒂亚论事故、赔偿及法律》，王仰光等译，中国人民大学出版社 2008 年版，第 92 页。

法避免的事件"这一概念包含了第三人的过错和车主注意的义务等因素，而立法者将这些因素视为危险责任制度中的异类。与变为现实的运行危险相联系的危险责任的作用在于损失补偿，而不在于损失惩戒，因此，从理论上讲，将责任与注意的义务及过错的观点联系起来是不切实际的。立法者认为，这一理论上的原因之所以具有决定性的意义还在于，德国法中，原则上只承认不可抗力为排除危险责任的理由。[1]

在法国，根据 Badinter 法，受害人的过错可以作为机动车司机承担侵权责任的抗辩，此种抗辩因为受害人的种类不同和所遭受的损害的性质不同而不同。法国 Badinter 法第 2 条规定："本法第 1 条中所规定的司机或所有人（管理人）不得以不可抗力或第三人的行为来对抗包括司机在内的受害人。"因此，Badinter 法关于减免规则的规定不同于普通法。[2]

在日本，《机动车损害赔偿保障法》第 3 条规定："为自己而将汽车供运行之用者，因其运行而侵害他人之生命或健康时，就因而所发生之损害，应负赔偿责任。但证明自己及驾驶人关于汽车之运行未怠于注意，且被害人或驾驶人以外之第三人有故意或过失，以及汽车无构造上之缺陷或机能之障害者，不在此限。"可以看出，在日本，机动车交通事故责任的免责事由是较为宽泛的，其适用的是日本民法典的一般减免规则的适用。

从上述几个国家的规定可以看出，多数国家对机动车交通事故责任的减免规则都作了比较严格的规定，且通过德国的最新修法可以发现对减免规则似乎有更加严格限制的趋势。我们认为，对机动车交通事故责任的减免规则应该严格限制，理由

---

〔1〕［德］马克西米利安·福克斯：《侵权行为法》，齐晓琨译，法律出版社 2006 年版，第 273 页。

〔2〕张民安：《现代法国侵权责任研究》，法律出版社 2007 年版，第 279 页。

主要有：其一，这是机动车交通事故责任实行无过错责任（危险责任）原则的基本要求。所谓的无过错责任，是指只要行为人损害他人民事权益，不论行为人有无过错，法律规定应当承担侵权责任的，都要依照其规定，这已为《侵权责任法》第7条所明确规定。既然无过错责任的本质在于不考虑行为人的过错，那么在无过错责任案件中，行为人"是否尽到其注意义务""是否属于无法避免的事件"就不应该作为考虑的因素，因为对上述因素本质上是认定过错的依据。其二，这是保护儿童、老人以及其他需要帮助的弱势人群权益的必然要求。正如德国立法者同时指出的"新的规定也加强了道路交通中，儿童、老人以及其他需要帮助的弱势人群的地位。因为，客观上，往往正是这些人会作出与道路交通有关的不恰当的行为，并因此产生对司机来说是不可避免的事件，因此，原来的法律状况在这种情况下会导致无法令人满意的法律后果"。[1] 故在德国，道路交通事故机动车一方免责仅限于不可抗力的场合。

在我国，由于实行的是过错责任与无过错责任相结合的二元归责原则体系，归责原则的不同决定减免规则的不同，故不同归责原则下的减免规则是不同的。我们认为，结合我国相关法律法规的规定，在机动车交通事故责任中，不可抗力、受害人的故意、过失相抵、与第三人原因可以作为减免规则的事由。其中不可抗力（《侵权责任法》第29条）、受害人的故意（《道路交通安全法》第76条第3款）可以作为免责的理由。这是因为，在这两种情况下，损害是由不可抗力和受害人的行为直接造成的，而与行为人没有因果关系，故行为人不应该承担责任。

---

〔1〕〔德〕马克西米利安·福克斯：《侵权行为法》，齐晓琨译，法律出版社2006年版，第273页。

过失相抵（《侵权责任法》第26条、《道路交通安全法》第76条）和第三人的原因（《侵权责任法》第28条）可以作为减轻责任的情形，如果损害完全是由第三人的原因造成的，还可以免除责任。由于不可抗力、受害人的故意、第三人的原因同时作为一般侵权责任的不承担责任和减轻责任的情形，在机动车交通事故责任中并无明显不同，故在此不再赘述。在机动车交通事故责任中，过失相抵规则的适用具有复杂性，故下文对其作专门论述。

二、机动车交通事故责任与过失相抵

（一）无过错责任与过失相抵

过失相抵，是指被害人对于损害的发生或损害结果扩大也有过错的，法院可依职权按公平合理的标准减轻或者免除侵权人的赔偿责任的一种制度。过失相抵作为损害赔偿制度中公平分担损失的一种规则，不论损害赔偿所发生的法律关系的基础如何，均可适用，它是属于适用于侵权损害赔偿和违约损害赔偿的通用规则。过失相抵是否适用于无过错责任或者严格责任案件？对于该问题曾有争议，一种观点认为，过失相抵仅仅只能适用于过错责任案件中，在无过错责任案件中不适用过失相抵；也有观点认为，在无过错责任案件中也可以适用过失相抵。台湾学者曾隆兴先生认为："加害应负无过失责任，或依举证责任之倒置，应负中间责任时，若被害人与有过失者，亦得过失相抵。法律上课与加害人无过失责任或中间责任时，斟酌被害人与有过失之程度或比重，应比加害人负过失责任之情形为轻，始合立法上加重加害人责任之本意。尤其加害人有过失时，似毋须斟酌被害人之过失而减免加害人之责任。"[1] 一般认为，过

---

〔1〕 曾隆兴：《详解损害赔偿法》，中国政法大学出版社2004年版，第439页。

失相抵可以在适用无过错责任案件中适用，因为在这些案件中仅仅是在归责时不考虑加害人的过错或者推定加害人的过错责任，并非是指在确定损害赔偿时不考虑受害人的过错。认为过失相抵规则仅适用于过错侵权责任的案件，而不适用无过错责任侵权的案件，实际上是混淆了侵权案件中归责原则与赔偿责任承担这两个概念。《人身损害赔偿解释》第 2 条第 2 款上已经肯定了过失相抵在无过错责任中的应用。其中规定："适用民法通则第 106 条第 3 款规定确定赔偿义务人的赔偿责任时，受害人有重大过失的，可以减轻赔偿义务人的赔偿责任。"故在适用无过失责任的交通事故责任中可以适用过失相抵应无疑义。有学者指出：关于机动车损害赔偿的无过失责任和过失相抵的关系，可以做出如下理解：无过失责任是特殊侵权行为的一种，其责任的成立不以加害人的主观过失为要件，无论加害人有无过失，都要承担赔偿责任，但这并不是说加害人就一定没有过失，也不是说赔偿金额的决定不受其过失程度的影响。而是当受害人对损害的发生也有过失时，可以适当斟酌赔偿金额。这里的关键是应该注意加害人和受害人的过失相抵不能只根据行为人法规违反的有无，也不能直接套用行政法规的标准，而要根据加害人的注意义务违反情况，并视受害人的情况对过失相抵的比率作必要调整。过失相抵的作用在于通过对加害人与受害人双方的过失进行认定、对比技术处理，较为妥当地算定赔偿金额，实现损害在当事人之间的公平分担。[1]我们认为上述观点准确地揭示了无过失责任与过失相抵的关系，是正确的。

（二）国外机动车交通事故责任中过失相抵的规则

关于过失相抵的具体适用，比较典型的有两种方法：

---

〔1〕 刘士国等：《侵权责任法重大疑难问题研究》，中国法制出版社 2009 年版，第 245 页。

一种方法是将受害人划分为不同类型，进而决定是否进行过失相抵以及过失相抵的具体比率。例如，法国的做法是：①法国1985 年 Badinter 法对受害人作了区分，认为受害人应分为两大类即机动车的司机和非机动车的司机。非机动司机的受害人又分为两大类：一类是年龄在16 周岁以上不超过70 周岁的成年受害人；另一类是年龄不到16 周岁的未成年人、超过70 周岁的来年人（vieillard）以及丧失劳动能力的残疾人。②如果受害人是机动车司机，则无论是对其人身的损害还是对其财产的损害，只要具有某种过错（faute quelconque），侵害人即可以此种过错对抗受害人的损害赔偿请求权。③如果受害人是年满16 周岁而不满70 周岁的成年人，则对其人身的损害一般不能以某种过错作为对抗受害人损害赔偿请求权的手段，而只能以不可宽恕的过错或故意追求他所遭受的损失的过错作为对抗受害人赔偿请求权的手段；而此时，即便是对受害人财产的损害，责任人也可以以受害人存在某种过错作为其赔偿权的抗辩手段。④对于不到16 周岁的未成年人、超过70 周岁的老年人以及丧失劳动能力的残疾人而言，如果是对其人身实施了侵害，则责任人仅可以以故意追求他所遭受的损害为由而对抗受害人的赔偿请求权，但如果是对其财产实施了侵犯，则责任人可以以受害人有某种过错作为其赔偿请求权的抗辩。[1]

另一种方法是根据受害人的注意义务的违反以及交通事故发生时的具体情况来划定过失相抵比率。例如，日本的做法：日本东京地方法院民事第 27 部（交通部）法官研究整理判例编辑的《民事交通诉讼中过失相抵率的认定基准》（判例TIMES）。还有日本律师联合会交通事故咨询援助中心独立编辑

---

[1]　张民安：《现代法国侵权责任研究》，法律出版社 2007 年版，第 280 页。

的《交通事故损害赔偿额算定基准》和日本律师联合会交通事故咨询援助中心与东京三律师会交通事故委员会共同编辑的《民事交通事故损害赔偿额算定基准》都有过失相抵的比率表，这些比率表要经常根据法院作出的新判例进行修正，基本上是一两年修改一次。这些来自法院的规范的判例数据资料，为机动车损害赔偿纠纷中的个案过失相抵比率的计算提供了科学依据的参考值。[1]我国立法和司法实务基本属于这种类型。

（三）我国机动车交通事故责任中过失相抵的适用

我国《道路交通安全法》第76条规定："机动车发生交通事故造成人身伤亡、财产损失的，由保险公司在机动车第三者责任强制保险责任限额范围内予以赔偿；不足的部分，按照下列规定承担赔偿责任：①机动车之间发生交通事故的，由有过错的一方承担赔偿责任；双方都有过错的，按照各自过错的比例分担责任。②机动车与非机动车驾驶人、行人之间发生交通事故，非机动车驾驶人、行人没有过错的，由机动车一方承担赔偿责任；有证据证明非机动车驾驶人、行人有过错的，根据过错程度适当减轻机动车一方的赔偿责任；机动车一方没有过错的，承担不超过10%的赔偿责任。交通事故的损失是由非机动车驾驶人、行人故意碰撞机动车造成的，机动车一方不承担赔偿责任。"这是我国处理机动车交通事故责任中过失相抵的基本规则。另外，结合《侵权责任发》和《人身损害赔偿解释》的相关规定，在机动车交通事故责任中适用过失相抵时，需要注意以下几点：

第一，各方当事人过错的认定。正如上文所述，在机动车

---

〔1〕 于敏：《机动车损害赔偿责任与过失相抵——法律公平的本质及其实现过程》，法律出版社2006年版，第246页。

交通事故中过错的认定多采用客观的认定方法，机动车驾驶人的注意义务对于过错的认定具有至关重要的意义。法律、法规的规定和业务上的注意义务、道路优先通行权、善良注意义务均是过错认定的重要参考标准。另外，受害人是否具有过失还要参考交通事故发生时的具体情况进行判断。

第二，非机动车驾驶人、行人有过错的证明主体。在机动车与非机动车驾驶人、行人之间发生交通事故的情形，非机动车驾驶人、行人是否具有过错应该有机动车一方证明。具体而言，主要证明：非机动车驾驶人、行人是否具有法律法规规定的以及善良注意义务；非机动车驾驶人、行人是否违反了上述义务。

第三，交通事故责任中是否适用过失相抵的还需注意以下几个要点。首先，法院是否适用过失相抵并不是强制性的。《侵权责任法》第26条的规定：被侵权人对损害的发生也有过错的，可以减轻侵权人的责任。《人身损害赔偿解释》第2条第1句规定："受害人对同一损害的发生或者扩大有故意、过失的，依照民法通则第131条的规定，可以减轻或者免除赔偿义务人的赔偿责任。"又根据《道路交通安全法》第76条的规定："有证据证明非机动车驾驶人、行人有过错的，根据过错程度适当减轻机动车一方的赔偿责任。"二者结合起来可以作如下理解：一般情形下，是否适用过失相抵由法院斟酌案件具体情况而定，并不是强制性的。在法官认为即使受害人有过失，但适用过失相抵有损法律公平正义的场合，法官可以拒绝给予过失相抵。这一点是有比较法根据的。日本侵权行为中的过失相抵，规定的是法院可以斟酌实施（日本民法第722条），意思是指在具体案件中过失相抵的当否由法官裁量，既可以相抵，也可以不相抵。[1] 其次，根据《人身损害赔偿解释》第 2 条第 2 句的规定，侵权人因故意或者重大过失致人损害，受害人只有一般过失的，不减轻赔偿义务人的赔偿责任。主要理由是：①当加害人是出于故意或重大过失而侵害他人的人身或财产时，其主观恶性非常大，而如果此时仅仅因为受害人的一般过失就减轻加害人的赔偿责任，必然会鼓励甚至纵容不法侵害他人的行为，不利于对受害人的保护与对加害人的惩治；②在加害人故意或重大过失侵害他人时，其具有对自身行为的控制力程度显然高于一般过失侵害他人的情形，法律无须对受害人加以要求；③如果在加害人具有故意或重大过失而受害人只有一般过失的时候对加害人的赔偿责任进行减免，显然违背公序良俗。[2] 最后，在机动车交通事故责任中，只有非机动车驾驶人、行人有重大过失的，才可以减轻机动车一方的赔偿责任。《人身损害赔偿解释》第 2 条第 2 款规定："适用民法通则第 106 条第 3 款规定确定赔偿义务人的赔偿责任时，受害人有重大过失的，可以减轻赔偿义务人的赔偿责任。"根据该款，在适用无过错责任的案件中，只有受害人有重大过失的，方可以减轻赔偿义务人的赔偿责任。机动车交通事故责任适用无过错责任应该适用该规定。

第四，机动车交通事故造成无民事行为能力人、限制民事行为能力人损害的，监护人的监护过失是否适用过失相抵？对该问题主要存在两种观点：一种观点认为，只有在那些具有辨识能力的无民事行为能力人或限制行为能力人自身具有过失的情况下，才能适用过失相抵。如果仅仅是他们的监护人对损害

---

〔1〕 于敏：《机动车损害赔偿责任与过失相抵——法律公平的本质及其实现过程》，法律出版社 2006 年版，第 230 页。

〔2〕 王利明主编：《人身损害赔偿疑难问题：最高法院人身损害赔偿司法解释之评论与展望》，中国社会科学出版社 2004 年版，第 115 页。

的发生或扩大具有过失，那么监护人的过失不得作为被监护人的过失。[1]另一种观点认为，民法关于过失相抵的规定，是以侵害人的立场为基点，故而在受害人方面如有过错，不管这种过错是受害人自身的还是其法定代理人或监护人的，仍应考虑过失相抵，即对受害人应该理解为受害人方面，法定代理人或监护人应包含在受害人之中。如果不考虑监护义务人的过错，那么实际上因侵害人和监督义务人的过失共同造成损害发生或扩大的赔偿责任，由侵害人独自承担，有悖于公平原则。[2]目前，我国司法实践中主要持第二种观点，从监护人是否尽到监护职责来确定是否适用过失相抵，即如果监护人没有尽到监护职责致使被监护人受到交通事故侵害的，可以适用过失相抵减轻加害人的赔偿责任。

第七节　机动车交通事故责任与其他损害分担制度

当今社会乃高度发达的工业社会，更是一个处处隐藏着难以估测危险的风险社会。随着机动车数量的增多，机动车每年都造成数以万计的人员伤亡和巨额的财产损失。据公安部交通管理局通报，2009年全国共发生道路交通事故238 351起，造成67 759人死亡、275 125人受伤，直接财产损失9.1亿元。这样巨大的损害单靠侵权责任制度难以承受如此之重，必须借助于其他制度转移、分散损害方可较高程度地完成对损害的填补。现代各国，除侵权责任制度外，另建立机动车强制责任保险制度、工伤保险制度、道路交通事故社会救助基金制度以实现对

---

〔1〕　程啸：《侵权行为法总论》，中国人民大学出版社2008年版，第449页。

〔2〕　杨振山主编：《民商法实务研究》（侵权行为卷），山西经济出版社1993年版，第404页。

机动车交通事故所致损害的填补。

一、机动车交通事故责任强制保险

（一）概念和意义

机动车交通事故责任强制保险，是指由保险公司对被保险机动车发生道路交通事故造成本车人员、被保险人以外的受害人的人身伤亡、财产损失，在责任限额内予以赔偿的强制性责任保险。（《机动车交通事故责任强制保险条例》第3条）根据《道路交通安全法》第17条的规定，国家实行机动车第三者责任强制保险制度。机动车交通事故责任强制保险属于强制保险的范畴，它是依照国家法律的规定，投保人必须向保险人投保的责任保险。

理解我国的机动车交通事故责任强制保险制度需要注意以下几点：

第一，机动车交通事故责任强制保险是具有强制性的责任保险。主要体现在：投保人投保的强制性、保险公司承保的强制性、赔偿限额的强制性等。

第二，机动车交通事故责任强制保险是针对交通事故的一种保险。关于道路交通事故的界定参考本书前述相关内容。

第三，机动车交通事故责任强制保险是对"本车人员、被保险人"以外的受害人的人身伤亡、财产损失给予保障的一种保险。"本车人员"的范围是司法实践中的难点。所谓本车人员，亦称车上人员，是指被保险机动车上所载乘客，与车下人员相对应。究竟何谓"车上人员"？理论上对此有三种理解：依附说；承运关系说；条款解释说。这三种理解具有共性，即因保险事故发生，在保险车辆上受损的人员为车上人员。但对于本来在车上后因保险事故而在保险车辆外受损的人员，理论上却认识不一。[1]

第四，我国机动车交通事故责任强制保险实行分项限额制度。即保险人对于第三者的伤害、死亡或财产损失分别约定一个责任限额，每一事故有一个最高赔偿责任限额。与此相对应的是单一赔偿限额，即保险人对第三者的伤害、死亡或财产损失责任仅约定一个责任限额，作为保险人对每一意外事故的最高赔偿限额。

第五，机动车交通事故责任强制保险是实行限额内完全赔偿的保险。所谓限额内完全赔偿，是指除法定免责事由外，只要被保险机动车发生交通事故造成受害人的人身伤亡、财产损失，保险公司就要在责任限额内予以完全赔偿，而不论被保险人是否负有责任。[2]

实行机动车第三者责任强制保险制度的意义，主要体现在两个方面：一是加强对受害人权益的保护。二是分担肇事者的责任。分担被保险人的损失无疑是保险制度的一项重要功能，而且肇事者还可以从繁琐的赔偿解决程序中解脱出来，享有诉讼程序方面的便利。[3]按照保监会的说法，实行机动车第三者责任强制保险制度的意义则是：有利于道路交通事故受害人获得及时有效的经济保障和医疗救治；有利于减轻交通事故肇事方的经济负担；有利于促进交通安全，通过"奖优罚劣"的费率经济杠杆的调节手段，促进驾驶人增强安全意识；有利于充

---

〔1〕　邹志洪主编：《机动车交通事故责任强制保险法律实务指引》，法律出版社 2006 年版，第 5 页。

〔2〕　邹志洪主编：《机动车交通事故责任强制保险法律实务指引》，法律出版社 2006 年版，第 8 页。

〔3〕　张新宝：《侵权责任法原理》，中国人民大学出版社 2005 年版，第 364 页。

分发挥保险的社会保障功能，维护社会稳定。[1]

（二）与商业性机动车第三者责任保险的关系

关于机动车交通事故责任强制保险（或称"强制三责险"或"交强险"）与商业性机动车第三者责任保险（"商业三责险"）的关系，主要有两种模式：一是德国的全部强制责任险模式。德国的机动车第三者责任险全部是强制性保险，除此之外别无商业性机动车第三者责任险。一旦发生机动车交通事故，损失额将由保险公司全部赔偿。只是这个赔偿数额分为两部分：一部分是《道路交通法》强制投保金额之下的赔偿数额，对于这一部分数额赔偿，保险公司是以绝对责任（strict liability）为基础的；另一部分是《道路交通法》强制投保金额之外的赔偿数额，对于这一部分数额，保险公司是以一般侵权责任为基础的。[2]二是日本、英国、美国等国家的共同合作模式。日美英等国家中的当事人在投保了强制性的机动车三者责任险后，可以在强制性机动车三者险的强制金额外，另行自由选择投保商业性的机动车三者险，两种保险共同作用，对当事人予以全面的保护。我国的立法与第二种观点相同，也将商业性机动车第三者责任险作为机动车交通事故责任强制保险的超额责任保险。即机动车交通事故责任强制保险和商业性机动车第三者责任险在适用上的关系是：投保人必须依法加入机动车交通事故责任强制保险，以此为交通事故的受害者提供基本的保险保障。对于超过机动车交通事故责任强制保险赔偿金额的部分，可以自愿通过商业性机动车第三者责任险对损害进行转移、分散。这

---

〔1〕 邹志洪主编：《机动车交通事故责任强制保险法律实务指引》，法律出版社2006年版，第14页。

〔2〕 张新宝、陈飞：《机动车第三者责任强制保险制度研究报告》，法律出版社2005年版，第96页。

样二者结合可以提供更好的保险保障。

（三）与机动车交通事故侵权赔偿的适用关系

根据《道路交通安全法》第76条、《机动车交通事故责任强制保险条例》第21条、《侵权责任法》第6章的相关规定，机动车发生交通事故造成人身伤亡、财产损失的，由保险公司在机动车第三者责任强制保险责任限额范围内予以赔偿。即发生交通事故，机动车交通事故责任强制保险的赔付义务要先于机动车交通事故侵权赔偿。但是，道路交通事故的损失是由受害人故意造成的，保险公司不予赔偿。

还需注意的是，保险公司的赔偿要受到机动车交通事故责任强制保险"责任限额"的限制。2008年1月11日，中国保监会发布了《关于调整交强险责任限额的公告》。新责任限额方案内容如下：被保险机动车在道路交通事故中有责任的赔偿限额为：死亡伤残赔偿限额110 000元人民币；医疗费用赔偿限额10 000元人民币；财产损失赔偿限额2000元人民币。被保险机动车在道路交通事故中无责任的赔偿限额为：死亡伤残赔偿限额11 000元人民币；医疗费用赔偿限额1000元人民币；财产损失赔偿限额100元人民币。另外，在驾驶人未取得驾驶资格或者醉酒的；被保险人机动车被盗抢期间肇事的；被保险人故意制造道路交通事故的（《机动车交通事故责任强制保险条例》第22条），保险公司在机动车强制保险责任限额范围内垫付抢救费用后，保险公司有权向交通事故责任人追偿。

（四）关于受害人的直接请求权

域外，为保障受害人的权益，多赋予受害人对机动车强制责任保险的保险人的直接请求权。如德国《汽车保有人强制责任保险法》第3条第1款："第三人于……范围内，第三人得对保险人行使其损害赔偿请求权。"日本《汽车损害赔偿保障法》

第 16 条第 1 项："保有人发生依第 3 条规定之损害赔偿责任时，被害人得依政令所定，于保险金额之限度内，对保险公司为损害赔偿额支付之请求。"[1]台湾"汽车强制保险法"第 28 条规定："被保险汽车发生汽车交通事故时，受益人得在本法规定之保险金额范围内，直接向保险人请求给付保险金。"其理由为："一般责任保险在保险法第 3 章第 4 节规定之限制下，受害人不得直接请求保险人给付，仅得对被保险人请求损害赔偿，被保险人为赔偿后再向保险人请求给付保险金，形成辗转请求之情形，对受害人殊为不利。为排除此一限制，本条明定受益人对保险人之直接给付请求权，使受害人或受益人除得依民法侵权行为之规定请求加害人赔偿外，亦得直接向保险人请求给付保险金，从而迅速获得保障。"[2]

至于我国《道路交通安全法》《机动车交通事故责任强制保险条例》是否赋予了受害人直接请求权，学界存在争议。一种观点认为："我国《道路交通安全法》中第 76 条的规定赋予了受害人以直接请求权，在保险责任限额内保险人对受害人负有无条件支付义务。笔者认为这种义务是法定义务，受害人的请求权是法定请求权，并且独立存在，这一点类似于日本的做法，在程序上将保险公司直接列为被告也有利于纠纷的及时解决。"[3]另一种观点认为，《道路交通安全法》第 76 条只是规定了保险金支付的主体，但并未限定支付的对象，换言之，保险人拥有支付对象的选择权，但受害人并无直接请求权。我们认为，第一种观

---

〔1〕 江朝国编著：《强制汽车责任保险法》，中国政法大学出版社 2006 年版，第 209 页。

〔2〕 江朝国编著：《强制汽车责任保险法》，中国政法大学出版社 2006 年版，第 206 页。

〔3〕 张新宝：《侵权责任法原理》，中国人民大学出版社 2005 年版，第 366 页。

点有利于受害人的保护，也符合立法宗旨，值得赞同。

二、工伤保险

工伤保险是指劳动者在工作中或法定的特殊情况下发生意外事故，或因职业性有害因素危害，而负伤（或患职业病）、致残、死亡时，对其本人或其供养亲属给予物质帮助和经济补偿的一项社会保险制度。[1]机动车交通事故责任的受害人在享受本单位的工伤保险待遇的同时，可否要求机动车交通事故的加害人继续给予侵权赔偿？这涉及机动车交通事故责任与工伤保险赔偿的关系问题，这实际上是工伤保险赔偿与侵权损害赔偿关系的处理问题。

（一）国外立法例

在国外立法例上，关于工伤保险补偿与侵权损害赔偿关系的立法例主要有以下四种[2]：

（1）选择模式（非真正竞合模式）。在工伤事故案件同时符合普通侵权责任要件和工伤保险给付的条件时，受害人只能在工伤保险赔偿请求权和普通人身损害赔偿请求权之间择一行使，即要么选择依据社会保障法请求给付工伤保险，要么依据民法请求人身损害赔偿。这意味着受害人享有选择的权利，但两种请求权相互排斥，不得同时主张。

（2）免除模式（非竞合模式）。该模式又称替代模式，即以工伤保险赔偿完全取代普通侵权损害赔偿。在工伤事故符合工伤保险给付条件时，受害雇员只能请求工伤保险给付，不享有普通人身损害赔偿请求权。这意味着完全免除了侵权行为人

---

〔1〕 黎建飞：《劳动与社会保障法教程》，中国人民大学出版社 2007 年版，第453 页。

〔2〕 张新宝："工伤保险赔偿请求权与普通人身损害赔偿请求权的关系"，载《中国法学》2007 年第 2 期。

（雇主）的民事赔偿责任，而由工伤保险责任替代。

（3）兼得模式（聚合模式）。该模式也称相加模式，是指在发生工伤事故时，允许受害雇员同时请求工伤保险给付和普通人身损害赔偿，从而获得双份利益。采纳此种模式的国家很少，典型的是英国。

（4）补充模式。该模式是指在发生工伤事故后，受害雇员可以同时请求工伤保险给付和普通人身损害赔偿，但其取得的赔偿金或保险金总额，不得超过其实际遭受的损害。一般而言，受害人先请求工伤保险给付，然后再对其实际损失与工伤保险给付的差额部分请求侵权损害赔偿。

（二）国内学说与司法实践

我国的学界主要存在以下几种观点：①补充模式，即原则上受害人对于侵权法的损害赔偿和侵权赔偿可以同时请求，但是所获总额不得超出所受损失的总额。其理由在于：其一，这两种责任，其设立目的、功能并不相同，而且利弊互现。单纯采纳任何一种做法而排斥另一种做法，都不能同时实现制裁、遏制、完全赔偿以及分摊风险、迅速补偿等制度功能。其二，从我国现行立法的精神上来看，对工伤保险补偿与侵权损害赔偿关系上，其也明确排除了前述第一、二种模式。其三，我国民法强调对受害人损害的完全赔偿原则。受害人在实现完全赔偿的基础上获得更多的利益，显然与此原则相违背。[1]②原则上采纳替代模式，而在特别情形辅之以改良的选择模式。[2]其主要理由是：反对替代模式的两点理由都是站不住脚的，第一

---

〔1〕 王利明主编：《人身损害赔偿疑难问题》，中国社会科学出版社 2004 年版，第 429 页。

〔2〕 张新宝："工伤保险赔偿请求权与普通人身损害赔偿请求权的关系"，载《中国法学》2007 年第 2 期。

个方面的问题可以通过提高工伤保险给付水平予以解决，而提高工伤保险给付水平是社会发展的趋势，也是容易解决的问题；侵权责任法的重要功能是救济或者填补，惩戒和预防功能的发挥有相当的局限性，更多的只是人们一厢情愿的想法。并且，替代模式对工伤事故的救济无疑是更有效率的。③以替代主义为原则，兼采补充主义为例外。[1]其理由主要有：其一，两者虽然在逻辑上构成不真正连带债务，但此种不真正连带债务为特殊的不真正连带债务。其二，就利益衡量而言，工伤保险的及时性、确定性、安全性、终身性，较民事损害赔偿对劳动者保护更为充分。其三，工伤保险为强制保险，雇主事先已负担保费，工伤保险不但旨在保护劳动者，对用人单位也具有分散经营风险的机能。工伤保险赔偿具有替代给付的性质，工伤保险机构不得向用人单位代位求偿。如果缴纳保费依然不能免责，用人单位可能承受双重负担，有失公平。因此，两种请求权虽然在逻辑上构成不真正连带债务的竞合关系，但基于工伤保险请求权价值上的优先性和利益上的优越性，应当优先适用工伤保险制度，从而排除民事赔偿请求权，受害人受领保险金后，给付目的完成，两种请求权归于消灭。值得注意的是，依照不真正连带债务理论，民事损害赔偿请求权是因为共同的给付目的满足而消灭，并不由于工伤保险存在而自始、当然地消灭，此时只是被工伤保险请求权所遮蔽、排除而位阶次序居后。但当工伤保险请求权存在障碍时，例如因为劳动合同无效而导致工伤保险请求权有瑕疵、工伤保险请求权罹于时效等情形，而无法有效获得工伤保险赔偿，受害人向雇主主张民事损害赔偿

请求权，也应当允许。

司法实践中，对最高人民法院《人身损害赔偿解释》第 12 条第 2 款的规定的理解并不一致。一般认为：该条肯定了受害人（赔偿权利人）对于侵权第三人有独立的赔偿请求权，未再规定保险机构的代位求偿权。当然，因第三人侵权赔偿与工伤保险赔偿机制目前在法律上是并行不悖的，故从学理上解释，受害人可以获得双份赔偿。[1] 已经有法院判决认为，根据我国法律、法规的规定受害人可以获得工伤保险补偿和侵权损害赔偿的双重赔偿（补偿）。例如，在"南平鸿志兴包装装潢有限公司诉周淑英等工伤保险待遇案"中，法院认为："三被告在本案诉讼之前，向本院提起民事侵权赔偿，要求本案的第三人，即交通事故责任人赔偿损失，因三被告向第三人提出的民事损害赔偿之诉与本案的工伤保险待遇之诉，属于两个相互独立的请求权，现行法律、法规及相关的司法解释并没有规定当事人只能选择其中一种救济方式。因此，两者权利可以同时并存，并不违反法律、法规的禁止性规定，也不存在民事侵权损害范畴的损益相抵。所以，被告的工伤保险待遇应得到保护，原告提出的被告在民事侵权案中得以补偿的损失，在工伤赔偿案件中不得再另行补偿的主张，缺乏法律依据，本院不予支持。"[2]

可见，关于工伤保险赔偿与第三人侵权损害赔偿（这里为机动车交通事故损害赔偿）的关系问题，在实践中多采用兼得的观点，而在学界多持补充模式的观点。《侵权责任法》对该问题并没有作出明确规定，该问题的解决尚需探讨。

---

〔1〕 最高人民法院民事审判第一庭编著：《最高人民法院人身损害赔偿司法解释的理解与适用》，人民法院出版社 2004 年版，第 201 页。

〔2〕 "南平鸿志兴包装装潢有限公司诉周淑英等工伤保险待遇案"，一审判决书：福建省南平市延平区人民法院（2006）延民初字第 166 号。

三、道路交通事故社会救助基金

道路交通事故社会救助基金，是指依法筹集用于垫付机动车道路交通事故中受害人人身伤亡的丧葬费用、部分或者全部抢救费用的社会专项基金。虽然在机动车交通事故发生后，受害人可以借助于侵权责任、机动车强制责任保险等方式获得救济。但是在有些情形上述救济方式是难以适用的，例如：抢救费用超过机动车交通事故责任强制保险责任限额的；肇事机动车未参加机动车交通事故责任强制保险的；机动车肇事后逃逸的。(《机动车交通事故责任强制保险条例》第 24 条) 而此时如果需要支付被侵权人人身伤亡的抢救、丧葬等费用的，就需要道路交通事故社会救助基金发挥作用。根据《道路交通安全法》第 17 条规定国家设立道路交通事故社会救助基金制度。

根据《侵权责任法》第 53 条的规定，在机动车不明或者该机动车未参加强制保险，需要支付被侵权人人身伤亡的抢救、丧葬等费用的，由道路交通事故社会救助基金垫付。可见，道路交通事故社会救助基金能够起到弥补机动车强制责任保险不足的作用，当然也起到了对机动车交通事故责任的补充作用。

台湾的汽车交通事故特别补偿基金采取财团法人的方式，我国没有相关规定。道路交通事故社会救助基金的来源有：按照机动车交通事故责任强制保险的保险费的一定比例提取的资金；对未按照规定投保机动车交通事故责任强制保险的机动车的所有人、管理人的罚款；救助基金管理机构依法向道路交通事故责任人追偿的资金；救助基金孳息；其他资金 (《机动车交通事故责任强制保险条例》第 25 条)。台湾"强制汽车责任保险法"第 37 条也有类似规定。

在符合法律规定的情形 (《道路交通安全法》第 75 条，

《侵权责任法》第53条），如抢救费用超过责任限额的，未参加机动车第三者责任强制保险或者肇事后逃逸的，由道路交通事故社会救助基金先行垫付部分或者全部抢救费用。道路交通事故社会救助基金垫付后，其管理机构有权向交通事故责任人追偿。

第九章

———❦❦❦———

工伤保险补偿与人身意外伤害保险赔偿的关系

导言

【案情简介】[1]

上诉人（原审被告）陈用兴等。被上诉人（原审原告）博鳌亚洲风情广场有限公司（以下称博鳌公司）。陈选钊系原告博鳌公司聘请的员工。2005 年 5 月 4 日下午，陈选钊在工作岗位上突然倒地不省人事，后经抢救无效死亡，诊断为临床死亡。为此，被告陈用兴于 2005 年 5 月 25 日以死亡者直系亲属身份向市人事劳动保障局申请工伤认定，被认定为视同工伤；原、被告对工伤认定均未提出行政复议。后经仲裁，内容为：被申诉人（博鳌公司）向申诉人（陈用兴）支付丧葬补助金 5922 元，一次性支付供养亲属抚恤金 61 884.80 元，扣除被诉人已支付申诉人 6500 元，被诉人应支付申诉人人民币 112 630.80 元，限于本裁决书发生法律效力之日起 15 日内付清；同时由被诉人承担仲裁处理费人民币 500 元。

原告对《仲裁裁决书》不服，提起诉讼，主张仲裁裁决书

---

〔1〕 海南省海南中级人民法院民事判决书（2006）海南民二终字第 41 号。

不符合赔偿逻辑，且也违反民事赔偿的公平原则。其主要理由是：首先，公司已为所有员工购买了人身意外保险，且被告方也实际取得了人身意外保险赔偿 5.5 万元。为此，其人身意外保险赔偿金与工亡补助金是赔偿的竞合，应予扣除……被告方反驳认为：《仲裁裁决书》是合理合法的，由于原告公司未为被告亲属参加工伤保险，已侵犯了劳动者应享有的合法权益，原告的这种行为已属违法行为；由于人身意外保险属于商业保险，是自愿性的，而工伤保险属于社会保险，具有强制性，两者不能等同；为此，人身意外保险不能替代工伤保险，原告将死者陈选钊人身意外保险赔偿金视同为工亡补助金实行扣除是违反法律规定的……

【一审裁判】

原审法院认为，陈选钊在正常工作岗位发病并且经抢救无效死亡是事实，依法应按工伤处理。原告在工伤事故未发生时已经出资为其单位工作的全部员工购置了人身意外保险，其目的是为了将其单位承担责任转移所采取的一种方式，人身意外保险虽是一种自愿认购的商业性保险，作为原告为员工陈选钊购买人身意外保险的目的是明确的，并且也是对责任承诺的一种兑现。为此，由于陈选钊没有自己向保险部门缴纳保险费，其所获得的人身意外保险赔偿金是原告履行公司职责过程所取得的，也就取决于公司的有偿行为的结果。由于工亡补助金与人身意外保险赔偿金都是对死亡者因故（意外）死亡人身的赔偿，由于原告已经履行了为公司员工承担缴费的义务，其责任的承担是一种义务的体现，为此，其赔偿是一种责任竞合，由于原告没有过错，且人身意外保险赔偿金大于工亡补助金，其陈选钊的死亡补助金可与其亲属获得的人身意外保险赔偿金予以兑除。为此，原告主张合理，应予采纳……宣判后，上诉人陈用兴、符花蓉、陈已熙、陈用才不服提起上诉。

【二审裁判】

本院认为，……但被上诉人赔偿的手段和方法可有多种。根据《海南经济特区工伤保险若干规定》（2004）第 20 条第 2 款"获得工伤保险待遇的工伤人员参加商业保险的，可以依法获得商业保险赔偿。用人单位或者社会保险经办机构在核定和支付工伤保险待遇费用后，应当将有关费用单据提供给工伤人员向商业保险机构索赔，并复印单据存档"的规定，该条所指"工伤人员参加商业保险"，应理解为由"工伤人员"自行出资参加商业保险。本案中，被上诉人出资为受害人购置人身意外伤害保险，目的是为了在出现工伤事故时转嫁赔偿风险，因此该出资行为应视为被上诉人对所应承担的赔偿责任的一种自我救济，其出资购买的商业保险在保险公司理赔后，所得保险赔偿金，应用于冲抵被上诉人应偿付的工亡赔偿金。故上诉人的上诉理由不充分，对其请求本院不予支持。原审法院认定事实清楚，适用法律判决正确，应予维持。驳回上诉，维持原判。

第一节　风险社会下的职业伤害补偿体系

一、风险社会及其形成原因

当今社会乃风险社会。交通事故、医疗事故、矿场安全事故、学生安全事故、产品责任事故每天都在发生，给社会和个人带来了极大的损害。"简单地说，风险社会就是灾难社会，科技克服了匮乏的问题，却也为人类带来逸出控制的无限危险。德国社会学者 Ulrich Beck 认为现代由核能、化学、基因工程及生态污染所释放的风险，已侵蚀了风险计算的四根支柱：①风险的全球化以及无从弥补的特性，使得金钱补偿的概念不再有效；②对人们可想象的最严重灾变来说，任何预先设计的救援计划都无济于事，因此预防性监督的概念同样失效；③意外的发生不再受时空限制，人民必须面对一波波纠缠不清的破坏性连锁反应；④这同时意味各种标准值、测量程序的无效，风险计算变成相当模糊。其结果是现代（未来）的政治和社会行动，有很大一部分是为了解决科技发展所衍生出来的巨大风险与不安全感。新世纪的人们栖栖惶惶，念兹在兹的，不是财富的取得，而是灾难的趋避。"[1]现代社会的这些特点给传统侵权法带来了极大的压力和严峻的挑战。一方面，它使侵权法的补偿功能更加突出，另一方面，这些压力对于侵权法来说使其负担了不能承受之重。……因此有必要建立针对损害的综合补偿体系，来解决社会生活中大量存在的事故灾害的补偿问题。[2]"总之，未来社会我国应当建立健全对损害的综合补偿机制，即通过侵权损害赔偿责任与社会保障机制等方式对无辜的受害人提供充分的救济。"[3]

风险社会中风险之最为常见以及影响最为普遍的就是工业风险，工业风险给工业职工带来了极大的工作伤害。其主要原因与工业社会的劳动组织形式和劳动工具具有紧密的关系。"在工业社会，劳动者聚集在一起，同时使用工具，增大了职业伤害的可能性；机器作为生产工具及其智能因素的增加，机器本身的侵害加大了职业伤害的可能性。"[4]其原因还在于：社会经

---

[1] 苏永钦："民事财产法在新世纪面临的挑战"，载《人大法律评论》，2001年第1期。

[2] 王利明：《侵权行为法研究》（上卷），中国人民大学出版社2004年版，第148页。

[3] 王利明、周友军、高圣平：《中国侵权责任法教程》，人民法院出版社2010年版，第110页。

[4] 郑尚元：《工伤保险法律制度研究》，北京大学出版社2004年版，第6页。

济发展迅速、科技发达、人口集中都市、生活竞争激烈、施政缺少规划及执行法令不力等。[1]

二、工业伤害社会化补偿体系的形成

风险社会的形成以及工业伤害的严重性迫切需要法律制度的变革，以切实给工业伤害中受到伤害的职工给予充分的救济，这就给侵权责任法以及社会保障法（特别是工伤保险法律）等带来了极大的挑战。此等风险社会给传统的法律制度带来了极大的挑战，特别是给侵权责任法，单独的侵权损害赔偿制度已经不足以对巨额的损害提供充分的救济。对侵权责任法的一个基础性的影响就是，它使侵权责任法的思考方式实现了从"损害移转"到"损害分散"转变。"值得注意的是，损害分散（loss spreading）的思想已逐渐成为侵权行为法的思考方式，认为损害可先加以内部化（internalization），由创造危险活动的企业者负担，再由商品或服务的价格机能或保险（尤其是责任保险）加以分散，由多数人承担……此种分散损害的方式具有两个优点：一为使被害人的救济获得较佳的保障，一为加害人不致因大量损害赔偿而陷于困境或破产"。[2]

侵权责任法的这种"损害移转"到"损害分散"思考方式的转变对工业职业伤害的救济也具有巨大的影响，主要体现在以下两大方面：其一，工业社会的典型用工方式雇佣劳动下的雇员受到工业职业伤害的侵权归责原则实现了从过错责任原则到无过错责任原则的转变。18 世纪和 19 世纪系现代侵权行为法形成确立之时期，因受个人主义思想之影响，法国、奥地利、德国、瑞士等国均采过失责任主义，故劳工执行职务遭受意外

---

〔1〕　王泽鉴：《侵权行为》，北京大学出版社 2009 年版，第 3 页。
〔2〕　王泽鉴：《侵权行为》，北京大学出版社 2009 年版，第 9 页。

伤害者，须证明雇主或者其他加害人具有过失，始得请求损害赔偿。[1]但是，这种规定在现代工业社会受到了挑战，对于雇员伤害现在多采纳无过错责任原则。典型者如英国 1897 年的劳工补偿法（The Workmen's Compensation Act）明确采取无过错责任制度。我国《人身损害赔偿解释》第 11 条明确规定：雇员在从事雇佣活动中遭受人身损害，雇主应当承担赔偿责任。该条规定显然采取的是无过错责任原则。其主要依据在于：雇主对雇员的职业活动负有安全注意和劳动保护的职责义务；工伤事故治疗和伤残发生的赔偿，是对工人因职业伤害造成的经济损失和劳动能力损失的补偿，与工人操作过失无关，不能因为工人操作的过失而受到影响；规定雇主责任有利于促进雇主的劳动保险和劳动保护意识。[2]但是需要注意的是，《侵权责任法》对于"个人之间形成的劳务关系"中的职业伤害采纳了过错责任原则说。其原因在于："个人之间形成劳务关系的"，不属于依法应当参加工伤保险统筹的情形，提供劳务一方因劳务受到损害的，不宜采取无过错责任的原则，要求接受劳务的一方无条件地承担赔偿责任。[3]其二，促使工业职业伤害领域社会保障机制——工伤保险制度（台湾称为劳工职业灾害补偿、无过失补偿）的建立。工伤保险制度在职业伤害领域的确立实际上已经打破了侵权法独担侵权损害的状态，即"损害移转"思考方式下的典型状态。工伤保险制度实际上是一种无过失补偿

---

〔1〕 王泽鉴：《民法学说与判例研究》，中国政法大学出版社 2005 年版，第 238 页。

〔2〕 最高人民法院民事审判第一庭编著：《最高人民法院人身损害赔偿司法解释的理解与适用》，人民法院出版社 2004 年版，第 179 页。

〔3〕 王胜明主编：《中华人民共和国侵权责任法解读》，中国法制出版社 2010 年版，第 168 页。

制度，它已经跳出了私法的范围，进入社会法调整的疆域。"无过失补偿（No-Fault Compensation），是指对一定范围之人因某意外事故而生的损害予以补偿，并不以侵权行为的成立要件为必要，为避免与无过失侵权责任混淆，又称为'非侵权行为补偿'（No-Tort Compensation）……"[1]"从社会保险的发展看，其最早产生于职业伤害领域，1884 年德国颁布了《职业伤害保险法》，成为世界上第一个实行职业伤害保险的国家，开创了将职业伤害赔偿从民事侵权赔偿中分离出来之先河，使职业伤害赔偿成为社会保险的一项重要内容。此后，社会保险制度迅速发展起来，并促成近代以来福利国家的扩张，明确了近代国家在社会保障方面的职能，国家有义务和责任为贫困者、老龄者、残疾者、失业者提供生存和生活的基本保障。"[2]这种补偿制度促使侵权损害（特别是职业伤害领域）开始呈现出损害分担的社会化趋势。

综上，"损害分散"的思考方式导致了侵权损害的社会化趋势，在工业职业伤害领域其表现为多元化的损害分散机制的形成，即工业职业伤害除由加害人和受害人分担外，还涉及工伤保险制度。再加上私法上基于保险契约而形成的各种商业保险（如责任保险、人身保险等），以及相关法律中规定的赔偿基金，共同构成了工业职业损害的多元化、社会化的损害分散制度。社会化的侵权损害分散机制对于受害人的权益救济和侵权损害的分散具有积极的意义。但是从制度层面上来讲，工业职业伤害领域的社会化的损害分散机制关系还远没有达到系统化，在实际运用过程中还存在着诸多问题，正确协调各项赔偿制度之

---

〔1〕　王泽鉴：《侵权行为》，北京大学出版社 2009 年版，第 23 页。
〔2〕　林嘉："社会保险对侵权救济的影响及其发展"，载《中国法学》2005 年第 3 期。

间的关系应是解决问题的关键。本书结合导言中的两个案例对工伤保险与人身意外伤害保险的适用关系做一粗浅探讨，以期对类似案件在实务中的裁判有所启示。

第二节　工伤保险补偿与相关赔偿制度之比较

一、工伤保险补偿与雇主责任保险之比较

简言之，工伤保险补偿就是因工伤保险所获得的补偿。一般认为，工伤保险是指劳动者在工作中或者法定的特殊情况下发生意外事故，或因职业性有害因素危害而负伤（或患职业病）、致残、死亡时，对本人或供养亲属给予物质帮助和经济补偿的一项社会保障制度。[1]工伤保险补偿就经济角度而言，属于社会保障制度的组成部分，就法律角度而言属于社会保障法的重要组成部分，法律属性上应该属于社会法的范畴。雇主责任保险，是以被保险人即雇主的雇员在受雇期间从事业务时因遭受意外致伤、残、死亡或患有与职业有关的职业性疾病而依法或根据雇佣合同应由被保险人承担的经济赔偿责任为承保风险的一种责任保险。[2]雇主责任保险本质上属于商业性责任保险的范畴。工伤保险补偿与雇主责任保险都属于现代社会中工业职业伤害的社会化分担机制，都在客观上起到分担职业损害的作用。有学者认为：雇主责任保险与工伤保险存在着明显的互补性。一方面，工伤保险是强制实施的，保险待遇是基本保障水平。这一制度并不能有效地满足超过工伤保险补偿标准之上的需求；而雇主责任保险又是有选择的，对职业伤害风险的

---

〔1〕　王益英主编：《社会保障法》，中国人民大学出版社2000年版，第98页。
〔2〕　许飞琼编著：《责任保险》，中国金融出版社2007年版，第263页。

保障通常是保险方与被保险方相互博弈的结果，任何一个雇主责任保险合同都会有除外的职业伤害风险。这意味着雇主责任保险同样不能全面解决劳动者的职业伤害风险问题。两种职业伤害保障机制的不足，决定了它们具有互补的条件与需要，这种互补性恰恰显示了市场经济体制下的风险保障机制的相互依赖性。另一方面，雇主责任保险与工伤保险各自经营技术的创新和发展，亦可以互补。[1]基于雇主责任对雇主、劳动者以及保险公司处理保险事故等方面较之劳工补偿制度的优越性，甚至有学者认为："通过责任保险将可能同时发生的大范围的伤残事故的风险分散，可以避免公司陷入资金周转不灵、甚至破产的窘境。随着责任保险规模不断扩大，频率的加快，损害程度的加深，抗辩成本的上升以及诉讼结果的不确定，雇主责任保险将最终取代劳工补偿制度。"[2]

但是，工伤保险补偿和雇主责任保险毕竟本质上分属于私法与社会法两个法域，二者具有更明显的区别。其一，二者的保险性质不同。工伤保险属于社会保险的范畴，属于社会法的范畴，体现社会法的特色，它贯彻工伤保险补偿向劳动者倾斜的方针，并且注重工伤保险补偿与社会救助，工伤保险补偿与事故与职业病预防、职业康复相结合的原则。雇主责任保险属于商业性责任保险的范畴，它虽然体现了工业职业伤害的社会化分担趋势，但是其在本质上属于私法上的商业保险的范畴，其比较注重平等自愿的私法契约精神。其二，二者的设立目的不同。工伤保险旨在维护劳动者的基本生存权利，保障劳动者的最低的基本生活保障。雇主责任保险旨在分散雇主在经营过

---

〔1〕　许飞琼："雇主责任保险与工伤保险的协调发展"，载《江西财经大学学报》2005 年第 1 期。

〔2〕　刘金章等：《责任保险》，西南财经大学出版社 2007 年版，第 342 页。

程中的责任风险，当然也起到对劳动者职业伤害的补偿作用。其三，二者的产生基础不同。工伤保险的产生的基础是法律的强制性规定，具有强制性的特点。雇主责任保险产生的基础是雇主与保险公司签订的保险契约，具有自愿性的特点。其四，二者是否具有强制性不同。工伤保险具有强制性，而雇主责任保险一般具有自愿性。其五，二者的保险对象不同。工伤保险的保险对象是中华人民共和国境内的各类企业的职工和个体工商户的雇工。雇主责任保险的保险对象是雇主（被保险人）所雇佣的雇员，其为雇主责任保险的第三人，但不仅包括长期工危险，尚包括短期工、临时工、季节工和学徒工等。雇主责任保险一般针对的是没有建立工伤保险制度的雇主为规避风险的一种策略，也可能针对的是没有建立工伤保险制度的雇主规避风险的一种策略。[1]其六，保险金的给付对象不同。工伤保险是对劳动者的法定的社会化救济，保险金应该直接给付给劳动者。雇主责任保险所承保的雇主承担的经济赔偿责任，保险金交付给已经履行赔偿责任的雇主。

二、工伤保险补偿与人身意外伤害保险之比较

人身意外伤害保险是指以被保险人因遭受意外伤害造成伤残、死亡未给付保险金为条件的人身保险。它与工伤保险补偿的区别主要有：其一，二者的实施目的不同。工伤保险旨在维护劳动者的基本生存权利，保障劳动者的最低的基本生活保障，不以赢利为目的。人身意外伤害险作为损害社会化分担的一种形式虽然也给劳动者带来一定的保障，但商业性较强，保险人经营意外伤害险以营利为目标。其二，二者的实施方式不同。工伤保险是强制性保险，只要是法律规定范围内的主体都必须

---

〔1〕 郑尚元：《工伤保险法律制度研究》，北京大学出版社 2004 年版，第 35 页。

参加，并由政府授权的社会保险管理机构强制实施。人身意外伤害险的实施是在双方平等自愿基础上产生的，遵循的是契约自由原则。其三，二者的保险基金来源不同。工伤保险是贯彻劳动者个人不缴费原则，保险费全部由企业单位承担，摊入成本，当收支不平衡时，国家财政给予一定的补贴。人身意外伤害保险的保险基金由投保人的保费组成，被保险人为了获得领取保险金的权利，必须履行交纳保险费的义务，国家并不给任何补贴。其四，二者保障程度不同。工伤保险所提供的保障水平一般仅满足于被保险人的基本生活需要。人身意外伤害险所提供的保障水平的高低完全取决保险于双方当事人的约定和投保人交费的多少而决定，投保人只要有缴费能力、身体健康状况符合合同规定，投保金额一般没有金额限制。虽然工伤保险属于基本的社会保险，而人身意外伤害保险属于商业保险。但是，并非意味着二者是完全不相容的，二者的联系体现在：意外伤害保险与工伤保险是一种功能互补关系，工伤保险保障劳动者基本生活，而意外伤害保险则可以锦上添花。两者不存在冲突，用人单位在缴纳国家规定的强制性工伤保险费之后，同样可以参加意外伤害保险以提高劳动者保障的水平，增进企业职工的福利。[1]可见，工伤保险与人身意外伤害保险虽然具有明显的区别，但是并非水火不容，二者均可以承担起侵权损害分散之功能。

三、雇主责任保险与人身意外伤害保险之比较

雇主责任保险与人身意外伤害保险都是以生命或者身体为保险标的的保险。但是二者存在着明显的区别：其一，二者的

---

〔1〕 毕春兰："工伤保险与团体意外伤害保险的分析与比较"，载《经济师》2007 年第 12 期。

性质不同。雇主责任险属于责任保险的范畴，人身意外伤害险属于人身保险的范畴。本质的不同决定了二者在相关制度方面存在着诸多的不同。其二，二者的保险责任不同。雇主责任保险主要赔偿雇员在执行任务或者在工作场所内受到的意外伤害以及职业伤害。而人身意外伤害保险则对工作时间、工作场所内外的伤害均要承担保险责任。其三，二者的保险标的不同。雇主责任保险的保障对象是雇主，其保险标的是雇主对雇员在法律上应负的责任。人身意外伤害保险的保险标的是被保险人的生命或身体，在保险责任有效期限内，被保险人因保险事故身故或残疾，保险公司将给付相应的意外身故保险金或意外残疾保险金，保险金付给被保险人的受益人或被保险人。其四，二者保险金的给付主体不同。基于雇主责任保险分散雇主责任风险的目的性，雇主责任保险的保险金应该直接支付给承担了赔偿责任的雇主。而人身意外伤害险旨在保护被保险人及其近亲属的利益，所以人身意外保险的保险金给付给被保险人或者受益人。其五，二者的自愿性程度不同。雇主责任险在有些发达国家属于法定性的强制保险。人身意外伤害险一般多属于自愿性的商业保险。但是在我国的特殊领域雇主责任险也具有法定的强制性。如《建筑法》第48条规定："建筑施工企业必须为从事危险作业的职工办理意外伤害保险，支付保险费。"这就意味着建筑施工企业的职工同时受到法定的工伤保险和意外伤害保险的保障。

上述三种损害分散方式，虽然分属社会法领域和私法领域，具有明显的不同，但是他们并非水火不容，而是互相配合，共同发挥着分散工业职业损害的功能。在理论上、司法实践中如何正确地协调其中的适用关系颇有意义。正如王泽鉴先生所言："要言之，整个损害赔偿补偿制度必须随着社会经济发展重新评估，作适当的改进，使各种制度更能互相协力，有效率地配置社会资源，使受害人获得更合理公平的保障。"[1]"协调各种制度、配置社会资源、合理公平的保障受害人权益"的价值目标，无疑也是本书探讨的问题的核心要旨所在。

第三节　工伤保险补偿与人身意外伤害险赔偿关系模式之选择

一、法院在裁判中的观点

在现代风险社会下，对于工业职业伤害已经出现出了多元化的损害分担机制，主要有侵权损害赔偿责任、工伤保险补偿与商业保险制度。具体就上述案件而言，主要涉及工伤保险补偿、雇主责任保险以及人身意外伤害保险的区分与关系协调问题。

在案例中，关于工伤保险补偿的成立是不存在争议的，争议的焦点在于在雇主已经为雇员购买了人身意外伤害保险的时候，在工伤保险补偿时是否应该扣除？一审法院认为："原告在工伤事故未发生时已经出资为其单位工作的全部员工购置了人身意外保险，其目的是将其单位承担责任进行转移所采取的一种方式，人身意外保险虽是一种自愿认购的商业性保险，作为原告为员工陈选钊购买人身意外保险的目的是明确的，并且也是对责任承诺的一种兑现。为此，由于陈选钊没有自己向保险部门缴纳保险费，其所获得的人身意外保险赔偿金是在原告履行公司职责过程所取得的，也就是取决于公司的有偿行为的结果。由于工亡补助金与人身意外保险赔偿金都是对死亡者因故（意外）死亡人身的赔偿，由于原告已经履行了为公司员工承担

---

〔1〕　王泽鉴：《侵权行为》，北京大学出版社 2009 年版，第 36 页。

缴费的义务，其责任的承担是一种义务的体现，为此，其赔偿是一种责任竞合，由于原告没有过错，且人身意外保险赔偿金大于工亡补助金，其陈选钊的死亡补助金可与其亲属获得的人身意外保险赔偿金予以免除。"二审法院认为："被上诉人出资为受害人购置人身意外伤害保险，目的是在出现工伤事故时转嫁赔偿风险，因此该出资行为应视为被上诉人对所应承担的赔偿责任的一种自我救济，其出资购买的商业保险在保险公司理赔后，所得保险赔偿金，应用于充抵被上诉人应偿付的工亡赔偿金。"笔者认为，在案例一中，上述一、二审法院都认识到了风险社会下民事主体可以通过多元化的损害分散机制对损害进行分散，这无疑是正确的。但是，问题的关键在于：上述判决中对工伤保险补偿与人身意外伤害保险赔偿的关系上采取了"补充模式"。[1]

二、本书观点及其理由

我们认为在上述类型的案件中对工伤保险补偿与人身意外伤害险赔偿的关系采取"补充模式"是不合适的。具体理由如下：

（1）混淆了人身意外伤害保险赔偿与雇主责任保险的关系，导致对保险金享受主体认识的误区。"工伤职工还存在商业人身保险待遇是否能够同时享受的问题。商业人身保险对工伤职工来说有两种情况：一是用人单位为了弥补相关损失，为劳动者设置的商业人身保险，也就是雇主责任保险，这种雇主责任保险与工伤保险不同，前者不以劳动者意外事故伤残或死亡为给付保险的条件，而是以雇主（投保人）与保险人约定的保险责

---

〔1〕 关于同一损害（如伤害住院医疗或现金给付），有多种赔偿或补偿制度时，其处理模式有三：①被害人均得请求而为之。②被害人仅得选择其一。③被害人得分别就不同赔偿或补偿来源加以主张，但不得超过其所受损害。参见王泽鉴：《侵权行为》，北京大学出版社2009年版，第27页。笔者将上述三种模式分别称为：兼得模式、选择模式和补充模式。

任为给付条件。因此，商业人身保险在职业伤害发生后的给付，是以保险人与被保险人就约定条件形成后的契约赔付法律关系为条件，不同于用人单位与工伤职工民事赔偿关系及第三人与工伤职工侵权损害赔偿关系，后者属于侵权损害赔偿关系。该类商业人身保险一般给付对象是用人单位，毕竟它建立的目的就是通过契约关系减少用人单位的损失和降低风险。"[1]可见，雇主责任保险作为雇主分散风险的一种方式，保险金直接支付给给付赔偿的雇主，以分散雇主的损失。但是必须注意的是本案中博鳌公司所投保的并非雇主责任险，而是人身意外伤害险，虽然它是由雇主博鳌公司出资购买的。

　　关于雇主博鳌公司为雇员购买的人身意外伤害保险需要注意以下两点：首先，值得肯定的是，博鳌公司为职工购买了人身意外伤害保险是合法的。根据《中华人民共和国保险法》（以下称《保险法》）第31条的规定，投保人对"与投保人有劳动关系的劳动者"具有保险利益。在这种保险关系中，实际上博鳌公司是投保人，被保险人和受益人都是劳动者及其近亲属。据《保险法》第39条第2款规定："投保人指定受益人时须经被保险人同意。投保人为与其有劳动关系的劳动者投保人身保险，不得指定被保险人及其近亲属以外的人为受益人。"这主要是为了防范道德风险的发生。其次，雇主投保的是人身意外伤害保险，即便是雇主出资购买的，也不能认为保险金应该由其享有或者在赔偿时扣除。因为这里的保险对象是受害人的生命和身体，所得赔偿应该由被保险人或者受益人获得。[2]如果在

---

　　〔1〕　郑尚元：《工伤保险法律制度研究》，北京大学出版社2004年版，第135页。
　　〔2〕　作者认为，这并不构成不当得利，这里雇主为员工购买商业性意外伤害险可以理解为一种职工福利或者和通过职工返还保险费的方式对雇主的支出进行弥补。但是绝不能认为这种类型的意外伤害险的受益人应该为雇主。

人身意外伤害保险中所获得赔偿予以折扣，实际上就是让作为投保人的雇主获得赔偿，这无异于将雇员的生命和身体交给别人来获利，这将大大增加道德风险发生的可能性，显然背离保险最大诚实信用之基本精神。案例中，博鳌公司投保的人身意外伤害保险中，投保人是博鳌公司，被保险人是博鳌公司的员工，受益人是其员工及其近亲属。本案中，法院实际上是认为博鳌公司出资购买的人身意外伤害险就应该由博鳌公司来取得该部分保险金，这种认识是错误的。这是因为人身意外伤害保险与雇主责任保险的保险效果是不同的，这里雇主所投保的是人身意外伤害保险而非雇主责任险，应该由被保险人或者其近亲属作为受益人，对于该部分所得即便雇主具有分散损失的目的也不能予以扣减。

（2）工伤保险补偿与人身意外伤害保险赔偿适用关系是社会基本保险与商业性补充保险的关系。工伤保险是国家强制性地贯彻实施的旨在对职业伤害中的雇员给予基本的生活保障的制度设计，而人身意外伤害保险是通过保险契约的约定对工伤保险所不能达到的补偿目标的进一步补充。必须要注意的是，不能以人身意外伤害保险代替工伤保险制度。现实生活中有些企业认为只要购买了意外伤害保险就可以不再为职工上工伤保险，这是错误的。这是因为工伤保险补偿与人身意外伤害保险具有根本的不同，不可以互相取代。在案例中，法院将通过意外伤害险获得赔偿扣除，实际上认为意外伤害保险可以部分地替代工伤保险的功能。这种做法无疑会间接鼓励企业不为职工缴纳工伤保险费，事实上会削弱工伤保险制度的作用，不利于鼓励工伤保险制度的贯彻实施。

（3）工伤保险补偿与人身意外伤害保险系基于不同的法律关系产生，具有不同的功能，决定了二者的关系应采纳"兼得模式"。工伤保险补偿基于法定的强制性规定，其来源于工伤保险基金；人身意外伤害保险赔偿基于与保险公司的保险契约产生，它来源于商业保险中投保人缴纳的保费所形成的保险基金。这两类基金不存在任何交叉之处，分属于两套不同的损害填补体系，应该各自发挥作用，不存在扣除的问题。故二者可以兼得，不因企业具有转嫁风险的主观目的而进行扣除。

（4）从人身意外伤害保险的性质和保障的法益范围来看，它也应该与工伤保险补偿兼得。首先，人身意外伤害险本质上属于人身保险的范畴，而人身保险原则上是不适用损失填补原则的，而是属于定额性保险，只要发生约定的保险事故就应该进行支付，不存在所谓的损害填补问题。其次，虽然"侵权责任法上的损害赔偿目的在于恢复被侵害的受法律保护的法益"。"侵权责任法上的损害赔偿原则上不能给受害人或者其他第三人带来加利的后果。因遭受损害而获得金钱赔偿时，在计算受害人的损害赔偿数额时，应当对此作出适当的扣减。"[1]但是，人身保险所保障的是人的生命或者身体，人的生命或者身体的价值在侵权责任法所保护的法益范围中居于最高的地位，人的生命或者身体的价值是无法用金钱予以衡量的，更不存在重复获利问题。据此，工伤保险补偿属于国家的强制性社会保障，符合法定条件即应该依法支付，加之人身意外伤害保险的定额给付性质和保障法益范围的至高无上性，工伤保险补偿请求权和人身意外伤害保险赔偿二者可以兼得，不存在扣除问题。

---

[1] ［德］布吕格迈耶尔：《中国侵权责任法学者建议稿及其立法理由》，朱岩译，北京大学出版社 2009 年版，第 148 页。

主要参考文献

一、中文著作类

1. 史尚宽：《民法总论》，中国政法大学出版社 2000 年版。

2. 史尚宽：《债法总论》，中国政法大学出版社 2000 年版。

3. 王泽鉴：《侵权行为》，北京大学出版社 2016 年版。

4. 佟柔主编：《中国民法》，法律出版社 1990 年版。

5. 周枏：《罗马法原论》（下），商务印书馆 2014 年版。

6. 郑玉波：《民法总则》，中国政法大学出版社 2003 年版。

7. 郑玉波：《民法债编总论》，中国政法大学出版社 2004 年版。

8. 王家福主编：《民法债权》，法律出版社 1991 年版。

9. 胡长清：《中国民法债编总论》，商务印书馆 1948 年版。

10. 谢怀栻：《外国民商法精要》，法律出版社 2006 年版。

11. 全国人大常委会法工委民法室：《〈中华人民共和国侵权责任法〉条文说明、立法理由及相关规定》，北京大学出版社 2010 年版。

12. 最高人民法院侵权责任法研究小组编著：《〈中华人民共和国侵权责任法〉条文理解与适用》，人民法院出版社 2010 年版。

13. 王利明《侵权责任法研究》（上卷），中国人民大学出版社 2010 年版。

14. 王利明：《侵权行为法归责原则研究》，中国政法大学出版社 2003 年版。

15. 王利明、杨立新编著：《侵权行为法》，法律出版社 1996 年版。

16. 王利明：《侵权行为法研究》（上卷），中国人民大学出版社 2004 年版。

17. 王利明：《民法总则》，中国人民大学出版社 2017 年版。

18. 王利明、周友军、高圣平：《中国侵权责任法教程》，人民法院出版社 2010 年版。

19. 杨立新、张新宝、姚辉：《侵权法三人谈》，法律出版社 2007 年版。

20. 杨立新：《〈中华人民共和国侵权责任法〉精解》，知识产权出版社 2010 年版。

21. 杨立新：《侵权责任法》，法律出版社 2010 年版。

22. 杨立新：《侵权法论》，人民法院出版社 2004 年版。

23. 张新宝：《侵权责任法原理》，中国人民大学出版社 2005 年版。

24. 张新宝：《侵权责任的构成要件研究》，法律出版社 2007 年版。

25. 朱岩：《侵权责任法通论（总论)》，法律出版社 2011 年版。

26. 程啸：《侵权行为法总论》，中国人民大学出版社 2007 年版。

27. 程啸：《侵权责任法》，法律出版社 2011 年版。

28. 张民安：《现代法国侵权责任制度研究》，法律出版社 2007 年版。

29. 高圣平主编：《〈中华人民共和国侵权责任法〉立法争

点、立法例及典型案例》，北京大学出版社 2010 年版。

30. 曾世雄：《损害赔偿法原理》，中国政法大学出版社 2001 年版。

31. 魏振瀛主编：《民法》，北京大学出版社、高等教育出版社 2017 年版。

32. 江平主编：《民法学》，中国政法大学出版社 2007 年版。

33. 张俊浩主编：《民法学原理》（下册），中国政法大学出版社 2000 年版。

34. 马俊驹、余延满：《民法原论》，法律出版社 2010 年版。

35. 杜景林、卢谌：《德国民法典评注 总则、债法、物权》，法律出版社 2011 年版。

36. 杨立新主编：《中华人民共和国侵权责任法草案建议稿及说明》，法律出版社 2007 年版。

37. 王轶：《民法原理与民法学方法》，法律出版社 2009 年版。

38. 郑成思：《知识产权论》，法律出版社 2003 年版。

39. 李薇：《日本机动车事故损害赔偿法律制度研究》，法律出版社 1997 年版。

40. 王卫国：《过错责任原则：第三次勃兴》，中国法制出版社 2000 年版。

41. 崔建远等：《民法总论》，清华大学出版社 2013 年版。

42. 王泽鉴：《民法总则》，北京大学出版社 2009 年版。

43. 张玉敏主编：《新中国民法典起草五十年回顾与展望》，法律出版社 2010 年版。

44. 唐德华主编：《最高人民法院〈关于确定民事侵权精神损害赔偿责任若干问题的解释〉的理解与适用》，人民法院出版社 2001 年版。

45. 最高人民法院民事审判第一庭编著：《最高人民法院人

身损害赔偿司法解释的理解与适用》，人民法院出版社 2004
年版。

46. 王利明：《人格权法研究》，中国人民大学出版社 2005
年版。

47. 胡雪梅：《英国侵权法》，中国政法大学出版社 2008 年版。

48. 林诚二：《民法债编总论——体系化解说》，中国人民
大学出版社 2003 年版。

49. 孙森焱：《民法债编总论》（上），法律出版社 2006 年版。

50. 曾隆兴：《详解损害赔偿法》，中国政法大学出版社 2004
年版。

51. 杨立新主编：《道路交通事故责任研究》，法律出版社
2009 年版。

52. 于敏：《机动车损害赔偿责任与过失相抵——法律公平
的本质及其实现过程》，法律出版社 2006 年版。

53. 江朝国编著：《强制汽车责任保险法》，中国政法大学
出版社 2006 年版。

54. 郑尚元：《工伤保险法律制度研究》，北京大学出版社
2004 年版。

二、中文论文类

1. 王成："侵权之'权'的认定与民事主体利益的规范途
径——兼论《侵权责任法》的一般条款"，载《清华法学》
2011 年第 2 期。

2. 陈鑫："侵权法的法益保护"，载《华东政法大学学报》
2010 年第 3 期。

3. 姚辉："权利不能承受之轻"，载陈慧谷等编：《缘法而
行——华政1985 届学子学术文存》，法律出版社 2005 年版。

4. 王利明："论我国《侵权责任法》保护范围的特色"，载

《中国人民大学学报》2010 年第 4 期。

5. 张新宝："侵权责任法立法的利益衡量"，载《中国法学》2009 年第 4 期。

6. 王利明："侵权法一般条款的保护范围"，载《法学家》2009 年第 3 期。

7. 梁慧星："中国侵权责任法解说"，载《北方法学》2011 年第 1 期。

8. 王利明："民法上的利益位阶及其考量"，载《法学家》2014 年第 1 期。

9. 张新宝："侵权行为法的一般条款"，载《法学研究》2001 年第 4 期。

10. 张新宝："侵权法立法模式：全面的一般条款 + 全面列举"，载《法学家》2003 年第 4 期。

11. 王利明："我国侵权责任法的体系构建"，载《中国法学》2008 年第 4 期。

12. 王冠玺："《侵权责任法》第二条'一般条款'的立法模式检讨——从比较法的观点出发"，载《浙江社会科学》2010 年第 8 期。

13. 杨立新："中国侵权责任法大小搭配的侵权责任一般条款"，载《法学杂志》2010 年第 3 期。

14. 李承亮："侵权责任的违法性要件及其类型化：以过错侵权责任一般条款的兴起与演变为背景"，载《清华法学》2010 年第 5 期。

15. 王利明："论高度危险责任一般条款的适用"，载《中国法学》2010 年第 6 期。

16. 丁海俊："预防型民事责任"，载《政法论坛》2005 年第 4 期。

17. 丁海俊、周玉辉："论我国绝对权救济模式的立法选择"，载《政法论丛》2008 年第 3 期。

18. 王利明："侵权行为概念之研究"，载《法学家》2003 年第 3 期。

19. 宁金成、田土城："民法上之损害研究"，载《中国法学》2002 年第 2 期。

20. 孔祥俊、杨丽："侵权责任要件研究（下）"，载《政法论坛》1993 年第 2 期。

21. 郭卫华、常鹏翱："论新闻侵权的抗辩事由"，载《法学》2002 年第 5 期。

22. 王轶："论侵权责任承担方式"，载《中国人民大学学报》2009 年第 3 期。

23. 魏振瀛："侵权责任法在我国民法中的地位及其与民法其他部分的关系"，载《中国法学》2010 年第 2 期。

24. 崔建远："论归责原则与侵权责任方式的关系"，载《中国法学》2010 年第 2 期。

25. 张新宝："侵权死亡赔偿研究"，载《法学研究》2008 年第 4 期。

26. 张新宝："《侵权责任法》死亡赔偿制度解读"，载《中国法学》2010 年第 3 期。

27. 丁海俊："论我国《侵权责任法》上的死亡赔偿制度——兼谈对《侵权责任法》第 16、17、18 条和第 22 条的理解"，载《法学杂志》2010 年第 3 期。

28. 张新宝、解娜娜："'机动车一方'：道路交通事故赔偿义务人解析"，载《法学家》2008 年第 6 期。

29. 张新宝："工伤保险赔偿请求权与普通人身损害赔偿请求权的关系"，载《中国法学》2007 年第 2 期。

30. 林嘉："社会保险对侵权救济的影响及其发展"，载《中国法学》2005 年第 3 期。

31. 张新宝："道路交通事故责任归责原则的演进与《道路交通安全法》第 76 条"，载《法学论坛》2006 年第 2 期。

三、中文译著、译文类

1. ［德］格哈特·瓦格纳："当代侵权法比较研究"，高圣平、熊丙万译，载《法学家》2010 年第 2 期。

2. ［德］马克西米利安·福克斯：《侵权行为法》，齐晓琨译，法律出版社 2006 年版。

3. ［日］我妻荣：《新订民法总则》，于敏译，中国法制出版社 2008 年版。

4. ［德］克雷斯蒂安·冯·巴尔：《欧洲比较侵权行为法》（上卷），张新宝译，法律出版社 2001 年版。

5. ［德］克雷斯蒂安·冯·巴尔：《欧洲比较侵权行为法》（下卷），焦美华译，法律出版社 2001 年版。

6. 欧洲侵权法小组：《欧洲侵权法原则：文本与评注》，于敏、谢鸿飞译，法律出版社 2009 年版。

7. ［德］迪特尔·施瓦布：《民法导论》，郑冲译，法律出版社 2006 年版。

8. ［奥］海尔穆特·库奇奥："损害赔偿法的重新构建：欧洲经验与欧洲趋势"，朱岩译，载《法学家》2009 年第 3 期。

9. ［奥］肯·奥利芬特："欧洲'画布'上的中国侵权责任法"，张玉东、王圣礼译，载金福海主编：《侵权法的比较与发展》，北京大学出版社 2013 年版。

10. ［日］山本敬三："民法中的动态系统论——有关法律评价及方法的绪论性考察"，解亘译，载梁慧星主编：《民商法论丛》（第 23 卷），金桥文化出版（香港）有限公司 2002 年版。

11. ［希腊］亚里士多德：《尼各马科伦理学》，苗力田译，中国人民大学出版社 2003 年版。

12. ［英］韦恩·莫里森：《法理学：从古希腊到后现代》，李桂林等译，武汉大学出版社 2003 年版。

13. ［英］W. D. 罗斯：《亚里士多德》，王路译，商务印书馆 1997 年版。

14. ［加］欧内斯特·J. 温里布：《私法的理念》，徐爱国译，北京大学出版社 2007 年版。

15. ［美］E. 博登海默：《法理学：法律哲学与法律方法》，邓正来译，中国政法大学出版社 2004 年版。

16. ［美］朱尔斯·L. 科尔曼：《原则的实践：为法律理论的实用主义方法辩护》，丁海俊译，法律出版社 2006 年版。

17. ［罗马］查士丁尼：《法学总论——法学阶梯》，张企泰译，商务印书馆 1989 年版。

18. ［德］迪特尔·梅迪库斯：《德国民法总论》，邵建东译，法律出版社 2000 年版。

19. ［德］迪特尔·梅迪库斯：《德国债法分论》，杜景林、卢谌译，法律出版社 2007 年版。

20. 欧洲民法典研究组、欧盟现行私法研究组编著：《欧洲示范民法典草案：欧洲私法的原则、定义和示范规则》，高圣平译，中国人民大学出版社 2011 年版。

21. ［德］布吕格迈耶尔：《中国侵权责任法学者建议稿及其立法理由》，朱岩译，北京大学出版社 2009 年版。

22. ［英］约翰·库克：《侵权行为法》，法律出版社 2003 年版。